U0067353

校長學：
成人旺校九論

鄭崇趁　著

校長學：成人旺校九論

・教育經營學：六說、七略、八要的運用

立己達人篇（成就人）
第一章　自我實現論（成就人的尊嚴價值）
第二章　智慧資本論（激發人的動能貢獻）
第三章　角色責任論（實踐人的時代使命）
第四章　專業風格論（領航人的品味文化）
暢旺校務篇（旺學校）
第五章　計畫經營論（帶動學校精緻發展）
第六章　組織創新論（活化組織運作型態）
第七章　領導服務論（創化專業示範模式）
第八章　溝通價值論（深化多元參與脈絡）
第九章　評鑑品質論（優化歷程績效品質）

「校長學：成人旺校九論」的理念系統

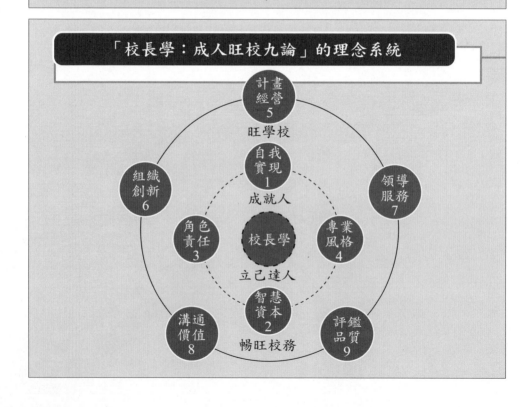

作者簡介

鄭崇趁　1953 年生　臺灣省雲林縣人

- **學歷**

  國立政治大學教育學博士（1999）

  國立高雄師範大學教育學碩士（1989）

  國立臺灣師範大學教育學學士（1986）

  省立臺北師範專科學校畢業（1974）

- **經歷**

  國民小學教師 5 年（1976～1981）

  教育部行政職務 19 年（1982～2000）

  經任幹事、秘書、組主任、專門委員

  國立臺北教育大學主任秘書、教育政策與管理研究所所長、教育經營與管理學系系主任、研發長

- **現職**

  國立臺北教育大學教育經營與管理學系教授（2006 起）

- **榮譽**

  高等考試教育行政人員（1981）

  教育部 1991 年及 2000 年優秀公務員

- **專長**

  教育計畫、教育評鑑、教育政策與行政、教育經營學、校長學

- **著作**

  教師學：鐸聲五曲（2014）

  教育經營學：六說、七略、八要（2012）

  教育經營學導論：理念、策略、實踐（2011）

  教育的著力點（2006）

  國民中小學校務評鑑指標及實施方式研究（2006）

  教育計畫與評鑑（增訂本）（1998）

  教育與輔導的軌跡（增訂本）（1998）

  教育與輔導的發展取向（1991）

序

校長當學　成就人、旺學校

　　這個序的標題，最能夠代表研究者撰寫本書的心情。校長當學何事？校長當學「成就人」與「旺學校」。校長學的「學」是「學術」與「學習」的交織，更含有「覺察」之意，覺察「教育是可以經營的」，覺察「學校是可以經營的」；學習「如何經營學校教育」，學習「經營學校中的人與組織」。校長學就是探討校長「如何經營教育」的學術，校長學就是分析校長「成就人、旺學校」的知識脈絡。

　　校長的主要職能在領導學校師生，經營教育，促進學校發展，邁向精緻卓越，是一種「成就人」與「旺學校」的功夫。校長必先成就自己，當上校長，再成就幹部與教師，經營一個優質學校，然後成就每一個學生，人人都能充分自我實現，大家都是有效的「智慧資本」；為了「成就人」的實踐，校長更須以「角色責任」為本業，以「專業風格」為亮點，勤奮經營。暢旺學校的經營要領，在於掌握經營學校教育的五大核心歷程：「計畫」、「組織」、「領導」、「溝通」，以及「評鑑」，賦予其「目標價值」與「核心技術」，連結其「行政哲學」與「實踐要領」，經營暢旺學校運作的重要環節。

　　本書定名為《校長學：成人旺校九論》，是「經營教育」的三學之一。研究者近年來致力於「教育學」與「管理學」對話融合的研究實踐，以「知識基模系統重組」的成果建構了「經營教育」的三學：2012 年出版了《教育經營學：六說、七略、八要》一書，從「鉅觀」（組織）的視角，論述分析經營教育的「原理學說」（六說）、「經營策略」（七略），以及「實踐要領」（八要）。今年則出版了本書《校長學：成人旺校九論》，是從「微觀」（個人）的立場，以校長的視角，系統重組「經營學校中的人與組織」之九大知識脈絡，分成「立己達人篇」四論（成就人），以及「暢旺校務篇」五論（旺學校）。

研究者計畫接續撰寫《教師學：鐸聲五曲》一書，從教師個人的立場，激勵教師，培育素養與能力，認同教育，掌握要領，共同經營學校，並傳唱教育。教師像鐘鳴大地，教師像朝陽東昇，教師像春風化雨，教師像明月長空，教師像繁星爭輝。「經營教育」三學之間的關係與系統結構，在本書的〈導論：從「教育經營學」到「校長學」的知識脈絡分析〉一文中，有較為詳細的說明與闡述，敬請讀者參閱。

　　本書的內容，多次使用「六說、七略、八要」的名詞與文字意涵，這並不是重複，也不是辭窮，因為研究者認為「六說、七略、八要」是經營教育的「基本功」，就好像是武功祕笈，介紹了「經營教育」的二十一式，而校長學的成人旺校九論，則是靈活運用這二十一式的「成套劍法」，在九套經營劍譜中，常會看到這二十一式的個別影子，也代表了「校長學」的論述，是以教育經營學「六說、七略、八要」為基礎的「知識基模系統重組」，研究者將「經營教育」三學的定位在：教育經營學是經營教育的「經緯」，校長學是經營教育的「軸心」，教師學則是經營教育的「基點」；「軸心」是運用「經緯」元素來轉動「基點」的方向盤。

　　　尚祈　方家
　　　共賞斧正

　　　　　　　　　　　　　　　　　　鄭崇趁　序於崇玉園
　　　　　　　　　　　　　　　　　　2013 年 11 月 11 日

目　次

導論：從「教育經營學」到「校長學」的知識脈絡分析

研究者近年積極投入「經營教育」之學的研發工作：2009 年發表〈教育經營學的主要內涵〉一文，2010 年發表〈從教育經營學看校長學的主要內涵〉一文，2011 年出版《教育經營學導論：理念、策略、實踐》一書，2012 年出版《教育經營學：六說、七略、八要》一書，並發表「校長學：成人旺校九論」的知識系統結構，即本書的正式書名。「經營教育之學」是研究者升等教授之後、退休之前最期待完成的教育產品，就個人的教育理念、任職的學校系所，以及服務社會、經營教育的立場而言，均有責任研發完成，以提供教育經營者參照。

一、經營教育可以創發國家新希望

教育在教人之所以為人，能賦予人的價值、意義與尊嚴；教育在為國家培育各行各業的人才，教育的成敗，影響到「教人」的品質。各行各業的人才若都能「人盡其才」、「才盡其用」，則百業興隆、國家興旺，因此教育是澤民富國的事業。經營教育可以創發國家新希望，猶記得臺灣在 1975～1995 年之間，曾經創造了臺灣的「經濟奇蹟」，現在回溯，探討其原因，三個因素皆與教育攸關：(1)1968 年實施九年國民基本教育，教育普及化，全面提升基層人力素養；(2)教師薪資全面提高（比公務員高一至二成），教師被認定為專業化的公務員，教育人員具有高度的尊嚴價值；(3)蔣經國總統時期，進行國家十項建設計畫，不但帶領臺灣進入開發中國家，更給予各級學校師生優質的示範教材，以教育培育國家建設人才。

教育部在 2010 年召開了第八次全國教育會議，2011 年頒布了第二本

《中華民國教育報告書：黃金十年、百年樹人》（教育白皮書），揭示「新世紀、新教育、新承諾」的願景（Vision），以及「精緻、創新、公義、永續」的任務（Mission）與核心價值（Core Value），並以十大層面提列各項教育政策經營，包括：2010 年成立國家教育研究院，2011 年開啟陸生來臺就讀高等學校，規劃中小學教師評鑑入法等，2013 年中央教育行政組織再造，2014 年實施十二年國民基本教育等，相信各級學校經營者結合政策規劃，深耕經營，全面提升教育品質，培育國家建設人才，得以創發臺灣的第二次奇蹟。

二、「經營教育」之學來自教育學與管理學的交織結果

研究者的任職單位，原稱「教育政策與管理研究所」，有博士班及碩士班，並附設「中小學校長培育與專業發展中心」，開辦「校長培育班」及「校長博士學分班」課程。2005 年起增設「教育經營與管理學系（大學部）」，目前是系、所、中心三合一的完備學制（系所）單位，也是國立臺北教育大學最有歷史傳承、最具績效成果的系所之一（已培育教育學博士百名以上，教育學碩士千名以上，教育學學士近百名；經由學校培育的中小學校長約 500 名）。系所的教育目標與學術研究基礎，如圖 1 所示。

大學部創系開班之初是採「教育學」與「管理學」各半的課程設計，以彰顯「教育經營」與「教育管理」的系名特質。教育目標是以培育各行業文教部門的管理人才為宗旨，期待學生都能以「具有教育愛的知識長」自許，深耕經營。研究所則維持「教育政策與管理研究所」的所名，並逐年增開「管理學」領域科目，期待「教育政策」、「教育行政」能進一步與管理學的專門知識系統整合，開展新的「教育管理學」或新的「教育經營學」。碩士生的教育目標是以培育文化教育事業專業經理人才為宗旨，博士生的教育目標是以培育教育政策規劃人才與文教行政領導人才為宗旨。

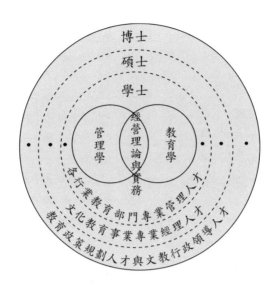

圖1　「教育經營與管理學系」的教育目標與學術基礎

「教育學」與「管理學」交織的整合部分，稱為「經營理論與實務」，若以學術或學習的視角來研究它，或可稱之為「經營教育之學」。

　　研究者在大學部開授的課程科目是：教育行政、教育計畫、教育評鑑、教育品質管理、教育概論；研究所碩士班開授的課程科目是：教育政策分析、教育計畫研究、教育評鑑研究、國民教育專題研究；博士班開授的課程科目是：教育行政理論分析、教育行政問題與議題、教育發展規劃研究、校長學、教育行政個案研究。由於系所的名稱強調「政策」、「經營」、「管理」，教學和研究的焦點都在如何融合「教育學」與「管理學」，尤其是博士班的學生多數是現職的中小學校長，而校長培育班及「校長博士學分班」的學生則全部是中小學校長，課程討論的內容，幾乎都在「如何經營教育」、「如何把教育經營得更好」、「經營教育的政策與要領在哪裡？是什麼？如何做？」。是以，研究者在2009年發表〈教育經營學的主要內涵〉一文之後，逐漸有「經營教育」三學的系統架構，如圖2所示。

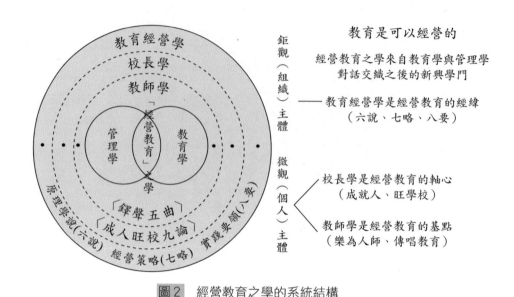

圖2　經營教育之學的系統結構

　　「教育學」與「管理學」交織之後所產生的新學門，可稱之為「經營教育之學」。「學」字有以下三個意義：(1)覺察之意：覺察教育是可以經營的；(2)學習之意：大學開設系所教學生學習如何經營教育；(3)學術之意：是可以教、學、討論、分析、研究的學門知識。從組織（鉅觀）的立場來看「經營教育」之學，就是「教育經營學」。研究者在 2012 年出版了《教育經營學：六說、七略、八要》一書，以六個原理學說、七個經營策略，以及八大實踐要領，來詮釋教育經營學的整體風貌。從個人（微觀）的立場來看「經營教育」之學，就是「校長學」與「教師學」；「校長學」探討教育領導人如何才能經營好一個學校，本書將「校長學」定名為「成人旺校九論」；「教師學」則激勵教師樂為人師，不忘教育初心，傳唱教育。「教師學」是經營教育的基點，「校長學」是經營教育的軸心，「教育經營學」則是經營教育的經緯，三者彼此交互為用。

三、「教育經營學」探討經營教育的「原理學說」、「經營策略」以及「實踐要領」

研究者在 2009 年發表〈教育經營學的主要內涵〉一文，有其時代背景。當時在博士班的授課課程中，「經營優質卓越學校」是必須探討研析的議題，而在碩士班「教育政策分析」的授課課程中，「帶好每位學生的政策分析」也是必須分析講解的主題，約在 2006 至 2008 年之間，博碩士班的授課進程多在同一個月前後週之間出現，是以研究者在 2008 年的授課綱要上，系統整理成下列公式：

$$教育經營學 = \frac{〈帶好每位學生〉（實務）}{〈經營優質卓越學校〉（理論）} \cdot \frac{目標任務_3 \times 共同願景_4 \times 經營策略_5}{教育的核心價值_1 \times 組織發展理論_2}$$

從管理學結合教育學（尤其是教育行政學）出發，要「帶好每位學生」及「經營優質卓越學校」。偏於「理論」的核心內涵，要探討「教育的核心價值」以及「組織發展理論」；偏於實務的層面，則要學會操作運用「目標任務」規劃設定、「共同願景」形塑，以及「經營策略」的選擇與執行。之後，研究者趁著在 2009 年配合國立臺北教育大學《國民教育雙月刊》擔任輪值主編的機會，發表約一萬字的文章：〈教育經營學的主要內涵〉，簡要論述說明「教育的核心價值」、「組織發展理論」、「目標任務」、「共同願景」，以及「經營策略」等五大核心內涵的概念型定義與操作型定義，及其如何運用在「帶好每位學生」與「經營優質卓越學校」之上，為教育經營學的內涵，建構了初階意涵與主要內容，期待同好繼續深耕發展。

公式發表之後，五大內涵頗受認同，唯分子與分母之間的關係，以及

「理論」與「實務」的強行劃分，是研究者受到最大的質疑與挑戰，始終沒有找到合宜的解釋與說服力。是以在 2009 年底，在學校辦理「兩岸三地校長學學術研討會」之際，重組了教育經營學的主要內涵，主張經營教育的關鍵層面有三：「原理學說」、「經營策略」，以及「實踐要領」。「原理學說」要能夠蒐集統合「教育本身」及「經營教育」最核心的理論、理念、原理、原則、學說、主義，為經營教育的傳承知識與當代管理學的學理整合，找到經營教育的核心學理；「經營策略」在探討經營帶動學校組織運作的策略與方法，要超越行政三聯制（計畫、執行、考核）的脈絡，融合管理學上的「策略管理」，結合當代「校長領導卓越獎」及「教學卓越獎」的得主與團隊，其之所以成功的「學校經營策略」，並歸納找出教育界共同可以運用操作的優質「經營策略」；「實踐要領」則在融合教育學上的「行政哲學」與管理學上的「管理哲學」，找到經營學校教育事務「如何把事做好」、「增進效能與效率」的要領，找到「人際互動」、「組織運作」、「團隊動能」、「掌握關鍵」的著力焦點。三大層面建構的教育經營學形成了如圖 3 所示。

說明如下：

- 「原理學說」包括六個最重要的理論：價值說、能力說、理論說、實踐說、發展說，以及品質說，稱之為六說，尋根探源，立知識之真。
- 「經營策略」包括七種最為優質與經典的方法策略：願景領導策略、組織學習策略、計畫管理策略、實踐篤行策略、資源統整策略、創新經營策略，以及價值行銷策略，名之為七略，行動鋪軌，達育才之善。
- 「實踐要領」發現八大要領最值得註解、介紹、推廣運用：系統思考、本位經營、賦權增能、知識管理、優勢學習、順性揚才、績效責任，以及圓融有度，稱之為八要，著力焦點，臻教育之美。

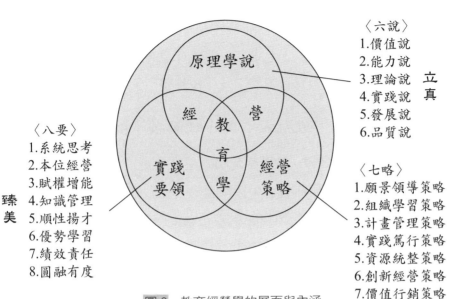

〈六說〉
1.價值說
2.能力說
3.理論說
4.實踐說
5.發展說
6.品質說

立真

〈八要〉
1.系統思考
2.本位經營
3.賦權增能
4.知識管理
5.順性揚才
6.優勢學習
7.績效責任
8.圓融有度

臻美

〈七略〉
1.願景領導策略
2.組織學習策略
3.計畫管理策略
4.實踐篤行策略
5.資源統整策略
6.創新經營策略
7.價值行銷策略

達善

圖3 教育經營學的層面與內涵

「六說、七略、八要」建構了「教育經營學」的具體內涵與系統結構，有效帶動了「校長學」及「教師學」的知識基模系統重組。

研究者從 2010 年暑假開始將《教育經營學：六說、七略、八要》一書的核心內涵製作成 225 張的投影片，從「基隆市校長學校經營工作坊」起，講授教育經營學，經歷「澎湖縣校長班」、「桃園縣校長儲訓班」、「桃園縣校長培育班」、「國家教育研究院中小學校長儲訓班」、「苗栗縣校長主任儲訓班」、「新竹教育大學學校領導菁英班」，以及國立臺北教育大學授課的博士班及碩士進修班課程，與學生或學員講授討論，知識對話近二十場次。之後，在 2011 年 10 月起開始撰寫文本內容，迄 2012 年 11 月完成，由心理出版社出版，該書共二十一章、約二十二萬字。其間於 2012年暑假，研究者由於擔任「臺北市及新北市中小學校長北京師範大學進修研習團」諮詢顧問，必須於北京師範大學發表「臺灣教育新亮點」；在研討會中，研究者將「建構教育經營學與校長學」當作第八個亮點介紹，深

受兩岸校長學員歡迎，並在全書完成之後，於 2013 年 4 月，接受「北京師範大學校長培育學院」邀約，赴北京師範大學講學一個月，對不同省別的校長培育班次，講授「教育經營學」及「校長學」。

■ 四、校長學是「成就人」與「旺學校」的經營之學

研究者在 2009 年發表〈教育經營學的主要內涵〉一文之後，在當年的「兩岸三地校長學學術研討會」，接續發表〈從教育經營學看校長學的主要內涵〉一文，參照教育經營學的公式，提出了校長學的五大核心內涵，並以下列公式表示：

$$校長學 = \frac{角色職責_3 \times 培育課程_4 \times 專業證明_5}{校長核心能力_1 \times 教育領導理論_2}$$

本公式將校長學定義為：校長是依據「校長核心能力」及「教育領導理論」為基礎，探討校長在學校環境中的「角色職責」、「培育課程」與「專業證照」的建置。文本敘寫近二萬字，發表之後，五大核心內涵得致廣泛的認同，而最大的挑戰也在「分母」與「分子」的劃分，亦是找不到具有說服力的理由來自圓其說。是以在《教育經營學：六說、七略、八要》一書之系統結構及講述大綱（225 張投影片）完成後，將「校長學」的主要內容轉為「六說、七略、八要」在校長「經營學校」上的運用，逐步發展成本書的「成人旺校九論」，進而主張校長學就是以校長職務立場，經營「成就人」與「旺學校」的神聖工作。校長學的理念系統結構，如圖 4 所示。

校長學的內圈為「立己達人」，包括：「自我實現論」、「智慧資本論」、「角色責任論」，以及「專業風格論」四論。「自我實現論」運用價值說、實踐篤行策略、順性揚才要領，來成就人的尊嚴價值；「智慧資

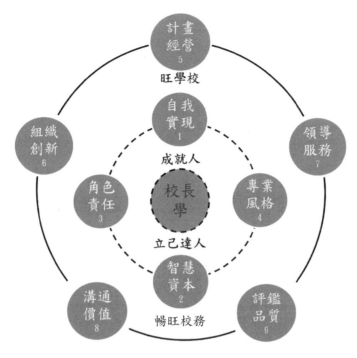

圖4 校長學的理念系統結構

本論」運用能力說、願景領導策略、賦權增能要領，來激發人的動能貢獻；「角色責任論」，運用實踐說、資源統整策略、系統思考要領，來實踐人的時代使命；「專業風格論」，運用理論說、組織學習策略、本位經營要領，來領航人的品味文化。這四論都在深耕「成就人」的功夫。

　　校長學的外圈為「暢旺校務」，從經營校務五大核心歷程的著力：「計畫經營論」、「組織創新論」、「領導服務論」、「溝通價值論」，以及「評鑑品質論」五論。「計畫經營論」運用發展說、計畫管理策略、知識管理要領，來帶動學校精緻發展；「組織創新論」運用價值說、創新經營策略、優勢學習要領，來活化組織運作型態；「領導服務論」運用實踐說、實踐篤行策略、圓融有度要領，來創化專業示範模式；「溝通價值

論」運用價值說、價值行銷策略、系統思考要領，來深化多元參與脈絡；「評鑑品質論」，運用品質說、資源統整策略、績效責任要領，來優化歷程績效品質。這五論都在著力焦點、暢旺校務，是一種「旺學校」的作為。

《校長學：成人旺校九論》一書之章名、副標及其與《教育經營學：六說、七略、八要》一書的關係，大要如圖5所示。

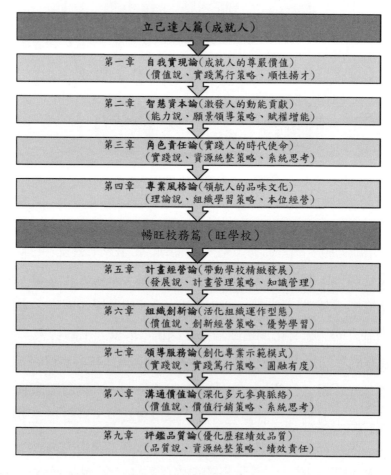

立己達人篇（成就人）

第一章　**自我實現論**（成就人的尊嚴價值）
（價值說、實踐篤行策略、順性揚才）

第二章　**智慧資本論**（激發人的動能貢獻）
（能力說、願景領導策略、賦權增能）

第三章　**角色責任論**（實踐人的時代使命）
（實踐說、資源統整策略、系統思考）

第四章　**專業風格論**（領航人的品味文化）
（理論說、組織學習策略、本位經營）

暢旺校務篇（旺學校）

第五章　**計畫經營論**（帶動學校精緻發展）
（發展說、計畫管理策略、知識管理）

第六章　**組織創新論**（活化組織運作型態）
（價值說、創新經營策略、優勢學習）

第七章　**領導服務論**（創化專業示範模式）
（實踐說、實踐篤行策略、圓融有度）

第八章　**溝通價值論**（深化多元參與脈絡）
（價值說、價值行銷策略、系統思考）

第九章　**評鑑品質論**（優化歷程績效品質）
（品質說、資源統整策略、績效責任）

圖5　《校長學：成人旺校九論》與《教育經營學：六說、七略、八要》二書之關係

五、成人旺校九論的知識脈絡分析

《校長學：成人旺校九論》一書約十八萬字，前四論在成就人，稱為立己達人篇；後五論在旺學校，稱為暢旺校務篇。九論之章名、副標及其與《教育經營學：六說、七略、八要》一書的主要連結，概如前述。每一章節的「知識脈絡」分析如次：

「自我實現論」強調五大重點：(1)自我實現是人與組織存在的最大價值，教育人（校長、教師、學生）以及學校組織都在追求自我實現；(2)「理想」與「現實」吻合就是自我實現，自我實現可以是一次性的（終身志業），也可以是階段性的以及生活性的；(3)校長、幹部、教師、學生及學校組織的自我實現都具有觀察指標與實踐要領；(4)校長經營學校要幫助自己自我實現，也要幫助教師及學生自我實現，人人充分自我實現，是學校組織達成教育目標的基石；(5)自我實現是可以經營著力的，它在成就人的尊嚴價值。

「智慧資本論」闡明五大知識核心：(1)學校的校長、幹部、教師職工，以及學生，都是學校的智慧資本，沒有經營開展的人力資源，稱為靜態的智慧資本，積極經營產生動能貢獻者，稱為有效的智慧資本；(2)智慧資本的核心元素包括組織成員的「核心能力」及其對組織本身的「認同程度」；(3)經營學校成員都成為有效的智慧資本，是校長的重責大任；(4)增進教師核心能力，認同學校，承諾力行，願意帶好每一位學生，是經營智慧資本的核心要領；(5)結合自我實現，激發人的動能貢獻，可以實質地提高學校（組織）競爭力。

「角色責任論」從校長的法定職責、社會期望，結合校長個人的教育理念及責任使命，分析校長的五大角色職責：(1)教育理論的實踐家；(2)行政效能的經理人；(3)課程教學的規劃師；(4)輔導學生的示範者；(5)資源統

整的工程師。五大角色責任都有較為客觀的觀察目標、核心事務與經營要領的介紹與論述。

「專業風格論」是角色責任論的延伸，以鉅觀文化社會學的視角，探討理想中的校長所代表的「專業風格」為何，研究者以「五種人」來詮釋臺灣校長的專業風格：(1)教育人：傳希望、益人間；(2)有能人：通事理、講要領；(3)厚德人：重倫常、送溫情；(4)質感人：常共鳴、賦價值；(5)品味人：具殊相、成風格。校長領航的品味文化是教育人員的代表，是有能力處理事務的人，是常積功德的人，是具有生活質感的人，也是有品味風格的人。

「計畫經營論」強調，運用優質的教育計畫來帶動學校精緻發展，並闡述五大核心知識：(1)優質的教育計畫具有系統結構，其目標設定、策略分析、項目選擇之核心技術是可以教與學的；(2)學校經營的成敗優劣或階段時期發展的興旺沉寂與校務發展計畫攸關；(3)校長宜逐年設定十大教育計畫，有效帶動學校邁向優質卓越；(4)優質教育計畫的啟動與實施，均要教育領導人（校長）專業示範、價值論述與實踐篤行，並管理績效責任；(5)學校經營需要學校最具價值的教育計畫，它是系統思考、本位經營、知識管理、圓融有度經營要領的方案設計與實踐。

「組織創新論」結合「創新的本質歷程」與「教育組織的特質」，分析論述五大知識脈絡：(1)教育組織的鬆散特質，最需要創新經營的運作型態；(2)學校組織的創新經營也是一種「賦予存在」（to being）的本質功能（知識先天論），具有「實→用→巧→妙→化」的歷程，只要同仁持續深耕，教育永遠為國家、學校、個人創新希望；(3)目標價值的創新，促使同仁了解學校組織長遠目標價值的同時，也曉得創新經營當下手上的教育重點工作；(4)創新教育人員的核心能力、認同程度，以及創新教育的環境資源設施，是學校人力資源創新的焦點；(5)運作方式的創新，從順應意願專

長、精簡行政流程、帶動階段產能、創新標準程序、定期競賽展演中，活化組織運作型態，創新學校發展。

「領導服務論」連結「領導行為」到「專業服務」之間的經營知識，其核心脈絡有五：(1)教育領導的特質最適合「專業服務」的發揮；(2)領導服務在教育領域的運用，是一種系統思考的領導服務，是一種專業示範的領導服務，也是一種實踐篤行的領導服務；(3)專業示範的領導服務是從教育的核心技術，示範帶動幹部與教師有效經營校務；(4)系統思考的領導服務註解「經營策略」、「教育決策」、「方案設計」、「資源統整」，以及「績效責任」的系統思考經營要領；(5)實踐篤行的領導服務，揭示「價值領導」、「經營領導」、「學習領導」、「方案領導」，以及「特色領導」的五大發展趨勢。

「溝通價值論」將教育溝通與教育價值說密切連結，彰顯五大知識脈絡：(1)價值是溝通的元素，同時也是溝通的目的與趨勢，教育領域猶須價值溝通；(2)價值引導溝通的方向，賦予溝通的內涵，釐清溝通的輕重，開展溝通的脈絡，實踐溝通的目標；(3)教育溝通是一種知識傳遞的溝通、價值智慧的溝通、情意共鳴的溝通、專業示範的溝通，同時也是一種經營本位的溝通；(4)從「政策理念」、「課程教學」及「策略技術」進行價值溝通，得以深化多元參與脈絡，增益校務經營的效能與效率；(5)策略技術的價值溝通，凸顯教育經營學中「實踐要領（八要）」的重要性與核心技術。

「評鑑品質論」探討教育經營者（校長）如何善用教育評鑑，全面提升教育品質，暢旺學校，形塑學校經營的品牌特色，其蘊含五大知識脈絡：(1)教育評鑑的時代已經來臨，教育當局應結合學者專家發展系統評鑑指標，頒布實施要點，執行各項教育評鑑工作；(2)教育評鑑的本質與功能，由目標的檢核、績效成果的評斷到提升教育品質，賦予教育價值的趨勢；(3)教育評鑑具有「統整的觀察」→「化約的指標」→「系統的結構」→「客觀

的歷程」→「評價的比較」→「理念的實踐」等六大基本原理；(4)理念化、標準化、專業化，以及品質化，是當前教育評鑑最核心的議題與主要趨勢；(5)全面品質管理理論、智慧資本理論、績效責任理論、CIPP 模式、PDCA 模式、品質標章認證，以及認可制評鑑，將整合主導評鑑品質論發展。

六、期待《教師學：鐸聲五曲》一書接續出版，齊備「經營教育」三學

「經營教育」之學有三：從鉅觀（組織）的立場看，就是「教育經營學」；從微觀（個人）的立場看，包括「校長學」及「教師學」。教師學是經營教育的基點，校長學是經營教育的軸心，教育經營學是經營教育的經緯，三學齊備，可以提供所有教育人員參照，「如何經營教育」，為臺灣的教育開創嶄新的希望與契機。《教育經營學：六說、七略、八要》及《校長學：成人旺校九論》這兩本書已經出版，研究者已蓄積了《教師學：鐸聲五曲》的撰寫計畫（如圖 6 之架構），期待能在 2014 年出版，齊備「經營教育」三學，完成研究者心願，也為教育界譜一曲「經營教育」之歌。（作者補註：《教師學：鐸聲五曲》已順利出版）

《教師學：鐸聲五曲》一書的知識脈絡，係以教師本位經營為主體，運用六說、七略、八要的知識技術及經營要領，詮釋教師的「本然」與「應然」，註解教師的生命願景與教育志業之實踐。教師像鐘鳴大地，教師像朝陽東昇，教師像春風化雨，教師像明月長空，教師像繁星爭輝。「鐸聲五曲」的旨趣在：(1)樂為人師，不忘教育初心，傳唱教育；(2)充分自我實現，同時是組織（學校）有效的智慧資本；(3)有貢獻、有價值（有績效與產品）的人生，生命願景與教育志業在學校中實踐；(4)符合新世紀、新教育、新承諾的時代訴求。

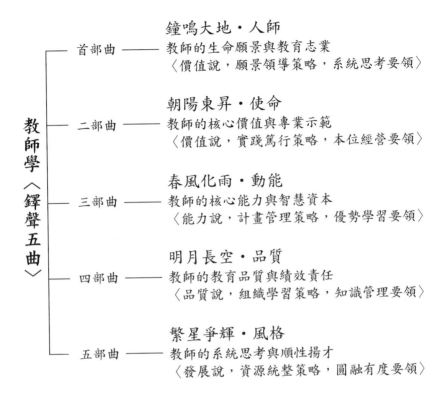

圖6　《教師學：鐸聲五曲》一書的架構

立己達人篇

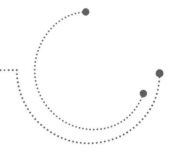

　　「立己立人，達己達人」，是校長的首要職能，也是校長的神聖使命，最符合教育「教人之所以為人」的本質意涵。學校是「教師」與「學生」融合的個殊性「組織」，心理學的「自我實現」、管理學的「智慧資本」、社會學的「角色責任」，以及文化學的「專業風格」，系統重組了「教育經營學」及「校長學」的知識基模，賦予校長立己立人，達己達人的時代意涵。

- 自我實現論——成就人的尊嚴價值
- 智慧資本論——激發人的動能貢獻
- 角色責任論——實踐人的時代使命
- 專業風格論——領航人的品味文化

第一章　自我實現論

＜成就人的尊嚴價值＞

　　在學校組織中，各級學校的校長扮演著「領導學校中的人」，希望做好「學校中的校務發展」，是一種「成就人」及「旺學校」的深層功夫。本書定名為《校長學：成人旺校九論》，並劃分為兩篇：「立己達人篇」（第一至四章）及「暢旺校務篇」（第五至九章），逐次闡述說明，期能經由「知識基模的系統重組」，有效建構「校長學」的嶄新風貌。

　　教育主要的目的在「教人之所以為人」。「人之所以為人」的共同特質，自古以來雖有不同的論述，但「活得有意義、活得有尊嚴、活得有價值」確已成為大家可以接受的註解；用現代「心理學」、「社會學」，以及「管理學」共同常用的語言來表達，研究者認為就是「能夠自我實現的人」。因此，本書第一章定名為「自我實現論」，論述學校校長如何經由自我實現的歷程，幫助自己、幹部、所有教師及學生，成就每一個人的尊嚴與價值，實踐「人之所以為人」的本質意涵。

　　本章分為五節論述：第一節「自我實現的教育意涵」，以「理想」與「現實」吻合為自我實現的學理基礎，論述其在教育領域中「人」與「組織」結合之後，應有的教育意涵；第二節「實踐校長自己的自我實現」，連結《教育經營學：六說、七略、八要》一書以及本書的九論內涵，實踐校長自身自我實現的經營要領；第三節「促成學校人員的自我實現」，分別論述學校幹部、教師、學生，以及家長自我實現的觀察指標及其作為；第四節「增益學校組織的自我實現」，就學校整體及其次級系統——處室或專業成長社群，說明其自我實現指標與應有的行動作為；第五節「自我實現的經營要領」，綜合闡述校長靈活運用《教育經營學：六說、七略、

八要》一書的要領與方法，成就人的尊嚴與價值，增益學校組織運作的效能與效率。

第一節　自我實現的教育意涵

　　Maslow（1954）出版《動機與人格》（*Motivation and Personality*）一書，發表需求層次理論，將自我實現（self-actualization）列為人類五大需求（生理需求、安全需求、愛與歸屬需求、尊榮需求，以及自我實現需求）的最高層次需求。從此，「自我實現」成為「教育學」與「人格心理學」交織研究討論的共同願景，教育的最大價值，在促成每一個人的自我實現。張春興（1995，2006）認為，任何有機體各自皆具有內在潛力，這種潛力如同內在需求，促使有機體去滿足該需求，從而使其所具潛能得以充分發揮，此一歷程稱為「自我實現」。鄭崇趁（2012b：17）認為，自我實現的意涵就是「自我的理想」與「目前的實際」相吻合，用口語化的說法就是「自我想要的理想人生，真的在當前發生了」。自我實現的人生是人類的共同願景，人類的各種組織系統，其主要的目的與功能，也都在促成參與者某一個層面的自我實現。

　　校長學在探討學校的「人」與「組織」運作，自我實現論的範疇，由狹義到廣義有對象上的不同。最狹義的自我實現純指校長本人的自我實現，亦即校長運用自己的教育理念，經營一所成功卓越的學校；稍廣義一點，自我實現包括了學校經營參與者（尤其是幹部和教師職工）的自我實現，教師的生命願景在學校中實踐；較廣義一點，自我實現也包括了學生的自我實現，學校階段性的學習是成功滿意的，且符合學生自己的興趣、性向、專長，是一種找到亮點的有效學習歷程；最廣義的論述，則應兼及學校組織整體的自我實現，運用 Vision（願景）、Mission（任務）及 Core Value

（核心價值），來檢核與觀察學校本身、各處室系統、專業社群及各種次級系統能否自我實現。本書採最廣義的界說，唯以「人」為主軸，兼及「組織」，以求完備。自我實現論的系統結構（操作型定義）如圖 1-1 所示。

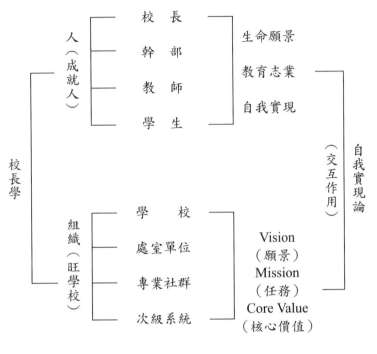

圖 1-1　自我實現論的操作型定義

　　自我實現論是「教育經營學：價值說」的深層分析與探討，唯兩者仍有不同：「價值說」以教育組織為主體，分析「教育行政單位」及「學校」如何運用核心價值（Core Value），形塑願景（Vision）和任務（Mission），兼及組織內人的自我實現。校長學中的自我實現論，則以「人」為主體，分析學校中的校長、幹部、教師、學生，如何建構生命願景，實踐教育志業，讓理想與現實吻合的自我實現；過適配生涯，彩繪精緻而有價值的人生，再兼論學校中各種組織系統的自我實現指標。因此，自我實現

論格外強調下列教育意涵的串聯與詮釋。

■ 一、賦予生命價值，建構生命願景

人類是具有理性的動物，因為有「理性」與「動能」的交互作用，為人類創造了無限可能。當前的文化與文明及當代的資訊科技發展，都是理性、動能、創價的成果，是以人類為萬物之首（靈魂），人的生命十分珍貴，每一個人均應「珍愛生命」→「發展生涯」→追求「自我實現」。鄭崇趁（2012a：315）論述生命教育的目標，主張「珍愛生命」的目標在「體悟人性，活得尊嚴」，人人喜愛自己的遺傳與性向，順性揚才、盡己之力，奉獻社會、活得快樂、活得尊嚴；「發展生涯」的目標在「建構生命願景，彩繪亮麗人生」，從優勢專長的學習與發展，依序建構生命階段的願景與任務目標，並實踐篤行，過有價值、有意義的學習生活及志業發展，彩繪亮麗人生；「自我實現」的目標，則在「教」與「學」的歷程中，促成「施教者」與「受教者」的「理想」與「現實」吻合，闡揚生命光輝。

生命願景的建構，可以是「一次性」的，也可以是「多階段性」的。一次性的生命願景，多半指的是一生的終極志業目標，也是一輩子理想生命的願景形塑，例如：史懷哲於三十歲前後，立志取得醫師資格，並赴非洲行醫濟世，史稱「非洲之父」，成為人類的標竿典範。又如：研究者約在小學三、四年級之間，即立志要當教師，從事立己達人的教育工作，此一教育初心與生命願景，歷經四、五十年，迄今也從未改變。「多階段性」的生命願景是建構一符合「生命階層」的發展任務，亦即「生涯輔導」重視歷程與環境變化的不確定因素，較符合人性本質的複雜性與可教育性。通常配合學制，可在小學、國中、高中、大學等四個階段各做乙次階段性的生命願景建構，並以「學習」、「生活」、「志業」等三方面的願景目標為主軸，設定自己的階段性生命願景。成年就業之後，宜每十年省思、

系統重組「生命願景之建構」，或檢核生命願景的實踐品質。圖 1-2 係研究者在 1990 年代設定的個人生命願景，目前配合「教育品質管理」的教學需求，設定逐年實踐指標，按季檢核乙次。

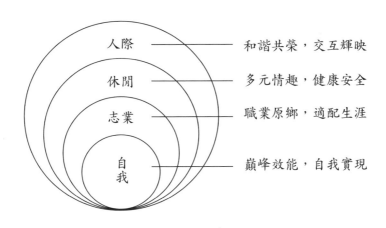

人際　——　和諧共榮，交互輝映

休閒　——　多元情趣，健康安全

志業　——　職業原鄉，適配生涯

自我　——　巔峰效能，自我實現

圖 1-2　生命願景的建構（範例）

資料來源：鄭崇趁（2006a：318）

二、不忘教育初心，樂在「教學」與「學習」

教育事業是「人」教「人」的工作，對教師而言，每天均在從事教學的事務；對學生而言，每天都在致力於學習的活動。《詩經》上曾歌頌這種人教人的場景為「樂育菁莪」，描繪師道尊嚴與為學最樂的教育價值。曾幾何時，現代的教師們並不快樂，有人形容教學為主的教育事業是「當一天和尚，撞一天鐘」，而且「鐘聲愈撞愈小聲」，日復一日、年復一年。現代的學生也沒有獲得學習的樂趣、知識藝能的學習，「我會了」的雀躍心喜，老早被排山倒海的課業壓力淹沒，國中、高中階段學生苦不堪言，而教育品質似乎也沒有相對增長提升，充滿著弔詭及無奈。

不忘教育初心，是為了喚醒教師們當初投入教育志業的雄心壯志，重新回憶當時「傳道」、「授業」、「解惑」的神聖使命，回想當時授業教

師的提醒：我們不能賺大錢，但我們可以活得很有尊嚴、很有價值，終其一生，桃李滿天下，就是我們最有價值的資產。我們不能選擇學生，我們要有教無類、因材施教，我們更不能放棄任何一位學生，我們要有帶好每位學生的責任心與使命感；我們要點亮每一個孩子的亮點，點亮學生並不容易，我們當老師的要自己先亮起來，有優質的教學與專業示範，學生才會有有效的學習與閃亮優勢，才能帶動學生跟著亮起來；每位教師就像一輪明月，明月長空，而每位學生就像天上的星星，繁星爭輝，「明月長空」與「繁星爭輝」是我們樂為人師的初心，也是學生樂在學習的初心，傳唱教育，弦歌不輟，需要不忘教育初心，並給予新時代的承諾與註解。

三、實踐教育志業，順性揚才，邁向普遍卓越

多元智能理論結合學生本位的學習理念，悄悄地改變了「五育均衡發展」的教育目標；該理論主張人有多元潛在智能結構，這七、八種智能的強烈厚薄，每個人均不相同，相對的優勢智能經由教育歷程的激發，能夠將優勢智能明朗化，每人若能以其優勢學習，順性揚才，在高等教育階段的就學科系及志業選擇上適配發展，則能得心應手，產生個人與群體之間的相對優勢，行行出狀元。是以，國民基本教育不能再要求學生五育均優或五育均衡發展，而是要要求學校辦學，要規劃優勢智能均有得到激發、獲致明朗化的機會，但對於學生個人的學習成果，不宜再強求五育均優。

當代的「人文主義教育」（如 1982 年的美國派迪亞報告）告訴我們：只要是「人」，均有能力接受完整的十二年基本教育，接受十二年基本教育是人民的基本人權，也是政府應盡的責任與義務。十二年基本教育在造就卓越的公民（每個人均有產能與價值），並且非「少數卓越」，而是「普遍卓越」。我國自 2014 年起，延長國民基本教育至十二年，免試、免學費，直接升讀高級中學，正是人文主義教育理想的實踐。

　　教育人員要實踐教育志業，掌握「優勢學習」與「順性揚才」的要領，成為必要的中介方法策略。校長經營學校教育，要順幹部之性，揚學校優勢亮點之才；要順教師之性，揚卓越教學之才；也要順學生之性，揚「優勢智能明朗化」之才。校長經營學校要系統思考三個層次的「優勢學習」：全校性的優勢資源，經由學習發展成學校的教育特色；幹部及教師個別的專長優勢，透過組織學習，發展成教師的卓越亮點；學生的優勢智能，設置系列社團及競賽學習，成就學生優勢學習，順性揚才，進而普遍卓越（優勢學習與順性揚才的詳細論述，請詳見《教育經營學：六說、七略、八要》一書的第十八章及第十九章）。

四、建構教育核心價值，整合人與組織的自我實現

　　自我實現的主體在「人」，但教育人員都須依賴教育組織（學校及行政單位），才得以經營其教育志業，追求自我實現。廣義的自我實現也包括了學校及教育行政單位（組織）的自我實現，因此，教師及教育人員的生命願景，在學校（或行政組織）中實踐，個人的生命願景與學校組織的願景目標一致，其自我實現才有崇高價值，並能創發人的生命價值與尊嚴，也能增益組織的價值與競爭力，國家教育辦得更好，教育人員活得備受推崇與尊敬。

　　從教育經營學中的「組織」主體之運作立場來看教育人員的自我實現，教育部及地方教育局（處），均需依據本位經營的原理適時頒布教育的核心價值（Core Value），並且訂定發展階段的願景（Vision）與任務（Mission），提供所屬教育人員參照設定個人的生命願景與教育志業的階段性工作重點，也作為教育組織自身檢核「自我實現」的指標與實踐程度的判準，例如：2010 年教育部召開「第八次全國教育會議」，2011 年教育部頒行第二本《中華民國教育報告書：黃金十年、百年樹人》（教育白皮書），均

明確地宣示臺灣二十一世紀的教育願景（Vision）為「新世紀」、「新教育」、「新承諾」；核心價值（Core Value）為「精緻」、「創新」、「公義」、「永續」，不但在全國教育會議中，有效地導引參與成員發言建議的方向內涵，也在大學中的教育經營管理及政策行政類系所，作為教育政策分析論述的根據，更是一般教育人員檢核自己的生命願景與教育志業是否符合時代脈絡的重要指標。教育核心價值與願景目標的宣示是整合人與組織自我實現的重要媒介，教育部及地方教育局（處）四年至六年間應頒布乙次。

第二節　實踐校長自己的自我實現

校長本人的自我實現，能創造校長自身的人生最高價值與尊嚴，是本章的最重要旨趣。校長是學校組織的領導人，其能否真正自我實現，從倫理學的觀點來看，建立在兩大基石之上：一者本人要當上校長；二者要優先促成幹部、教師、學生多數人的自我實現，則校長本人的自我實現才具有真實的倫理意涵。

因此，觀察校長本人的自我實現，要從校長經營學校更深層的五個指標來檢核：(1)樂為校長，勝任愉快：當上校長是自己的生命願景，自己的學養能力適合扮演校長的角色責任；(2)理想抱負，當下實踐：校長自己經營學校的理想理念，能夠在自己領導的學校中實踐；(3)教師學生的自我實現：多數幹部、教師、學生均能在自己主持的學校中高度自我實現，亮點爭輝；(4)品質績效獲致肯定：學校的教育品質及成果績效，學生及家長均滿意，具有口碑及品牌；(5)帶動教育進步發展：能夠形塑學校經營典範，帶動整體教育事業的進步發展。

自我實現的基本定義是「理想」與「現實」吻合：學校校長的「理想」

要統整延伸教師們的「共同理想」；校長面對的「現實」也要傳承學校既有的組織文化與運作模式，必須深化經營自己與組織運作的內涵，才能得致校長本人真正的自我實現。研究者以「經營教育」之學中的「教育經營學」及「校長學」之知識系統脈絡，提供五項修煉建議。

一、深究經營教育的原理學說，立知識之真

我們為什麼要辦教育？教育經營的成果優劣真正的影響是什麼？我們教育人員為什麼要這樣辦教育？用營利事業組織的方法來經營學校不是更好、更有價值嗎？這些問題隨時都會出現在教育人員的對話中，也隨時都會有家長向孩子的老師建議。《教育經營學：六說、七略、八要》（鄭崇趁，2012b）一書中的「原理學說」（六說）是經營教育的根本學理，校長是學校教育的領導人與經營者，校長本身要自我實現，也要促成學校人員自我實現，其首要之務，就是要能深究六大原理學說內涵；尋根探源，立經營教育知識之真。以下加以說明。

「價值說」連結學校教育的核心價值、經營目標任務，與教育人員的自我實現融合，創造人與組織的最大價值，是國家投資辦教育以及教育人員深耕教育志業最深層的價值意涵。「能力說」解析學習者、施教者、教育領導人的核心能力與內涵的知識技能、行為表現，為教育歷程的「課程設計」以及人的「行為能力」妥適連結，各級學校均應為學生的核心能力，經營學生（學校）本位的課程設計。

「理論說」介紹影響當前教育經營最重要的二十六個理論或理念，這些教育前輩的智慧結晶，校長當通透掌握其核心主張，並巧妙結合在自己校務經營的實務層面，明白地告知教師職工：我們這樣辦教育，背後都有教育理論、原理學說的支持，我們追求的核心價值是具體明確的。「實踐說」說明了「教育機制」在傳承創新人類文化與文明上的貢獻，人與文化、

文明的貫串銜接在於「制度化」與「教育化」的實踐創新，實踐傳承的智慧，往往是創新文明的起點。

「發展說」說明了教育與人的縝密關係，教育在促成了人的真實發展，發展成「成熟人」、「知識人」、「社會人」、「獨特人」、「價值人」，以及「永續人」，這六種人同時存在每一個人的身上，但比重強烈濃淡各有不同，卻也形成了人才爭輝、行行出狀元、百業興隆的社會榮景。「品質說」強調，教育的品質要從學生的核心能力與行為表現觀察，因此課程設計、教學實施、學習成果均應有品質保證與持續改善機制，經營有績效責任的學校，學校中有責任良師，才能造就新世紀的責任公民，大家過有品味的生活，才是有品質的教育。

🔲 二、熟練經營教育的經營策略，達育才之善

校長如何經營學校？從哪一方面著手，對學校產生的正面價值最大？本校師生的特質與社區的背景，最適合運用哪些「經營策略」？經營學校是可以學習的，一些「卓越校長」成功的經營案例是我們可以學習參採的作法。《教育經營學：六說、七略、八要》一書介紹的七種經營策略，是研究者歸納分析數十位「卓越優質校長」的重要經營手段與方法，再予以定名，並很精要地敘寫每一種「經營策略」的適用情境與操作程序。學習這七種經營策略，能以行動鋪軌，達育才之善。以下加以說明。

「願景領導策略」可以引導全校師生重新詮釋學校定位、Vision（願景）、Mission（任務）及 Core Value（核心價值），凝聚同仁士氣與向心力，全心投入學校經營。「組織學習策略」能帶領全校教師職工進入系統學習狀態，藉由知識螺旋作用，系統重組知識基模，改變心智模式，提升學校教育競爭力。「計畫管理策略」能推動學校十大建設計畫，有效結合經常性業務活動，經營學校精緻發展。「實踐篤行策略」能強化校長本身

及幹部的專業示範，認同政策價值，承諾力行帶好每一位學生，經營學校成為有特色學校，並且一個都不少。

「資源統整策略」可引進校外多元教育活水，將校內外資源有效統整為學校教育新價值，妥適照護弱勢族群學生，創發師生優勢亮點新舞台。「創新經營策略」能帶領師生掌握新時代脈絡，經營新組織文化、倡導新方法技術、實現新教育境界。「價值行銷策略」能從願景價值行銷、計畫價值行銷、特色價值行銷及個殊價值行銷，爭取師生家長及關鍵資源認同，為學校的永續經營匯聚豐沛的能量。

三、掌握經營教育的實踐要領，臻教育之美

同樣在經營一所學校，有的校長弄得教師職工非常辛苦，疲於奔命而績效不佳，選讀的學生人數愈來愈少，有被迫整併之危機；而有的校長卻談笑用兵，全校教師職工大家都有事要忙、要努力，但不至於太累，不至於「廢寢忘食」，失去了健康與家庭，且校務蒸蒸日上，績效卓著，家長帶著學生爭相搶著就讀，學校還須為了「比序」而大傷腦筋。經營學校需要講究「實踐要領」，要領掌握住了，著力焦點，事半功倍，績效圓滿，皆大歡喜。《教育經營學：六說、七略、八要》一書的八大「實踐要領」也是可以學習的，可當作校長經營自我實現的第三個修煉。以下加以說明。

「系統思考」是一種習慣、一種觀念、一種態度，也是一種能力，有系統思考的校長，較能夠「關照全面→掌握關鍵→形優輔弱→實踐目標」，自然能夠暢旺校務。「本位經營」需要校長帶領幹部職工經營「本分職責」、「本業績效」、「在地資源」以及「系統品牌」，本位經營、深耕本位，才能為學校創發「道地」的教育價值。「賦權增能」賦予幹部與課程領導人經營校務權責，搭配教導型組織的理論運作模式，有效拓增幹部及教師能量，彩繪學校教育。「知識管理」傳承創化學校同仁核心知識、

核心能力與核心技術，創新智慧，奠定學校教育的永續經營。

「優勢學習」是多元智能理論的具體實踐，也是一種符合興趣性向的學習、順應相對專長的學習、發展特色風格的學習、善用環境配備的學習，以及統整資源系統的學習，受教者、施教者及學校組織運作都有著力焦點，形優輔弱，優勢明朗化，成為學生、教師、學校的亮點。「順性揚才」強調校長要順幹部之性，揚其專長意願之才；幹部要順教師之性，揚其卓越優勢之才；教師要順學生之性，揚其多元智能之才，人人有亮點，大家都能自我實現。「績效責任」則在彌補人性容易怠惰沉淪之本性，喚醒教育人員不但要為自己負起教育本業的績效責任，也要為其教過的學生擔負責任績效；績效責任的實施可為教師評鑑、學生基本能力檢測、教師分級制，也可為彈性薪資找到了經營立論基礎。「圓融有度」是經營教育的總結要領，圓融的人際與有度的處世，是經營學校、暢旺校務的法則，人人都能自我實現的同時，大家也都是學校有效的智慧資本。

四、致力經營「立己達人」四論，成就人的尊嚴價值與動能貢獻

本書接續《教育經營學：六說、七略、八要》一書，定名為《校長學：成人旺校九論》，主張校長要經營符合自我實現的學校，要做好兩件大事：「成就人」與「旺學校」。是以，本書前四論定為立己達人篇，包括：第一章「自我實現論：成就人的價值尊嚴」、第二章「智慧資本論：激發人的動能貢獻」、第三章「角色責任論：實踐人的時代使命」，以及第四章「專業風格論：領航人的品味文化」，四論皆以教育人員為核心，融合心理學、管理學、社會學、文化學的基本主張，參照學校組織的職能特質，引導校長經營自己、經營學校師生同仁的要領，成就每一個人的尊嚴價值與動能貢獻。

五、持續深耕「暢旺校務」五論，帶動學校精緻發展，全面提升教育品質，豐厚辦學績效成果

本書的後五章，是以學校行政與管理的五大核心歷程——計畫、組織、領導、溝通、評鑑為藍本撰述，強調校長如何持續深耕經營關鍵校務，有效帶動學校發展，是以定名為「暢旺校務篇」，包括：第五章「計畫經營論：帶動學校精緻發展」、第六章「組織創新論：活化組織運作型態」、第七章「領導服務論：創化專業示範模式」、第八章「溝通價值論：深化多元參與脈絡」，以及第九章「評鑑品質論：優化歷程績效品質」。「經營」、「創新」、「服務」、「價值」、「品質」是五大關鍵校務的核心價值（Core Value），也是辦好教育的本質目標，校長持續深耕經營，必能暢旺校務，帶領學校結合時代脈動，開創一個具有特色品牌的卓越學校，校長自己、學校師生、學校本身等三者才能自我實現。

第三節　促成學校人員的自我實現

從組織文化的觀點觀察一個學校，一個辦學績效良好且組織文化優質的學校，應是學校人員充滿自我實現的學校，校長的辦學理念在這個學校實現了，幹部與教師的優勢專長在這個學校發揮了，施教者的生命願景也才能在學校中充分實踐。學生的學習快樂滿意，充滿了獲得新知、學會藝能的歡喜雀躍。人人有自我實現感的學校，才是一個成功優質的學校。因此，校長經營學校，其首要使命，在促成學校人員自我實現，成就人的尊嚴價值。

一般人自我實現的程度可從四個指標觀察：(1)平時生活有質感（自在與價值）；(2)學習成就達到自己的理想標準，具備職涯志業所需的核心能

力；(3)身心健康，體力與心智效能符合自己年齡的階段水準；(4)專長優勢得到發揮，具有自己滿意的表現成果。學校教育人員從事教人的工作，是一種高度專業的行業，要增加兩個觀察指標：(1)喜愛人，尤其是喜歡助人，樂於教導邁向成熟中的學生；(2)關照能或有效教學的助人專業能力，且與其職分相當。

一、激勵教師追求自我實現

教師是整體教育事業的核心族群，如每一位教師均能人人自我實現，教育事業必能蓬勃發展，學校的辦學績效必能獲致學生及家長滿意，具有高度的教育競爭力。觀察學校教師自我實現的指標，概略有五：(1)認同學校教育，樂於教學，日常生活有品質；(2)教學研究效果滿意，獲得學生及同仁激勵回饋；(3)具備教師核心能力及優勢專長，優勢專長有發揮的舞台及自己滿意的表現；(4)任教學生的學習成果表現達到平均水準之上，並能幫助學生個人自我實現；(5)有明確的教育核心價值及妥適的理想抱負，且有相對的成果產品（如著作、教材、作品、競賽獲獎）流傳。

校長激勵教師追求自我實現的作為，可參照下列五種策略方法：(1)定期省思策略：按月（逐步拉長為按季或每半年）提醒教師省思自己的生命願景教育志業、教育初心及當前的實踐程度，是否有自我實現的感覺；(2)目標設定策略：將理想抱負與生命願景轉化成可達成的事業工作目標，並設定完成期限，例如：幾年內完成碩士或博士學位，何時取得領域教學認證，何時接受教師評鑑與認證，每一年或兩年內要完成的著作或教材研發；(3)計畫執行策略：系統思考教師的工作負擔、教學品質、專業成長進修、課業壓力、家庭生活品質，策定生涯志業實施計畫，並依項目及期程實踐篤行；(4)產品績效策略：協助教師有效知識管理，將教師教學、研究、輔導服務之成果績效轉化成具體的著作、教材、研究、成果專輯等可供檢核

的教育產品，增進自我實現程度檢核的具體化；(5)價值認同策略：尤其是奉獻於協助弱勢族群學生教育工作的教師，不容易被看到表象績效，校長應常在公眾的典禮場合，認同這些教師大愛的表現，賦予尊貴的教育價值，引導教師理想抱負及自我實現的價值取向。

二、提升幹部自我實現能量

學校中的主任、組長和學年主任，以及課程發展委員會各領域小組召集人，都稱為學校幹部，如果每一位幹部都自我實現，則其擔負的行政職能，必能有優質卓越的表現。對個人而言，善盡本分職責、自我實現，對學校（組織）而言，也可形成亮點優勢，進而帶動學校突破瓶頸，成為特色，提升學校競爭力。校長經營校務需要系統思考，對於同層級的人採用其喜歡期盼的不同作為，在激發教師們追求自我實現的同時，更應設法提升幹部們自我實現的能量，催化幹部執行校務，獲致累增效能。

學校幹部自我實現的指標，應從下列五項觀察：(1)幹部的核心能力與性向專長，符合職務責任的發展需求；(2)幹部喜愛藉由行政事務服務同仁，扮演軸心實踐角色功能；(3)幹部能夠自主規劃各種類型的專業、專門任務、休閒社群，帶領教師職工普遍參與，形塑組織風格；(4)幹部能夠依其本業職能伸展其理想抱負，留有具體成品產值；(5)幹部具有「更上層樓」的心願，期待歷練不同處室後，有擔任主任、考上校長的抱負。

校長提升幹部自我實現能量的作為，可參採下列五大要領：(1)賦權增能，任務導向：校長給予幹部自主權責，充分授權，並帶動挑戰較高難度的任務，例如：申請優質學校、「教育 111」標竿學校認證、特色學校認證、參加教學卓越獎、Innoschool 及 Greateach 競賽；(2)順性揚才，才盡其用：職務配置需系統思考幹部的意願、專長及能量，讓學校行政工作的性質與與幹部性向專長具有最高適配度，才盡其用，學校具有最大產能；(3)

知識管理，傳承創新：要求處室單位進行核心業務「標準作業程序」（S. O.P.）之規劃，建置知識分享平台，並運用資訊科技，進行知識管理，傳承創新教育核心技術；(4)本位經營，統整資源：當代的學校教育，其整體教育資源來自校內及校外，校長應領導幹部，以本位經營的要領，有效統整引進的校內外資源，為學校教育創新最大價值，直接造福學生與教師；(5)績效責任，邁向卓越：賦權增能賦予幹部自主權責與任務使命，幹部也要有責任績效的實踐作為，共同帶領學校提高教育品質，邁向優質卓越。

■ 三、豐厚學生自我實現經驗

教育的對象是學生，學生的整體學習成果與品質，就等同於一般企業公司的產品品質；一般工廠的產品是「物」，只要物美質精、價格合理，自然廣受消費者歡迎，就能為公司帶來經濟價值。產品的品質與價值可以反映組織員工的自我實現。學生是「人」，觀察其教育品質與自我實現程度與「物」不同，重在學習歷程的品質與學生自身的感受，其可從下列五個指標了解：(1)樂在學習：學習是學生階段的生活軸心，學生喜歡學習是自我實現的起點；(2)知的雀躍：學習人生充滿著「我學會了」、「我懂了」的心情，獲得知識技能，形成知的雀躍；(3)情的感動：學習歷程帶給學生個人溫暖、幸福、支持、關照，具有情的共鳴與感動；(4)意的滋長：智、仁、勇三達德是人類珍貴的情操，也是學生學習自我實現的崇高指標之一，在楷模學習歷程中，學生本人「大仁、大智、大勇胸懷」滋長的程度也是觀察指標之一；(5)滿意學習：符合自己興趣性向的學習，學習的成果自己是滿意的，也符合學生各自的抱負水準。

校長豐厚學生自我實現經驗的具體作為，可參採下列五項：(1)激勵教師，幫助學生自我實現：校長在激勵教師追求自我實現的同時，要將每位教師如何透過課程設計、班級經營、有效教學及輔導學生的歷程，幫助每

位學生的自我實現列為重要的參照指標；(2)多軌課程，順應學生興趣性向：依據多元智能理論，學校中的所有學生，每一位的相對優勢智能均不相同，但七、八種潛在智能會同時存在學校，學校的校本課程應結合領域及社團，統整校內外教育資源，設計多軌課程，順應學生興趣性向，促進每位學生優勢智能明朗化的機會；(3)自主學習，賦予學生責任績效：推動各類型學習護照，鼓勵學生經由自主學習（自訂目標與學習方法、時間、進度）之過程，獲得自我學習經驗；(4)優勢認證，點亮學生相對亮點：學習護照為學習基本標準，優勢認證為相對較高難度的標準，學生經由多軌課程，自主學習取得認證，等於點亮學生自我實現的相對亮點；(5)知識管理，傳承學生教育產品：學生自我實現的教育作品與成果，學校及學生本人均應進行知識管理，傳承智慧資本。

■ 四、引導家長認同自我實現

家長參與校務，是當前民主時代教育的發展趨勢。家長也是為學生選讀學校的主要決定者，就中小學而言，家長是學校經營的「顧客」與「對象」。但是家長把孩子送到學校接受教育，並不是家長本人在學校接受教育，而家長參與校務也只是參與表達意見或輔助性（半專業）事務，因此是屬於「間接」的教育對象；若能夠有效引導大部分的家長認同「教育在幫忙每一個人自我實現」，自己的孩子在學校，就能夠得到自我實現，家長也在追求自我實現，則學校經營得到家長認同支持，恰似「如虎添翼」，更能展翼高飛，會具有更為紮實的經營績效成果。

引導家長認同自我實現的經營要領，得參照下列幾項作為：(1)將「如何幫助孩子自我實現」列為親職教育日、班親會討論的主題，由教師與家長討論學生本位的自我實現指標與內涵；(2)配合親職教育活動，由校長或聘請學者專家主講「豐富學生自我實現的經驗」或「家長如何協助孩子追

求自我實現」等主題，並留有部分討論時間；(3)要求教師執行班級經營計畫時，結合學生學習的自我實現，爭取家長簽名認同；(4)實施學生多元學習護照，由家長及教師聯合認證，鼓勵學生追求自我實現，家長認同孩子自我實現歷程，共同促成學生優勢智能明朗化。

第四節　增益學校組織的自我實現

一個學校之內，具有動能的組織系統，包括四個層次相屬的系統：(1)學校整體；(2)行政組織系統；(3)專業社群；(4)非正式組織系統。這四個組織系統均能自我實現，則整個學校的動能貢獻最大，能夠為學校產出最高的教育品質以及最大的教育競爭力。因此，校長經營學校，應設法增益學校此四個層次的組織系統均能自我實現。

一、經營學校特色品牌

整個學校的自我實現，可以從以下四個指標觀察：(1)能否實現教育目標：經過學校教育的學生，是否大多數符合各級學校法所訂的教育目標；(2)能否符合常態教育標準：師資、課程、教學設施及教育活動運作，是否符合法定規範標準；(3)具有明確的教育成果績效：教師課程設計、班級經營、教學歷程、輔導學生成果及學生教育活動、學習成果，在經營知識管理系統傳承創新後，留有明確的教育成果績效；(4)教育成果績效能夠形成學校特色品牌：達到自我實現的學校，是一所常態經營、符合標準，具有成果績效，同時也是有特色及品牌的學校。

校長致力於經營學校特色品牌，是增益學校整體自我實現的著力焦點。研究者認為，中小學推動「優質學校」、「卓越學校」、「學校特色」、「教育 111 標竿學校認證」，是最佳的教育政策與學校經營措施，前三者

係由學校優勢經營面向，達成特色品牌；「教育 111」則由「一校一特色」、「一生一專長」及「一個都不少」，從學生主體追求學校整體的自我實現，更為難得。至於大學的經營，亦可推動「大學 1111」，運作「一校一品牌」、「一系一特色」、「一師一卓越」及「一生一亮點」的經營脈絡，促成學校師生與組織整體的自我實現。

二、推動處室計畫經營

學校行政單位的自我實現，可從下列四個指標觀察：(1)如期完成組織任務：每一處室單位均有法定職責，年度內的各項工作任務均能適時如期完成；(2)重點業務的服務品質具有一定水準：處室核心業務能依「標準作業程序」（S.O.P.）服務全校師生；(3)計畫經營教育事務：有效統整教育資源及運作服務系統，帶動師生擴大教育產值；(4)發揮績效責任功能：自我實現的處室單位，具有績效責任功能，能充分發揮單位組織的效能與效率。

校長為了增進處室組織的自我實現，應推動處室計畫經營校務核心工作，下列五項作為可以參照：(1)學校的十大項教育計畫分由主辦處室單位列管執行；(2)要求處室單位結合十大教育計畫及主管工作任務，每一單位策定二至三個「主題式」教育計畫，統整核心業務的有效執行；(3)每週行政會議，檢核十大計畫及單位主題式計畫的執行進度與實施成果；(4)適時調配資源，解決計畫執行困難處，增益計畫實質效益；(5)進行「計畫→執行→成果→評估回饋」的知識管理，傳承創化處室組織系統的自我實現。

三、實踐專業社群目標

學校的專業社群，包括：課程發展委員會各領域小組、各種任務型行動團隊，以及教師職工自組的專業成長社群，而廣義的專業社群也包括各種策略聯盟的參與人員或執行小組。專業社群已成為學校組織動能的發動

機，很多學校因為專業社群成員的自我實現，豐厚學校有效的智慧資本，成為學校進步發展的另一基石，也是校長經營校務著力的焦點之一。

觀察學校各種專業社群自我實現的指標有四：(1)是否有達成原來成立團隊的任務目標：任何一個團隊或社群的成立均有其原始目的、宗旨或任務，達成目標任務就是團隊的自我實現；(2)能否定期集會：專業社群組織並非正式行政單位，寬鬆嚴謹程度不一，若能夠定期集會，成員參與踴躍，較能達成原有的目標任務，邁向自我實現；(3)是否有實施方案及經費資源支持：專業社群動能誘發，仍然需要有必要的經費資源及明確的工作事項，有方案計畫的團體，較能務實帶動；(4)是否有專業產品績效：如共同完成行動研究報告，完成自編教材主題單元教案、專門著作、專案計畫、各種手冊、學生補救教材，以及評量題庫等，具體的產品績效能回應組織的自我實現程度。

校長經營校務，協助各層次專業社群實踐其組織任務目標的參照作為有五：(1)直接參與部分專業社群，進入組織系統，共同學習帶動；(2)鼓勵全校教職員工每年至少參與一至二個專業成長社群，激發多元動能，增益個人及社群的自我實現契機；(3)指定專長教師及幹部擔任專業社群召集人，負責擬訂年度實施計畫及定期集會，實踐組織核心任務；(4)支持各種專業社群的必要運作資源，減少參與成員額外負擔，增益尊榮感與參與意願；(5)獎助表揚有產品績效的專業社群，賦予組織成員的價值貢獻，形塑學校積極的動能文化。

四、活化個殊組織功能

學校的非正式組織，包括：運動團隊、休閒團隊、聊天夥伴、任務夥伴、政黨同好、宗教同好，以及文藝同好等小型非正式組織群體。非正式組織群體的習氣趨勢，就是學校組織文化的構成元素，其所形成的組織文

化內涵，往往會影響學校正式組織的運作功能，校長經營校務，亦宜關照此一個殊組織系統發展。

　　觀察學校個殊組織的自我實現程度，有下列四個較明顯的指標：(1)個殊組織單位的多寡：非正式組織單位愈多，代表組織文化愈活絡、愈符合學校教師職工之需求；(2)個殊組織群體的活動頻率：頻率愈密集，代表同仁樂此不疲，從其中獲致的自我實現較高；(3)個殊組織群體的規模：參與人數愈多、規模較大的非正式組織，其動能愈大；(4)個殊組織活動內容的價值取向：非正式組織之所以稱為「非正式」，代表其價值意涵落差較大，不一定適合大家的「共同需求」，是「現代化」與「後現代」交織多元價值的時代產物。價值取向明確、規模日益擴大，就會形成正式組織，例如：政黨、宗教團體等，也有可能會有負面價值取向，需要經營者（校長）格外關注。

　　活化個殊組織發揮其個別功能，也是協助同仁從不同面向追求自我實現的方法，可參照下列五項作為：(1)提供學校空餘或閒置空間，提供非正式組織活動使用；(2)調整自己的休閒活動方式，設法直接參與一至二個非正式組織群體，讓同仁感覺「校長也是同夥的」；(3)了解整體學校非正式組織的需求，並指定幹部或熱心有意願的同仁規劃倡導多元非正式團隊，活化動能；(4)募集資源，建置必要的服務系統，支持同仁活動需求；(5)知識管理學校倡導的活動及支援的非正式組織運作成果，適度公開與同仁分享，導引正向、優質組織文化的發展，也深化學校同仁自我實現的廣度與深度。

第五節　自我實現的經營要領

　　本章第二節從學校「人」的組成，分析校長如何增進學校組織成員的自我實現；第三節再從學校的次級組織系統，論述校長如何幫助次級系統

的自我實現，從組織行為的觀點與策略方法而言，均屬「微觀」立場的剖析。本節再從「鉅觀」的立場，以學校主體（組織實體），結合《教育經營學：六說、七略、八要》一書的原理、策略、要領，融合分析學校校長「自我實現」的經營要領，期能有效串聯人及組織的自我實現，成就人在學校組織中的尊嚴價值。

一、推動「個別化」願景領導及本位經營

在鄭崇趁（2012b）的《教育經營學：六說、七略、八要》一書中，「願景領導策略」為首要的經營策略，運用在本書（校長學）的「自我實現論」時，應特別強調「個別化」願景領導，校長具體的作為大要有五：(1)適時提醒教師同仁，不忘教育初心，珍惜個人投入教育志業的情懷，樂為人師；(2)省思個人一輩子的生命願景，如何在學校組織目標及個人本分職責中，實踐自己的生命願景與教育志業；(3)各處室單位組織配合法定任務職責，自訂單位願景及年度工作目標，串聯個人、單位及學校等三者的願景文化意涵，論述其一致性的價值取向；(4)鼓勵專業社群、行動團隊及各種非正式組織系統，均有明確的（個別化的）願景目標規劃，輔助串聯個人多元的自我實現與組織多重的自我實現；(5)在各類公開會議及學校網頁上，建置「個人生命願景與自我實現」的分享平台，提供楷模示範，形成共同追求個別化自我實現的優質組織文化，也增益學校組織整體的自我實現能量。

「本位經營」係《教育經營學：六說、七略、八要》一書中的第二個「實踐要領」，在本書（校長學）的「自我實現論」中，也具有「適合運用」的角色功能。本位經營強調「本分職責」、「本業績效」、「在地資源」及「系統品牌」，運用在人與組織的自我實現上，更應該以「本位經營」的精神，來經營個別化的自我實現。自我實現的基本定義是「理想」

與「現實」吻合，而人生活在「組織」中，當「理想」是個人的理想，同時也是組織的理想時，才是對個人有價值的理想；同樣的，「現實」的實境，要符合個人理想，同時也要符合學校組織的理想，兩者一致，才是真正的自我實現。

　　教師的本分職責是「課程設計」、「班級經營」、「有效教學」、「輔導學生」；本業績效是教育事業的績效，能教出優質的學生與產出職務需求的教育產品（著作或教學資料）。因此，教育人員的自我實現，必先經由「本位經營」，善盡自己的本分職責，提升自己的本業績效，協助自己的學生有效學習，達成學生的自我實現，成為佈建自己自我實現的基石。接著，再依自己的專長興趣，善用在地社區及校內外教育資源，結合學校特色發展需求，亦即是「本位經營」，進行行動研究或設計教學方案，規劃具有教育價值的資源系統，造福學校師生，追求個人的自我實現，同時也是學校組織的自我實現。學校中各處室單位、專業社群，以及次級組織系統的「本位經營」，也是串聯人與組織自我實現的有效「銜接軸心」。

■ 二、策定「階段性」價值目標並實踐篤行

　　「自我實現」是最有價值、最尊貴的教育理念，在當前的教育場域中，並沒有獲得應有的重視與實踐篤行。研究者觀察到兩個重要的迷思概念：一者，多數教育人員將「自我實現」視之為「總結性」的「理想抱負」之實現，是一次性的，是最後目的性的，也是終其一生才能定調而遙不可及的；二者，一般的人將「自我實現」視之為「結果」的吻合度，並沒有覺察到「自我實現」也可經由「歷程階段」的經營，而增加「成果」與「理想抱負」之間的符合程度，因為自我實現也是可以經營的。

　　因此，校長在經營學校中的「人」與「組織」之自我實現，另一個可行的著力焦點在：鼓勵每位同仁為「自己」及「任職單位」，策定「階段

性」的「價值目標」與「執行事項」，並要求自己「實踐篤行」，讓個人的理想結合組織的階段性任務目標，先有短期性、階段性的自我實現，再逐步經營，累積成終生理想抱負的自我實現。以學校中的「主任」為例，其個人的自我實現若是希望能在職進修，攻讀碩士學位，學校的自我實現希望能爭取「優質學校」、「特色學校」或「教育 111 標竿學校認證」，經營成一所有特色的品牌學校。校長就可運用「計畫管理策略」，整合「主任個人」及「學校組織」的共同需求，設定第一年、第二年、第三年細部的價值目標與執行事項，如在第一年時：(1)考進研究所，學習計畫方案之撰擬及關鍵元素之整備；(2)學校組成相對團隊，觀摩三至五個已認證通過學校之作為，並參與教育局（處）安排的講習工作坊；(3)佈建認證指標要求的教育措施。在第二年時：(1)完成「計畫、組織、領導、溝通、評鑑」核心學分的修習，並設法運用在認證方案的撰寫及教育事務的運作；(2)正式申請標竿學校認證，並進行實際演練與自我檢核機制；(3)檢核整備核心的教育事務達成指標要求。在第三年時：(1)個人取得碩士學位；(2)學校通過優質學校、特色學校或「教育 111」標竿學校認證；(3)主任個人及學校同時達成階段性的自我實現。終身性「理想抱負」的自我實現非常重要，然而階段性、歷程性的自我實現，才是可以經營操作的著力焦點。

三、系統思考動能規劃及責任績效

生命的能量包含動能及靜能，動能指的是一個人的意識清醒，可以工作與生活的生命動態能量。每個人之動能總量是有限的，每一階段、每一天的動能也是有限的，在某一時期階段，生命動能若過度使用及使用不足，均屬不當。從自我實現的視野來看，階段性或一生的動能發揮之最佳狀態就是自我實現；對人的一生而言，此一生命最有意義、最有價值，也最有尊嚴，因為就其個體而言，動能的最佳效能與效率是生命本身個體能量最

佳的「理想」與「現實」吻合，也是組織（學校）人盡其才、才盡其用的最高訴求。

因此，校長經營自我實現的第三個要領，要「系統化」思考「個人的」以及「組織的」動能規劃，例如：研究者配合「博士班導師」的職務，曾運用「博士生班會」的時間，要求這些「校長博士生」進行「系統思考動能規劃」（研究者任職於國立臺北教育大學，博士生多為中小學校長及行政官員在職進修，其本業職責、博班課業要求及家庭生活等三大層面的兼顧，是此一生命階段最大的挑戰，也是最豐富、最具價值的生命階段，亟需動能規劃，擴大豐厚此一階段的生命價值）。個人的動能規劃要多運用「系統思考」、「本位經營」及「知識管理」的要領，校長的具體操作事項有下列五項：(1)評估個人及組織（學校）動能總量，並以任務需求面及動能供給面為軸心，進行系統分類；(2)擴大「賦權增能」，提供給動能強勢單位系統；(3)激勵教師、幹部進行「個人的」及「單位的」動能規劃，促成個人及組織次級系統自我實現；(4)掌握幹部及教師個殊專長動能，形優輔弱，賦予專案任務，拓展動能舞台或輔助同仁，支援個別化自我實現；(5)適時調配個人及次級系統動能運作脈絡與產值，促成個人及組織動能均處於最大的效能與效率之狀態，充分自我實現。

◢ 四、力行「有質感」品味生活中自我實現

過「有質感」的生活就是每天的自我實現，也是每一個人「真正自我實現」以後期待的每日生活實境，更是每一個人品味生活形塑的開始，「有質感」的生活，讓自我實現的人回過頭來創造每日生命的自覺價值。「有質感」的主要意涵，包括以下四點：(1)自在的：內心平和自在，人際與物理環境和諧自得；(2)價值的：生活有意義，學校有所得，生理心理效能滿意；(3)溫情的：人與人、人與物、人與事、人與自然都感受到溫情；(4)美

感的：視覺、聽覺、觸覺及味覺的動能行為及心智表現均有美的質感。有質感的生活，讓每天想要的生活「理想」真的在當天的生活中「實現」了、「吻合」了，是自我實現人的生活寫照，也是自我實現組織中，最多數的人之生活寫照。

因此，校長經營「自我實現」的第四個要領，可激勵每位同仁從「過有質感生活」著力，其具體的作為得參採下列五項：(1)適時向同仁說明有質感生活的意涵與境界，它是自我實現的基石，也是自我實現的目標；(2)調整平時與同仁交流互動之間的問候語，增加「您今天的生活有質感嗎」、「有質感生活的人最自在、最有價值，祝福您」之類的話語；(3)開會時，偶爾與幹部及教師討論「如何在執行工作任務時，過有質感的生活」或「有質感的生活能否增進工作的執行力與滿意度」；(4)提供機會讓兩者結合的成功經驗者分享舞台，逐步形塑「有質感生活」的楷模，拓增個別化、多元自主的自我實現形態；(5)運用願景領導策略，從「每個人的有質感生活」邁向「階段任務目標的自我實現」，以及學校的自我實現。

第二章 智慧資本論

＜激發人的動能貢獻＞

「智慧資本」最簡易的解釋是：「能夠產出有價值的知識或產品的人力資源」，其原本為管理學中「人力資源管理」探討的領域之一，近代逐漸運用在教育領域上，且有愈來愈受重視的趨勢。本章定名為「智慧資本論」，乃順勢而為，並賦予「智慧資本」更為深層的教育意涵，提供校長經營學校組織與人力資源結合上的著力焦點，其目的在激發人的動能貢獻，立己達人，進而暢旺學校。

本章分為五節論述：第一節「智慧資本的教育意涵」，深層論述智慧資本在自我實現、學校效能、社會組織及教育成就等四個層面上的指標意涵；第二節「強化智慧資本的基礎（核心能力）」，闡述校長增進教育人員核心能力及學校核心技術的方法與步驟；第三節「轉動智慧資本的軸心（價值認同）」，說明增益學校人員認同教育工作的層次目標與有效作為；第四節「暢旺智慧資本的貢獻（實踐力行）」，論述校長如何引導學校教育人員聚焦動能，力行實踐，為教育事業產出有價值的知識或教育產品；第五節「智慧資本的經營要領」，融合人與組織的交互作用，整合發展校長經營學校的焦點作為。

第一節　智慧資本的教育意涵

智慧資本（Intellectual Capital）一詞由經濟學家 John Kenneth Galbraith 於 1969 年提出，係指運用腦力的行為，為組織創造價值的來源（Lynn, 1999）。但其長足的發展則在 1990 年之後，無形資產（invisible assets）受

到企業組織重視，而智慧資本是啟動無形資產創造組織價值的重要因素（楊德遠，2011）。Roos、Roos、Dragonetti 與 Edvinsson（1998）將企業資本（總價值）的來源分成兩類：「傳統資本」與「智慧資本」。傳統資本包含兩種：「實體資本」（土地、建築）與「貨幣資本」（預算）；智慧資本則包含三種：「人力資本」（員額）、「關係資本」（組織文化）以及「結構資本」（編制系統）。其間之關係如圖 2-1 所示。

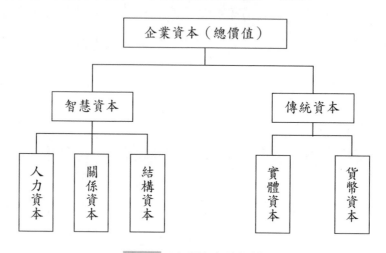

圖 2-1　企業資本的架構

資料來源：Roos 等人（1998）

Ulrich（1998）明確指出，智慧資本來自於員工的「能力」與「承諾」，兩者應同時存在，智慧資本才能成長，也才能提升組織的創價成果。Johnson（1999）則進一步指出，智慧資本就是無形資產，是因使用人的智慧所組成的元素與創新所增加的財富（引自楊德遠，2011）。智慧資本經國內學者楊德遠（2011）、鄭崇趁（2011b）、黃增川（2013）、羅英豪（2013）引進教育領域進行本土化研究，並將智慧資本的內涵歸納成兩大基本元素：「核心能力」與「認同程度」。

鄭崇趁（2011b）綜合多數學者的論述（Bassi, 1997; Edvinsson & Malone, 1997; Ulrich, 1998），將智慧資本的意涵解析成四個要件：(1)智慧資本是人對組織的智慧表現行為，此一表現行為能夠創造組織的價值；(2)智慧資本本身是組織的無形資產之一，並且是啟動所有無形資產或價值的潛在動能；(3)智慧資本是靜態的，透過組織的「結構系統」與「人際關係」，而展現強弱不一的動能；(4)智慧資本能否成為有效動能，與組織成員的基本素養（核心能力）、認同程度，以及績效表現所得的回饋（獎勵）攸關，並據以定義為：「智慧資本係指，一個組織之內所具備開展知識技術的潛在能量，此一潛在能量建立在成員的核心能力、認同承諾程度，以及其績效表現的激勵之上。」

　　學校是教育單位，本質上是一非營利組織，且其「智慧來源」以及「智慧產品」，具有教育上的個殊性，從業人員必須要有深層之體悟，其詞義的運用與操作才能正確而妥適。學校中的智慧資本（來源）包括：校長本身、教師，以及行政同仁（大學中還包括具有產值的研究生或大學生），而教師族群則是最大的智慧資本。學校中的智慧產品以「優秀、有品牌的學生」為主，並且包括教師同仁在教育事業上耕耘的教育產品，例如：研究著作、教材講義、教育學理發明，以及課程教學方法創新等，也就是直接或間接對於「培育人才」有價值的產品。因此，「智慧資本」在教育領域上的運用，特別強調下列幾項教育意涵。

一、自我實現的知識能量

　　智慧資本是幫助人「自我實現」的「知識能量」。教育領域（組織）中的人，都需要自我實現，校長個人要自我實現，幹部教師要自我實現，學生也要自我實現。因此，促成自我實現的知識能量，來自自己本身的「學習儲備」、「專長發揮」，也來自相關人員的「關係互動」、「教學研究」、「課程學習」，或來自任何有「教育意圖」的「活動體驗」及「資

源動能」。

從「知識能量」促成自我實現的立場而言，校長經營學校宜有四大要領：(1)個人及學校的知識能量愈多愈好，充裕的知識能量才足以滿足教師同仁及學生自我實現的需求；(2)依據師生的專長優勢系統串聯其知識能量，優先滿足其個別化自我實現，也增進組織（學校）自我實現的優勢潛在能量；(3)依據「資源統整策略」，將處室單位或領域教學的「自我實現」需求與幹部教師個人的知識能量提供情形，做「最適配」的調處，以調整同仁最佳的職務配置及賦予合理的工作目標任務，讓「知識動能」幫助人及組織的自我實現；(4)針對學校中「不足」或「欠缺」的知識動能，運用「策略聯盟」、「競賽計畫」或「承擔任務」的方式，引進校外教育資源，整合彌補需求，維護學校常態運作，達到標準教育品質。

■ 二、學校效能的人力資源

智慧資本是用來「經營學校效能」的「人力資源」。學校效能要從下列幾項成果多元觀察：(1)組織效率：行政運作及教學活動是否能常態化、優質化地運作；(2)課程發展：正式課程及潛在課程是否能統整串聯，帶動學校系統執行教育活動；(3)師資教學：教師核心能力及教學品質達到認可的標準之上；(4)輔導學生：學生的適應學習輔助機制佈建完備，學習成果達到教育目標的要求；(5)環境資源：學生在教育的整體環境中學習，有充裕的教與學資源、設施供其運用；(6)資源價值：校內外多元教育資源統整，為學校創造了直接對教師、學生有幫助的教育價值（包括：一批批優秀的學生畢業，以及教師們留下的研究著作、教學檔案課程系統、學生學習成果、展演競賽活動影帶等，可以傳承智慧的產品——後續教育資本）。

因此，從「人力資源」的觀點經營學校效能，猶應掌握下列幾項要領：(1)用人唯才：從學校主要的效能需求層面，晉用符合要求的專門專業人才；

(2)才盡其用：將校內既有的人力資源，依其專長及意願調整到大家最適配的職務；(3)單位動能：賦予處室單位及次級系統（如年級、課程領域小組、行動團隊）階段任務，活化人力關係結構，激發單位動能；(4)產品價值：鼓勵幹部及教師職工創新教育價值，並經由知識管理，留下教育產品，傳承智慧資本；(5)優質文化：人力資源必須結合「關係資源」及「結構資源」，才能形成可以運作而有效的智慧資本，帶動學校組織文化，成為積極活力、亮點爭輝的優質文化，且更能活化智慧資本。

三、社會組織的發展動能

　　智慧資本同時也是所有「社會組織」（單位）的「發展動能」。社會組織具有「相屬運作」的關係，例如：「國家」是宇宙（世界）的次級系統；「五院」是「國家」的次級系統；「部會」又是「行政院」的次級系統；各級學校也是「教育組織」的次級系統。系統至大無外，至小無內，每一個人本身是一個系統，同時也生活在多元且相屬的系統中；有系統組織的存在，人才能與他人相處，才能有事做，人的自我實現也才有了意義與價值。人力的智慧資本也必須透過「組織系統」的運作需求及目的功能的達成，才有實用價值的詮釋出口。

　　學校的神聖使命，即在培育各層級社會組織（單位）的需用人才，學校教育出來的人才要符合社會組織（企業單位）的動能需求，就能促進百業興隆、民富國強；反之，學校教育出來的人才，若不適合各行各業的需要，則產質降低，經濟低迷，多數的人為生活所苦，難以自我實現。因此，校長經營學校，應系統思考學校的總體「課程設計」，培育學生（人力資源）符合現代社會組織需求的核心能力，並思考小學→中學→大學等不同階層核心能力統整銜接的課程設計。

四、教育成就的知識系統

智慧資本包含了當前所有「教育成就」的「知識系統」。它不只是人力資源本身的知識系統，也包含了人力資源所產出的「有形知識系統」、「教學方案系統」、「領域學科教學著作」、「行動研究報告」、「教學影帶」、「教育事務的標準作業程序（S.O.P）」、「創發性教學方法」等；它是智慧資本的產品，這些產品（知識系統）透過教育的歷程（教與學的活動），可以創發出師生更為豐富的進階知識與智慧。

管理學為論述企業界的智慧資本，多停留在「無形資產」層次，概指組織「人力資本×關係資本×結構資本＝智慧資本」，但不包含其產品本身具有的「智慧傳承資源」成分。研究者認為，教育是人教人的「知識及智慧」、「傳承及創發」之事業，社會大眾對於教育人員的期待，不只停留在「無形資產」，而是要兼具「有形資產」的角色功能，對「教師」的條件訴求，不但要看其是否符合基本條件的智慧資本，也要看其是否產出具體教育產品的智慧資本，是以研究者主張，智慧資本在教育領域的個殊意涵，可將教育成就的知識系統（無形智慧＋有形產品）同時作為廣義的「教育智慧資本」的內涵。

從此一觀點看校長的學校經營，即可強化下列三項作為：(1)鼓勵教師建置自己的教育成果知識系統，讓每位教育人員的無形資產逐漸轉化為看得見的有形資產（知識、智慧）；(2)要求幹部（如主任、組長、課程領域召集人）建置學校教育成果知識系統，讓老師及群組的智慧資本之產值得到系統化知識管理，增益知識及智慧的傳承創新；(3)宣導行銷學校的教育成就，讓學校同仁的動能貢獻獲得掌聲與價值化回饋。

因此，智慧資本的教育意涵，可用圖 2-2 來表示：從最內圈往外看，「人」是各種相屬組織系統的基本單位，人要追求個人的自我實現，智慧

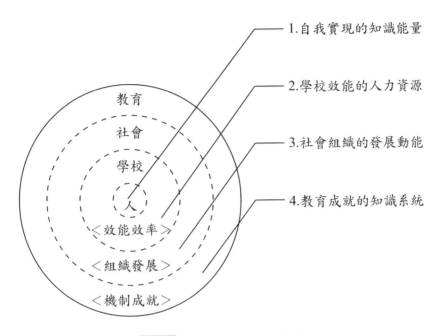

圖 2-2　智慧資本的教育意涵

資本就是自我實現的知識能量；就第二個層級「學校組織」而言，學校的自我實現在追求效能與效率，智慧資本就是學校效能的人力資源；就第三個層級「社會組織」而言，各種社會組織的自我實現在充分發展其既定的組織目標與功能，智慧資本就是社會組織的發展動能；就第四個層級「教育機制」而言，教育機制的自我實現，在其核心知識與智慧的傳承創新，智慧資本就是教育成就的知識系統。這些足以傳承的知識系統也由外而內促進社會的組織發展、學校的效能與效率，以及人的自我實現。

第二節　強化智慧資本的基礎（核心能力）

智慧資本包含兩大元素：「核心能力」與「認同程度」。用最通俗的語言來描述，一個組織中「有能力」且「願意做」的人力資源，才是有價

值的智慧資本。因此，學校的校長、幹部、教師及職工（大學尚包括學生）等，都是學校的智慧資本，也都可以為學校帶來有價值的知識或教育產品。但最基本的條件是，這些人力資源的核心能力要達到一定的標準以上，學校組織運作（教學研究、課程設計及輔導學生）之核心技術，也應該達到一般學校的平均水準之上。本節就校長如何強化學校人員的核心能力及提高組織核心技術的具體作為，分析論述如下。

一、宣導核心能力檢核指標

鄭崇趁（2012b）的《教育經營學：六說、七略、八要》一書之第二章「能力說」，明確指出校長及教師的核心能力，進而於 2013 年配合博士班的教學及大學評鑑「基本素養」與「核心能力」的用語，整理其間的關係，如表 2-1 所示。

表 2-1　教師及校長的基本素養與核心能力

基本素養	教師核心能力		校長核心能力
專業力	教育專業的能力、關愛助人的能力		
整合力	課程設計的能力 班級經營的能力	＋	統整判斷的能力 計畫管理的能力
執行力	有效教學的能力 輔導學生的能力	＋	實踐篤行的能力 溝通協調的能力
創發力	應變危機的能力、研究發展的能力		

資料來源：修改自鄭崇趁（2012b：26-37）

校長及教師通稱為教育人員，其基本素養的名稱是相通的，均強調「專業力」、「整合力」、「執行力」，以及「創發力」；其中「專業力」及「創發力」內涵的「核心能力」，校長和教師的能力指標雖有層次上的區別，但仍然可以共同使用相同的名稱。「專業力」包括：「教育專業的能

力」及「關愛助人的能力」；「創發力」包括：「應變危機的能力」及「研究發展的能力」。在「整合力」及「執行力」方面，校長與教師因為組織（學校）核心任務的需求有別，其核心能力之內涵不但有層次上之差異，定名方向亦有差別；就「整合力」而言，教師的核心能力包括：「課程設計的能力」及「班級經營的能力」，校長為優秀教師出身，這兩種能力之上，應更重視「統整判斷的能力」及「計畫管理的能力」。就「執行力」而言，教師的核心能力包括：「有效教學的能力」及「輔導學生的能力」，校長在這兩種能力之上，應再強調「實踐篤行的能力」及「溝通協調的能力」。

　　校長在強化教育人員核心能力的經營要領上，首先要公告宣導教師及校長本身的「核心能力指標系統」，讓同仁了解掌握組織環境對成員的需求，與提供同仁自我努力耕耘的方向。更為用心的校長，得參採《教育經營學：六說、七略、八要》一書（鄭崇趁，2012b：26-37）中的校長及教師之核心能力指標參照系統，運用「本位經營」要領，由校內同仁組成的專業社群討論修飾後，製作成簡易的、適合學校同仁使用的「核心能力檢核指標」，全校同仁每半年檢核乙次（自我評鑑），並由教務主任領導的專業社群進行行動研究，向個別的或需要的教師提供進修研究上的建議。在二至三年內，讓學校同仁的核心能力及學校的核心技術，均達到符合組織（學校）需求的標準程度，實質強化智慧資本的基礎。

二、佈建專業成長進修系統

　　當前學校教師的在職進修已十分普遍，但仍然沒有達到每位教師個人的期待與社會大眾的認同，其主要的批判有四：(1)多屬於零散式的進修，缺乏主題式規劃及核心能力上的銜接；(2)政出多門式的進修，很多在職進修的執行只為了滿足行政部門形式上進修研習時數的要求，未以教師本人

的系統需求作考量；(3)教師在職進修的目的不明確，很多同仁只為「衝時數」，不太在意進修研習的目的與本質，有種「拿香跟拜」（臺語）以及「跟著唸經」的表象；(4)教育單位〔學校、教育局（處）、教育部〕三個層級的組織系統，尚未進行本位管理與經營，也沒有具體展現教師在職進修研習的明顯績效與價值。

因此，校長強化教師核心能力的第二個要領，要運用「系統思考」、「本位經營」、「績效責任」的方法技術，佈建專業成長進修系統，引導全校教職員工全面進入學習狀態，其具體的操作事項有五：(1)調查學校教師職工補強核心能力的需求總量；(2)調配全校排課編配，讓每個領域的授課教師每週至少都有兩個「半天」或一個「整天」，可安排「群組進修研習」的時段；(3)依據「補強知能」→「教學專長」→「學位進修」→「配套教育素養」等四大系統層次順序規劃，並設定每位同仁參與進修研習的「基本時數」與「最高時數」；(4)責由教務處幹部擬定「學校教師專業成長進修實施計畫（三至四年）」，公告學校教師周知，以方便了解執行；(5)建置進修成果分享平台，促進同仁知識螺旋，提升學校整體的知識基模與教育競爭力。

三、發展核心技術學習社群

組織智慧資本的發揮，來自個人「核心能力」的展現，也來自組織「核心技術」的傳承與創新。學校的核心技術有五：一般教師的課程設計、班級經營、有效教學、輔導學生，以及行政幹部對於學校組織的「經營策略」，前四者是教師「核心能力」的轉化，第五項是指行政幹部同仁需要有進階的「教育經營學」素養，學校組織的經營策略，也逐漸成為學校教育的核心技術之一；上述這五項「核心技術」的平均水準與動能貢獻，也是學校智慧資本的核心基礎。

　　強化學校五大核心技術的能量，最有效的方法是「組織學習策略」，校長可參採下列五項措施：(1)依據五大核心技術，結合處室分工與課程發展委員會領域小組、年級分類系統，成立各種專業學習社群，並規範全校幹部及教師同仁每年選擇一至三個社群自主參與；(2)配合幹部專長，由主要幹部或優質專長教師擔任學習社群召集人，賦予尊榮與領航責任（校長自己則擔任「經營策略」的學習社群召集人，帶頭專業示範）；(3)要求學習社群的第一次集會，必須共同擬定、產出具體的實施計畫，設定目標、執行項目、配套措施、資源需求，以及產出成果，交由責任處室核定、支持並督導執行；(4)定期檢核（雙週或按月）了解各學習社群活動情形，調整資源配置，激勵支持各團隊實踐目標；(5)每半年定期辦理各團隊的學習成果展示及經驗分享機制，全面提升學校的核心技術水準。

四、鼓勵教育人員專業認證

　　二十一世紀的臺灣已邁入已開發國家之林，教育人員與其他專業人員一樣，正式進入「專業認證」的時代，教師除了一般的「教師證書」外，應再取得「領域（科目）教學認證」，校長及主任也可能發展「校長認證」及「主任認證」，以認證來規範教育人員基本「核心能力」的標準，取得認證代表其具備職能所需之核心能力，能夠扮演具有效能的專業人員。配合「教師評鑑」的實施，中小學教師亦可能比照大學教師發展「教師分級制」，運用教師分級晉升的認證標準，來提示規劃「核心能力」的等級，帶動教育人員永續性強化核心能力及確保教育績效品質，循序發展職涯志業，賦予進階的自我實現尊榮，拓展組織的動能貢獻。

　　因此，校長經營學校在強化「人的核心能力」及「組織的核心技術」上，要鼓勵學校同仁爭取各種專業認證，並得參採下列五項作法：(1)任用有認證資格的教師及幹部，例如：正式教師要全數為取得教師證書者優先，

經過主任甄試者優先聘為主任、組長或其他重要幹部；(2)鼓勵教師申請授課領域（科目）教學認證，並以教師取得領域（科目）教學認證者優先排課；(3)鼓勵同仁參與「專業系統課程」規劃的主題進修研習，例如：輔導學分班、特教知能學分班、CPR 課程、衛生安全教育、救生員訓練課程、球類運動裁判、文史生態教育、營養師、資訊技師等系列規劃課程，並申請檢定，取得各種專業認證；(4)開設各類學生專業社團，聘請取得專業證照之教師擔任指導教師，以活化教師核心能力的動能貢獻；(5)蒐集教育人員各種專業認證標準、申請管道、日程規劃等資訊，定期知會教職同仁，並在公開集會上強調，兼取各種專業認證的價值貢獻，鼓勵參與。

第三節　轉動智慧資本的軸心（價值認同）

　　智慧資本的核心元素有二：「核心能力」與「認同程度」。核心能力是產生智慧動能的基石，而認同程度則是「智慧意願」的起點；優質的核心能力加上認同意願，才得以將「靜態的智慧資本」啟動成「有效的智慧資本」，本節即針對第二個元素「認同程度」加以深論。研究者認為，「教育事業」是一種「人教人」的高度專業行為表現，也具有一種「專業責任」的個殊需求（教好每一位學生、不選擇學生、不放棄學生）。因此，「有效的智慧資本」需要教師本身的「價值體認」、「認同承諾」與「實踐力行」，價值體認愈深層，愈會大幅增進認同承諾與實踐力行的動力。

　　帶領學校同仁深層認同教育工作的價值，是轉動學校智慧資本的軸心，而價值認同的具體操作對象，包括：「教育事業」本身、政府及學校的「政策計畫」、學校的「課程教學」，以及教育的成果或「教育產品」，分別說明如下。

一、認同教育事業成人與國的價值

從事教育工作是一種最尊貴的行業，然而教育從業人員常常忘記了本質上的崇高與尊貴，是以動力不足、績效與品質未如預期，經營者（校長或教育的領導人）應適時地向所屬同仁喊話，論述教育事業成就人、興邦富民的價值，爭取同仁認同，並願意積極努力投入教育事業，為自己努力地追求自我實現，也為學校組織遞增智慧資本動能，增加教育產值，達到成人興國的價值。

教育在教「人之所以為人」，對每一個人的個體來說，在教一個有自己理想抱負的人，在教一個具有實踐理想抱負「核心能力」的人，也在教一個擁有適配職涯的人，也就是人人充分自我實現的人。自我實現的人生最有意義，也最有尊嚴，最像「人之所以為人」。

從國家社會來看教育，教育培育的人才流入百業分工，從不同的職涯工作，促進百業興隆，人盡其才，才盡其用，在個人自我實現的同時，其任職的行業就暢旺起來，為行業組織提高產品品質與競爭力，百業興旺的成果為社會帶來榮景與高經濟成長，民富國強。是以，教育可以利國、教育可以興邦，「良師興國」原本就是師資培育教育的精神指標，我們的教育從業人員更應體會認同，珍視自己行業的尊貴價值。

二、認同政策計畫活絡教育的價值

人類的生活總稱為文化，其中更為精緻的文化生活稱為文明，人類的文化與文明藉由「生活化」複製上一代的基本生活，藉由「制度化」傳承經典習慣與典章機制，藉由「教育化」傳承核心知識，創新「提升知識基模」，產生新的文明觸角，而「制度化」與「教育化」則同時扮演著促進人類文化文明的發展與更迭角色（鄭崇趁，2012b：73-90）。人類每一代

的「教育機制」是上一代傳給我們的，我們多數照著此一前人的軌跡脈絡前進，但並不意味著我們皆照單全收，過著與上一代人完全一樣的生活、一樣的教育內容，教育行政部門的規劃要更為精緻，更為適合當代需求的教育政策，學校領導人及幹部為我們「系統思考」、「資源統整」，推動了主要教育工作的「實施計畫」，這些政策與計畫的本意，都是在有效傳承教育的核心技術，都是在創新經營既有的教育機制，都是在活絡當前教育的歷程與內涵，讓教育更為精緻、更有績效、更有價值，它們是教育的活水。

因此，校長經營學校要帶領學校同仁的第二個認同，是認同政策計畫具有活絡當前教育的價值，唯有大家共同認同，配合統整規劃到教師的教與學生的學之上，才得以創發新的、更符合師生需求的教育機制，為整體的教育績效提高實質競爭力。帶領學校同仁體認政策計畫價值的要領有四：(1)說明政策計畫反映的教育核心價值：如「教育111」政策的人文、公義、適性的價值；(2)論述政策計畫依循的學理基礎：如教訓輔三合一方案的鷹架理論、知識管理理論、漸進決策模式等；(3)分析政策計畫的教育方法：如精緻教學方案與校長觀課查堂計畫，皆是從「學生如何學」來調整教師有效的教；(4)論述政策計畫帶來新教育的實質成果：如「教育111」標竿學校認證與優質學校認證措施，讓所有的學校「普遍卓越」，帶領臺灣走進真正的「精緻教育」時代，符合新世紀、新教育、新承諾的時代訴求。

三、認同課程教學知識螺旋的價值

課程是教育的內容，教學是教育的方法，有內容、有方法的施作才是真實的教育，因此課程教學是教育的核心技術，「課程設計的能力」及「有效教學的能力」是身為教師的主要核心能力。教育人員每天都在進行課程實踐與致力於教學工作，雖然型態近似，但內容與當下的方法卻不盡相同。

課程教學帶給學生有效的學習，主要在創新其「知識螺旋作用」，經由「知識基模系統重組」，提升其原有的知識與技能之基本模式，學習型組織理論稱之為「改變心智模式」，教育上稱之為「有效學習」或「達成教學目標」。課程教學目標持續經營，學校就可以實現教育目標。

校長帶領教師認同教育的第三個焦點，在於課程與教學對於學生產生知識螺旋的重要價值，教師均應充分了解「內隱知識外部化」、「外顯知識內部化」及其交互作用的知識螺旋原理，更應激勵教師採行下列幾項措施，以增益學生「知識螺旋」的功能：(1)實施分組同儕學習，增加知識分享平台；(2)增加自編課程教材，統整帶動知識交流元素；(3)多採半強迫分享的教與學方式，檢核學生的知識螺旋成果；(4)佈建領域核心知識的教學網頁，提供學生自主學習、討論交流平台，加速知識基模提升幅度及系統化程度。

四、認同教育產品傳承智慧的價值

教育產品概指教科書、學術著作、教材教具、研究報告，以及和教與學有關的工具媒材，例如：iPhone 智慧型手機也是廣義的教育產品。教育產品是知識的結晶，同時也是傳承知識智慧的主要工具，教育的產品愈創新、愈豐富，就愈能夠提高教學效果，學生也就更容易學會核心知識與技能，更有利於知識及智慧的管理傳承價值。

因此，校長帶動教師同仁認同教育的第四個焦點，可強調教育產品對於傳承知識智慧之具體價值著力，並舉下列實例加以說明：(1)某大學教授在大學部、研究所授課，均使用自己的著作或自編講義作為實體教材，對其個人來說是最好的知識管理，對學生來說，則是最有效的知識與智慧傳承；(2)桃園縣很多特色認證通過的學校，都有教師自編的系列主題教學教案及學生學習成果，這些教育產品就是學校特色課程化的證明，也代表學

校教育特色的知識系統化並能夠傳承永續經營；(3)好的教育計畫方案有時也是教育產品，曾有某位優質校長，調任新校的第一年下學期起就為學校推動「十項建設計畫（方案）」，由於這些方案計畫品質精實、理念實務充分結合，又符合學校最需要，二至三年間其「產品」獲獎無數，校長個人也獲得教育部校長領導卓越獎及特殊優良教師的榮譽；(4)目前的校務評鑑均要求教師要有教學檔案，事實上即在鼓勵教師要有自己的教育產品，包括：教育理念、班級經營計畫、授課領域教學計畫、自編主題教學教案、行動研究報告，以及進修成果與產值。豐富教育人員教育產品，能創發知識與智慧傳承價值。

第四節　暢旺智慧資本的貢獻（實踐力行）

　　管理學探討企業組織的智慧資本，強調三大元素（人力、結構、關係）之互動關係所產出的價值貢獻；教育領域的運用，則強調兩大元素（核心能力＋認同程度）所形成的「有效智慧資本」。為使本節「實踐力行」的論述，在學理上的銜接更為明確，因此將智慧資本的元素及其系統結構以圖 2-3 來表示；任何一個組織，其內在的「人的能力」、「組織結構」及彼此的「人際關係」，是形成智慧資本的基本元素，這三者交互作用的「認同程度」，促使個人的「核心能力」在組織中有效伸展，而形成動能貢獻，此稱之為「有效智慧資本」；事實上，此動能貢獻（有效智慧資本）是組織成員經由「價值認同」，擴大組織的「認同承諾」進而「實踐力行」，所創造出來的績效成果。是以，研究者將「認同程度」擴充為內在的「價值認同」以及行動的「實踐力行」，他們是組織資料系統化、核心知識技能，以及智慧傳承的潛在因子。

　　智慧資本的第二個核心元素「認同程度」，從教育的「專業責任」來

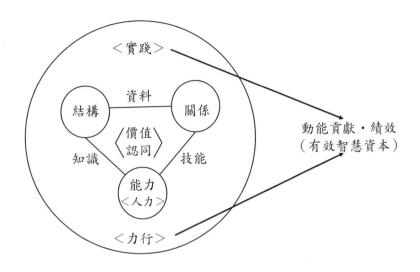

圖 2-3　智慧資本的元素及其系統結構

看，「價值體認」之後的「認同承諾」及「實踐力行」更為重要，唯有每
位教育人員願意承諾帶好每位學生，並將其自己的知識與智慧透過教與學
的歷程或計畫性的教育活動，真正的實踐力行，盡其所能地教會所有教過
的學生，才是有效的智慧資本，也才是對教育的動能貢獻。

　　研究者認為，學校校長可以從教育人員的「專業責任」視角，帶動其
「實踐力行」的四個願意，來暢旺學校智慧資本的貢獻。這四個願意是：
願意盡力帶好每位學生、願意發展自編授課教材、願意參與競賽活動及標
竿認證，以及願意系統管理智慧傳承。逐一闡明論述如下。

一、願意盡力帶好每位學生

　　臺灣的教育界從 1996 年行政院頒行「教育改革總諮議報告」之後，
「帶好每位學生」已成為「教育當局」、「學校組織」，以及「教育人員」
的共同願景；然而，個別的教師及教育行政官員，真正把它當一回事，並
從自己周邊的學生開始「認同承諾」進而「實踐力行」的比例，尚在少數，

其原因一則與教育人員原本做事的習慣和焦點有別，多數教師及教育行政人員不習慣表達，怕不同於傳統作為，被團體批判「自命清高」；另一原因在於教育領導人（校長）很少把它當作真正的「共同願景」或「核心價值」加以論述，沒有實際引導同仁價值認同，是以實踐力道薄弱，未如預期效果。

臺北市從 2008 年起推動「教育 111」政策，要求申請認證學校需「一校一特色」、「一生一專長」，同時要「一個都不少」，對於「帶好每位學生」的實踐，產生了實質帶動作用，證諸於臺北市「教育 111」標竿學校認證通過的百餘所中小學，是學校有效的經營力點。2013 年新任的國民及學前教育署吳清山署長已經宣示，「教育 111」政策將於全國中小學全面實施，我們期待，學校校長與教師常能談論「如何實踐一個都不少」的指標意涵，每位教師及教育行政人員均能承諾「願意盡力帶好每位學生」，並設法「實踐力行」，至少做到「一個都不少」的實質境界。

校長經營學校教師「願意盡力帶好每位學生」的實踐要領，得參採下列幾項作為：(1)針對學校學生的學習品質高低分布情形做系統分析，激勵教師參照學生發展的可欲範圍內，讓學生學習的品質達到自己應有的水準，帶好每位學生；(2)激勵教師將帶好每位學生作為畢生教育志業的願景，運用現代科技系統管控自己教過的學生，並將其姓名、學習標準及自覺滿意程度、達成程度等列表整理；(3)激勵教師面對資質不夠理想的學生，調整教學方法及學習評量難度，讓這些學生也具有相對的成就感與明顯的成長與進步（順性揚才）；(4)鼓勵教師針對本校學生於各領域教材容易出現之「迷思概念」，另編補救教學教材，並盡可能實施「立即性補救教學」；(5)學校設置「帶好每位學生績效獎金」，獎勵三種教師，包括：「領域教學學生基本能力最優教師」、「學生成績進步最多教師」，以及「學習弱勢學生達到基本標準最多教師」。

二、願意發展自編授課教材

　　「智慧資本」原本係指人力資源的「無形資產」，是指內隱知識的潛在能量，然而在二十一世紀「價值競爭」的時代訴求中，仍然要從具體的「教育產品」來觀察這個組織群體（學校）的「智慧能量」。學校校長很難向社會大眾（或社區家長）誇耀該校有多麼優質的教師、有多麼崇高的教學品質，但卻拿不出足以佐證的教育產品（如教科書、教材、教具、教學情境設計等），若學生的表現是學校所有教師長期共同經營的成果，對教師個人來說，也要有自己用在「教學」或「研究」上的獨特教育產品，以佐證自己的教學品質以及潛在的知識能量。

　　因此，校長經營學校的「第二個願意」，是設法激勵所有教師願意發展自編授課教材，以自編授課教材完成自我實現，也達成「帶好每位學生」的本位經營目的，更以自編教材活化智慧資本的動能貢獻。校長的經營要領得參採下列幾項作法：(1)爭取政府及校外資源，資助教師自編授課教材的必要經費，讓教師不必因為自編教材而需額外支出，以提升其意願；(2)學校每半年獎勵優秀自編教材乙次，獎勵該年度實際用於授課之優良自編教材；(3)籌組行動團隊（專業社群）並給予固定經費、籌編校本領域補救教學教材；(4)每年選拔優秀自編教材或行動研究報告，參與全國性或地區性的競賽活動，例如：教育部教學卓越獎、中華創意學會的 Innoschool 或 Greateach 競賽；(5)將教師自編教材成果列為教師評鑑的內容之一。

三、願意參與競賽活動及標竿認證

　　經營學校要針對「學校發展現況」，漸進提升其組織文化與教育品質，有時變化太大，若造成師生適應困難及部分的「專業理念衝突」，不但無法提升教育競爭力，也可能為學校發展帶來更大的困境與瓶頸。客觀條件

與績效成果均弱的學校，校長經營校務首重「正常教學」與「教育活動價值化」的強調，以喚起前述兩個願意：願意盡力帶好每位學生，以及願意發展自編授課教材。讓學校教學正常化、學生得到應有的教育品質後，再設法進入下一階段的經營策略。

如學校的客觀環境及組織文化均已達正常水準以上，校長經營學校的策略可以提高層次到第三個願意——「願意參與競賽活動及標竿認證」。組隊參與師生教育競賽活動，可以藉由準備歷程及參賽演出，實踐教育精緻化與卓越化。學校申請優質學校（特色學校、卓越學校）及「教育111」標竿學校認證，得以匯集全校師生的智慧能量，作系統整理與結構性展現，不管是否認證通過，均有「經營更好學校教育」的積極功能，只要幹部及全校教師願意，條件達平均標準以上學校於兩年內即可獲得認證；條件偏弱的學校，三至五年也必有所成。研究者曾觀察臺北市、新北市及桃園縣三個縣市的實踐情形，只要校長有心，帶動同仁願意跟進，經過三至五年經營，尚沒有不成功的學校。「願意參與競賽活動及標竿認證」確實可以帶領學校突破瓶頸，係一種有效的方法策略。

校長經營第三個願意的要領，得參採下列幾項作為：(1)配合校內專業社群組織，鼓勵每年參觀已經獲得認證或比賽得名的學校（校長帶動學習優質學校作法，以收他山之石，可以攻玉之功能）；(2)校長親自或指定專業社群召集人，講解參賽方案設計要領、設計理念、實施策略、執行項目、預期成果及其間之系統結構；(3)校長適時參與同仁的準備練習工作，並運用「活動、競賽的教育價值」，激勵師生士氣，願意積極投入；(4)校長在各種重要會議場合，適時公開表達學校參與競賽團隊的方案設計、準備進度、參與師生的功勞及價值，動員全校同仁共同激勵參賽師生；(5)以充滿希望及帶給學校（含個人）教育價值註解參與比賽的成果，得獎上的尊榮與優質，尚未得獎的進步、成長與未來的期待，均是學校的教育動能貢獻。

四、願意系統管理智慧傳承

「智慧管理」是「知識管理」的進階概念，學校的知識管理及教師個人的知識管理非常重要，鄭崇趁（2012b）於《教育經營學：六說、七略、八要》一書中，已列專章（第十七章）論述。研究者認為，教師、幹部、校長個人的知識管理屬於學校核心技術，或有利於教育發展的「新教育知識系統」（即「教育智慧」），對於這些「教育智慧」進行有系統的整理、儲存，並提供後繼的教育人員使用，稱之為「智慧管理」，也可以將「精緻的知識管理」或「具有實質傳承效果的知識管理」，稱之為「智慧管理」。

以研究者於 2006 年出版的《教育著力點》一書及 2011 年出版的《教育經營學導論：理念、策略、實踐》一書為例，前者係（1999～2006 年）52 篇文章的專輯，後者係（2006～2011 年）18 篇經營教育專論的文集，屬於「知識管理」的有效型態。1998 年出版的《教育計畫與評鑑》（增訂版）一書及 2012 年出版的《教育經營學：六說、七略、八要》一書，兩本書均係研究者的「核心知識」，經歷長年與學者專家、優秀教育領導人、碩博士學生、校長培育班學員「知識系統重組」的成果，研究者將之出版成「外顯知識」，以便其智慧傳承，或可稱之為「智慧管理」。

因此，校長經營智慧資本的動能貢獻，可進行第四個願意：激勵每位幹部及教師同仁願意系統管理個人及學校的智慧傳承，其具體的作為可參採下列幾項：(1)宣導「知識管理」與「智慧管理」的差異與價值區隔，激勵同仁在知識管理的同時，思考智慧管理的可欲性；(2)每半年舉辦學校教師的知識管理成果分享活動（平台），並將優質的知識管理成果系統整理，成為智慧傳承的核心知識基模；(3)定期引進優質學校（含學校特色、「教育111」標竿學校認證通過的學校）教育方案、課程教學主題教案，促進學

校同仁「交流學習」與「知識螺旋」功能，適度提升同仁「知識基模」；(4)責由各「專業學習社群」針對相關領域，進行博碩士論文的「後設分析」及「國際脈絡發展」分析，增益核心知識融合時代趨勢與研究發現；(5)出版學校核心技術（如課程發展、班級經營、有效教學、輔導學生）及教師個人核心能力的教育產品，並配合學校發展特色系統管理，成為學校智慧，傳承核心知識。

第五節　智慧資本的經營要領

　　智慧資本理論是新興理論，教育界引進的時間不長，其深層意涵與操作事項，教育人員尚未熟練。然「智慧資本」一詞與「自我實現」一樣，具有「深層」、「教育」、「價值」的優勢及亮點，研究者相信「智慧資本論」將普遍流行於教育領域的「研究」與「實務」運作中，尤其是運用在教育經營學及校長學的兩大領域中。本章前四節介紹了智慧資本的教育意涵，並以「激發人的動能貢獻」為標的，闡述強化人的核心能力、轉動人的價值認同、增益人的實踐力行等經營作為，都是以人為主體的著力焦點。本節續以「組織」為主體，論述校長在融合「人」與「組織」之後，其應有的經營要領。

一、價值行銷：喚醒智慧動能

　　學校的價值行銷，不應只是停留在對外宣導、推銷學校教育亮點、爭取學生就學上，有時對內的價值行銷反而更為重要。對內的價值行銷有兩大重點：(1)行銷政策與學校重點措施，讓校內教師職工了解政策意涵的價值，認同支持，進而參與力行；(2)行銷教師同仁在校的可欲作為，引導師生認同目前的教育事務，積極善盡本分職責，踴躍參與學校執行教育政策

的各種教育活動，喚醒教師的智慧動能，每位教師職工的生命願景及教育志業均可在學校實踐，教師的動能價值也就是學校（組織）的整體教育價值。

　　從學校（組織）為主體，校長對教師職工之價值行銷，可參照下列幾項原則並融合串聯：(1)行銷自我價值：人的自我實現永遠是教育最崇高的價值追求，在學校教育工作中得到成就感，讓自己的理想與現實吻合，就要從當下每日的教育活動出發；每日的自我價值實現，才得以累增創化生涯願景的自我實現；(2)行銷任務價值：教育工作（含活動）都是有價值取向的工作，教師職工做好當下的任務就是為參與的師生創價，得到了知、情、意的教育效果，師生對此工作任務愈滿意，其創發的任務價值愈高，教師職工與組織也更有意義、價值及尊嚴；(3)行銷組織價值：教師職工都在學校服務，若大家都能善盡本分職責，深耕本業績效，共同完成政府政策及學校經常性工作與計畫性工作，達成高效能及高效率，就可以為學校帶來最大價值，學校辦學有亮點、有競爭力，家長競相把孩子送來就學，師生充滿成就感與尊榮感，具有永續經營價值；(4)行銷潛在價值：教師職工認同當前政策，努力執行當下的事務工作，不但具有自我價值，同時具有完成任務的價值，也對學校有直接的貢獻，能產生組織競爭力與學校價值。更重要的是，若大家均能積極貢獻、深耕當下，其形成的優質組織文化（大家搶著做事、學校師生凝聚力特強），更會產生潛在的影響價值。此一潛在價值包括同仁的正向、積極、包容、共享的心理狀態，以及賦權增能、績效責任、智慧管理、圓融有度的文化機制。

二、計畫經營：規劃志業願景

　　「個別化願景領導」在學校經營中實踐，是促成每一位教師在追求「自我實現」的同時，也是學校「有效智慧資本」的重要策略。校長的經營要

領，要讓教師們充分了解「學校教育的全貌」，在學校整體組織運作的軌跡脈絡中，策定個人的「生涯志業發展計畫」。教師的生命願景與教育志業最佳的舞台就是任職的學校，自己所任職的學校，也就是教師個人願景志業實踐的軸心；教師自己的志業發展計畫，最應配合學校教育的整體運作，搭配學校計畫性的教育活動，讓教師個人的亮點爭輝，實現自己的志業願景。

校長對學校教師職工進行「個別化願景領導」時，應掌握下列幾項經營要領：(1)優勢亮點：協助每一位教師職工找到自己的優勢亮點，以各自的專長特色做為規劃生命志業的起點；(2)心願抱負：喚醒每位教師的教育初心，了解每位教師對教育的終極看法與一輩子的理想抱負，用心願抱負作為規劃教育志業的軸心；(3)最佳舞台：要每位教師職工依據自己的興趣性向以及學校工作性質，確認個人的最佳舞台，以最佳舞台的規劃連結個人及組織的系統運作，讓個人的生命志業可以在學校舞台中實現；(4)價值融合：個人的生命願景與教育志業是個人生命核心價值的追求與展現，如能與學校教育的核心價值融合一致，則在學校服務的期間最快樂、幸福感最高，學校組織的效能與效率也將最大。價值融合是校長經營「個別化願景領導」的著力焦點。

三、行動實踐：融合學校運作

智慧資本對自己來說，要先有自我實現的感覺，自己有自我實現的價值，對組織的奉獻價值也才有意義。但自我實現的同時，也要對組織（學校）產生「職務績效標準」以上的貢獻，才符合「有效智慧資本」的意涵。是以，「人」與「組織」必須同時串聯融合，一體兩面，組織內成員必須有「交互作用，整合發展」的行動實踐，方足以真正促成。校長經營學校，勢須依據學校教育活動之進程，結合全校教師職工的志業願景，從行動實

踐中，喚醒大家的智慧動能，開展學校最大的有效智慧資本，成就每一位學生。

校長帶動教師行動實踐的要領，得參照下列幾項作為：(1)專業示範：學校是人教人的專業行為表現場域，校長的行政、課程、教學、輔導、服務工作的帶動，首重專業示範，能夠在開始時即運用最妥適的核心技術，帶領著教師職工一起實踐；(2)統整判斷：校長主持各種會議要展現統整判斷的能力，引導同仁系統思考學校事務的最佳作法，個人與組織的最大共贏作為，統整串聯人與組織的行動實踐；(3)形優輔弱：個人的專長與能力具有個殊性與差異性，同時在為學校教育工作盡力；校長及幹部的人力資源配置，要統整考量「職務權責」及「能力意願」，進行「形優輔弱」的調配，讓每件事均有「好的開始」、「滿意的歷程」、「豐厚的成果」，促使每個人生命願景的行動實踐，也為學校產生最有價值的智慧資本；(4)績效責任：個人「自我實現的程度」是個人自己的績效責任，學校事務達成教育目標的程度，是組織的績效責任，校長能夠激勵所有教師職工，同時完備「自己個人」及「學校組織」的績效責任，生命的價值最大，學校也最有競爭力，大家可以共同經營一所我們「理想中的學校」。

四、智慧管理：創發資本效益

廣義的知識管理包括資料、知識、智慧的管理。將學校重要的活動計畫及成果資料進行系統整理，留存傳承，是最基本的知識管理。將學校教育的核心知識及教育人員的核心能力進行系統管理，並辦理專業學習社群，傳承核心知能，永續經營是進階的知識管理。將學校的本位課程、特色課程、學校特色，以及學校師生經由本位經營創發的個殊知識系統，而成為新穎的核心知識或核心能力，且是別的學校不一定有的教育產品進行系統管理，並交由各專業社群持續傳承創新者，此稱為智慧管理。就當代學校

經營而言，三者同樣重要，但如果能夠達到智慧管理，即代表這個學校已經發展到有特色品牌的學校，學校的特色品牌也是可以永續經營的。

校長經營智慧管理，得參照下列幾項要領：(1)激勵教師個人智慧管理：激勵每位教師針對自己專長的核心知識與核心能力進行系統建檔，並提供同仁共享；(2)關建定期智慧分享平台：依處室單位及課程發展委員會領域小組，每雙週定期安排教師輪流發表個殊心得與創新的知識系統；(3)獎勵各專業社群成果發表：實施有計畫、有產品、有分享的專業社群實施方案，每年匯集教師同仁之智慧成果；(4)積極參與教學卓越獎及創新經營獎：每年約定選送三至五件優質的專業社群成果，參加教育部教學卓越獎及全國性的創新經營獎，系統整理知識及智慧；(5)出版學校自編的主題教案或教學資料：累積系統資料及核心知識，進而傳承創新知識智慧。

第三章　角色責任論
＜實踐人的時代使命＞

　　教育在教人之所以為人，「自我實現論」強調人的「理想」與「現實」吻合，活得有意義、有尊嚴、有價值；「智慧資本論」強調人的知識（能力）在組織中發揮了「動能」與「貢獻」，是有效的智慧資本。本章「角色責任論」則強調，每一個人在其歸屬的組織系統中，善盡其角色職能，達成組織目標，實踐人的時代使命。就學校校長而言，角色責任論係指：學校校長為達成學校的教育目標，依據其法定權責、自己對教育的理想抱負，以及社會期望，經營學校所形成的責任行為表現（概念型定義）。

　　校長學研究多從社會系統理論探討校長的角色責任。林明地（2002）出版了臺灣第一本校長學專書——《校長學：工作分析與角色研究取向》，該書即從社會系統理論出發，認為校長應扮演的角色，係建立在「專業期望」與「個人特質」交織的兩個層面，主張當代中小學校長應扮演五種主要角色，包括：(1)教育者；(2)行政管理者；(3)文化領導者；(4)專業社群的一份子；(5)個人自己。陳木金（2005）的主張「校長學→學校長→長學校」，也是一種廣義的社會系統理論對校長角色責任之詮釋。張明輝（2002，2004）、林文律（2012）、溫明麗（2012）對於校長專業素養與角色責任的論述，亦多與社會系統理論攸關。研究者亦以社會系統理論為基礎，認為校長的「角色責任」來自四大元素：教育目標、法定權責、社會期望，以及辦學理念。此四大元素結合學校教育事務的組織系統，校長角色責任的操作型定義為：「教育理論的實踐家」、「行政效能的經理人」、「課程教學的規劃師」、「輔導學生的示範者」，以及「資源統整的工程師」等五種角色責任，如圖 3-1 所示。

教育理論的實踐家

行政效能的經理人

資源統整的工程師

教育目標

社會期望

辦學理念

法定權責

課程教學的規劃師

輔導學生的示範者

圖 3-1　校長的角色責任及建構元素

　　本章依據操作型定義分為五節論述：第一節「教育理論的實踐家」，闡述校長如何弘揚理論帶給教育實務及經營實體的真、善、美意涵；第二節「行政效能的經理人」，說明校長如何妥適選擇適合學校的經營策略，增益學校的效能與效率；第三節「課程教學的規劃師」，論述校長帶領學校課程設計及執行有效教學的角色責任；第四節「輔導學生的示範者」，說明校長如何關懷弱勢族群學生，專業示範助人行為，帶好每位學生；第

五節「資源統整的工程師」，闡述校長帶領幹部及教師爭取外部教育資源與統整校內外教育資源系統的價值作為，深化角色責任之意涵。

第一節　教育理論的實踐家

　　校長的法定職責在「綜理校務」，每位校長都希望看到在其領導之下的學校呈現下列景象，並且要擔負一個學校經營成敗之整體績效責任：學校教師盡其本分職責，帶好每位學生；學校幹部用心經營校務運作，彰顯教育效能與效率；學校組織文化充滿積極活力，整體校務在平順中穩定成長；教育的成果績效自成品牌特色，不但家長、社區滿意，也逐漸邁向精緻與卓越的標準，充分達成學校的教育目標。此一景象的出現是可欲的，可以經營而來的，只要「教育理論」在「學校」中「具體實踐」，理論的訴求在學校教育（現實）中能被看到，就會是這種景象。這也是身為校長的首要角色責任──「教育理論的實踐家」。

　　社會民主化以後，人人競相談論教育，但是教育專業理論素養不足，往往流於膚淺論述。教育是人教人極端專業化的行業，「教育理論」是教育前輩們留給後代的智慧資產，校長領導經營學校時，要讓教育事業回歸理論，實踐教育專業理論，不讓教育工作膚淺化，不讓教師的教與學專業行為被拿來與「勞動工人」相提並論，找回教育人員的尊嚴與尊貴，確為學校領導人的重責大任。

一、實踐人的「教育發展」理論

　　教育與人的發展關係密切。教育在協助每一個人，從未成熟的人發展為成熟人、知識人、社會人、價值人、獨特人，以及永續人（鄭崇趁，2012b：92-93），生理發展理論、Piaget 的認知發展論、Erikson 的發展任

務論、情緒→情感→情操的全人格教育理論、語言學習關鍵期理論、Super
的生涯發展彩虹理論、體適能適配度等，與學生生理、心智、認知及學習
發展有關的理論，最需要在學校的教育現場上實踐，唯有所有教師依據學
生的身心發展條件，教其可以接受與願意修習的知能，才能順性揚才，開
展優勢智能明朗化，達成學校的教育目標。

實踐人的「教育發展」理論，可參照下列幾項作法：(1)情境布置：將
重要的教育發展理論繪製成精緻圖表，布置在教師辦公室及部分專科教室，
提醒教師關注，進而掌握理論精神；(2)專人導讀：指定各領域授課教師，
配合各類專題報告，說明論述其如何運用教育發展理論；(3)活動論述：低、
中、高、七年級、八年級、九年級的綜合教育活動規劃主題內涵應有所區
隔，規劃教師及主管幹部要運用教育發展理論，向所有教師（有時包括家
長）說明，增加認同與凝聚效果；(4)宣導三適連環教育：何福田（2011）
出版的《三適連環教育：適性、適時、適量》一書，是教育發展理論實踐
的最佳註解，得一併向教師們宣導推介。

二、實踐學校（組織）的「經營教育」之學

教育是可以經營的，「經營教育之學」來自「教育學」與「管理學」
交織對話之後所產生的新興學門，從鉅觀（組織主體）的視角來看，就是
「教育經營學」；從微觀（人為主體）的視角來看，則包括了「校長學」
以及「教師學」。鄭崇趁（2012b）出版的《教育經營學：六說、七略、八
要》一書，係以學校教育為組織主體，建構了六大原理學說、七個重要經
營策略，以及八個核心實踐要領，其系統結構及主要內涵如圖 3-2 所示。

原理學說（六說），尋根探源，立知識之真；經營策略（七略），行
動舖軌，達育才之善；實踐要領（八要），著力焦點，臻教育之美。六說、
七略、八要都是卓越校長曾經在學校現場實踐的有效方法與技術，均已敘

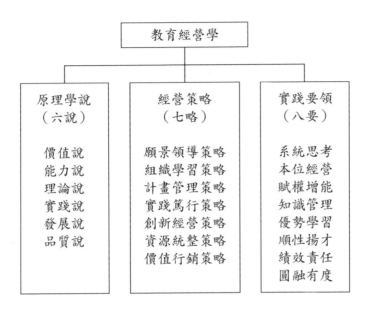

圖 3-2　《教育經營學：六說、七略、八要》一書的架構

明了操作程序與步驟，是可以經由學習而實踐，實踐得愈多愈廣，學校教育績效將愈明顯，將可以持續提高學校的教育品質與競爭力。

三、實踐教與學的原理學說

教育的核心歷程在教師的「教」以及學生的「學」，有效的教學相關理論，包括：「編序教學」、「多元智能理論」、「教學八大原則」、「協同教學與班群教學」、「激勵策略」、「團體動力學」，以及「形成性評量與多元評量」等；與學生學習相關的理論則有：「學習三律」、「學習型組織理論」、「知識教學目標理論」、「情意教學目標理論」、「技能教學目標理論」、「體適能（檢測與教學）」、「十大基本能力」、「健康促進學校」、「適性發展教育」，以及「三適連環教育」（適性、適時、適量）等。

　　校長經營學校教育，要能夠促成教師們經常想到「教學及學習」的理論、原理、學說，讓這些教育前輩的智慧資產，直接被運用在課程設計、班級經營計畫、教學方法選擇、教材呈現秩序、分組同儕學習、班群與網絡支持系統設計、執行綿密的形成性評量、個殊化與支持性的補救教學、要求學生產出性的學習，以學生的學習作業及學習作品，作為學習成績評定的主要形態。

　　校長帶動教師們實踐教與學原理學說的具體方法，可參照下列幾項作法：(1)定期辦理教師教學觀摩，且所有教師均應參與，每年至少一次，校長、教務主任及教學組長優先示範；(2)每一領域群組的教學觀摩檢討會，均指定專長教師，運用教學及學習理論、理念、原理、學說，來反思檢討實踐上的吻合度；(3)適時提示課程發展委員會成員及領域小組召集人，在課程設計與編寫研發主題教學教案之前，共同討論教學與學習的相關理論；(4)班級或領域教學時，其學生基本能力偏弱之教師，籌組教學及學習有關專業社群，增進其教學品質。

四、實踐品質績效的評鑑美學

　　學校教育維持在一定的教育品質標準之上；學校的經營績效具體而明確、得獎無數；到處看得到學生與教師的教育亮點；師生自身感到滿意，家長及社區人士也對學校的成果績效感到滿意，因此經營一個具有品質績效的學校，是所有校長善盡角色責任的最佳註解。教育的品質績效來自各種「評鑑」與「競賽」的檢核評比與回饋肯定。是以，愈進步的國家、教育愈精緻化的國家，就會有多元評量、多元評鑑模式與指標系統、標準評鑑、認可制評鑑、結合 CIPP 與 PDCA 模式、績效責任、本位經營理念，同時會與教育機制並存，它是一種評鑑美學，是透過評鑑來肯定教育品質與經營績效，是點亮學生與教師亮點的美學策略。

　　校長實踐評鑑美學的具體作為，可參照下列幾項：(1)宣導評鑑之美：評鑑是標準的檢核，教育的內容、過程及結果符合標準最美；尤其，教育事業是人教人的工作，最需要評鑑來點亮符合標準之美；(2)強調評鑑之用：評鑑的消極作用在淘汰不適任教師、發現經營不善與學習迷思概念，但積極的作用在肯定適力耕耘、肯定有效教學、肯定優勢亮點、肯定品牌特色、肯定績效責任與教育價值，故教育需要評鑑之用；(3)執行評鑑之實：教學與學習之成果，需要教學評量；行政服務之成果，需要校務評鑑；全校的課程設計與教學策略效果，需要課程教學評鑑；主題計畫方案的實施，也需要方案評鑑；唯有評鑑機制的系統佈建，才得以確保教育的持續改善與品質保證，校長要與幹部共同訂定年度評鑑系統，執行評鑑之實；(4)美化評鑑之常：教育評鑑系統化及常態化之後，評鑑的亮點會重新在教育人員中傳頌；評鑑點亮人的自我實現與智慧資本，評鑑也詮釋了教育人員能否善盡角色責任，實踐其時代使命。評鑑證明了人的真、教育的善、育才的美，帶領著人類開拓真、善、美的人生，它是人類的實踐美學。

第二節　行政效能的經理人

　　從組織運作之立場來看校長的角色責任，校長的主要職能在領導行政幹部服務全校師生、設定全校總體課程及重點教育活動、擬定學校實施教育計畫及處室年度工作計畫、爭取外部教育資源並統整為全校師生創價、充分支援教師有效教學及學生滿意的學習，以創造領導服務與效能效率的優質文化。學校校長猶如大企業的總經理，負責整個企業（學校）的經營命脈，若要善盡行政效能經理人的角色責任，勢須充分掌握行政效能的五大核心歷程（計畫、組織、領導、溝通、評鑑），著力耕耘。本書第二篇「暢旺校務篇」將分五章詳為論述，本節僅就其環節，綜合說明摘述如下。

一、均衡組織效能與效率表現

學校總體的教育績效稱為「效能」，單位或個人的績效表現稱為「效率」。一個經營成功的學校，「效能」與「效率」的均衡表現是頗為重要的參照指標，其觀察重點有四：(1)學校整體的教育產能，獲得師生及家長、社區的認同，大家都是滿意的；(2)學校內的各處室服務品質與表現，處室同仁是滿意的，也是全校師生可以接受的；(3)教師及行政同仁個人的表現水準也大部分符合預期，是大家彼此認同滿意的；(4)校內沒有發現「失能」或「可有可無」的單位或個人。

校長「均衡組織效能與效率表現」的操作要領，可以參考下列幾項作為：(1)處室本位經營原則：學校的總體行政效能，來自個別處室服務能量的匯聚，個別處室的行政效率高，自然會帶動學校總體的效能，因此，每一個處室均應本位經營，設定自己處室的服務目標與工作計畫，並落實實施，提高處室本身的效能與效率；(2)多元專業社群原則：學校的課程、教學、輔導、服務工作，分布在各種專業社群組織的人力之中，校長應結合行政幹部賦予各專業學習社群目標任務，支援有關資源，並得以均衡且提高其行政效能與效率；(3)個人產能績效原則：教育的行政服務與教學（學習）成果產品化，是當前考評教育績效的時代指標，校長應鼓勵所有教師及教育人員，留下其教育計畫、教育方案、學生學習作品、成果績效檔案、服務紀錄冊、自編教材講義、研究著作、教材教具等，定期展示分享交流；(4)激勵形優輔弱原則：對於學校「較不積極或冷門」的單位，以及「產能薄弱或不適任人員」，學校校長仍應秉持「形優輔弱」、「順性揚才」的原則，適度輪調職務、安排師傅開導，激發其自身的優勢亮點，順其秉性，揚其可欲之才，讓每位幹部和教師職工均有「基本效率」的表現。

二、調節學校計畫與需求銜接

運用優質計畫的擬定與執行來經營學校，帶動學校精緻發展，是有效而必要的方法策略。本書第五章將闢「計畫經營論」專章，論述當前學校計畫的擬定與執行時，容易犯的兩大迷思：「忽略計畫」與「濫用計畫」。「忽略計畫」是指，領導人及幹部未能覺察「優質計畫」與「不夠優質計畫」的區隔，學校有計畫在執行，但有與沒有的影響作用不大。「濫用計畫」係指，學校計畫滿天飛，大大小小計畫無數，形勢上的計畫施政，也讓教師職工麻痺了。

為了善用「優質計畫」帶動學校精緻發展，校長應適時調節學校計畫與需求之銜接，確保學校有「主軸計畫」在實施，而這些計畫也都是學校師生當前「最需要的」。增加計畫與需求密度，其具體作為得參照下列幾項：(1)策定學校十大計畫，並分配由處室主辦，推動執行；(2)主辦計畫處室，定期彙報計畫執行成果，其長期未做或績效成果圓滿項目，應配合年度調整計畫項目；(3)每年的十大計畫，逐年更動二至三個新興主題計畫名稱，讓學校師生不覺得年年老調重彈、日復一日；(4)每年的新興計畫主題及內容，應經由SWOT分析及充分徵詢幹部和教師職工的意見產出，符合學校需求及高度認同；(5)獎勵學校各類專業社群自定實施計畫，運用計畫執行績效，增進個人的自我實現。

三、提倡標準服務及品質回饋

受到全面品質管理理論的帶動，企業界的生產線及核心事務已流行訂定「標準作業程序」（S.O.P.），並要求員工嚴守標準程序，以確保產品品質及服務品質。教育界近來流行使用教案進入教學現場，教案的形式與精神類似「標準作業程序」（S.O.P.），唯受到「教學專業自主」及「人教

人」的個殊特質，教案設計在「規劃設定」核心知識的「教與學」歷程，並非是「物的產品」，教師必須隨時配合學生需求而調整教學活動，因此難以實質的「標準化」，約僅停留在「形式歷程」的「有效模式」。

唯就學校行政事務而言，服務的主要對象是教師及學生，學校的行政處室單位之核心工作項目，則有必要擬定「標準作業程序」（S.O.P.），要求行政同仁依據設定的「標準作業程序」（S.O.P.）服務全校師生，讓行政服務符合「高標準」的品質；行政處室的核心工作亦應進行「顧客滿意度調查」，每半年了解師生對於行政處室單位服務的滿意程度與回饋意見，運用顧客回饋機制及考核評估發現，綜合建置「品質保證」與「持續改善」機制，提倡標準服務及品質回饋，精實學校經營的效能與效率。

四、營造系統品牌與教育特色

學校行政效能及效率的展現，就組織主體的發展特質而言，就是具有系統品牌與教育特色的學校。目前，臺北市的「優質學校」及「教育 111 標竿學校認證」、新北市的「卓越（特色）學校」選拔、桃園縣的「學校特色」認證、宜蘭縣的「噶瑪蘭金質學校」等，都是政策引導常態學校邁向優質經營的具體政策。鄭崇趁（2012a）曾論述，具有系統品牌與教育特色的學校，必須符合下列四大要件：(1)教育性：品牌特色要以學生學習為主體；(2)普遍性：至少有 80% 以上師生普遍參與，不是少數菁英的特色；(3)課程化：已列為正式及潛在課程的一部分，得以傳承教學、永續經營；(4)卓越化：菁英團隊表現卓越，具有全國比賽或縣賽佳績，能公開展演示範。

《教育經營學：六說、七略、八要》一書中實踐要領的「本位經營」、「優勢學習」、「順性揚才」，以及「績效責任」等四章，對於校長如何經營學校的系統品牌及教育特色，有較為深入的闡述，校長得以就自己學

校本身的「發展程度」及「組織特質」參採運用,並遵循下列幾項原則:(1)掌握校本資源優勢:調查掌握社區、自然、文史及人力資源,結合教師專長意願及學生興趣需求,以作為發展學校特色品牌的重要基礎;(2)設定發展任務計畫:學校的品牌系統與教育特色需要逐步漸進,校長必須領導幹部,策定中長程發展計畫(方案),以及每一年度、每一季的實踐目標;(3)形優輔弱實踐目標:激勵能量優勢的師生開創績效,帶動普遍風氣,形成優質文化優勢,實踐品牌特色目標;(4)融入課程永續經營:學校教育特色必須融入多元領域(至少三個領域),並依年級開發系列主題教學教案,才得以傳承教學、永續經營,也才能日有所進、務實精緻;(5)行銷特色教育價值:校長應在校內外師生聚集公開的場合,適時適度行銷學校的教育特色與系統品牌,並賦予教育價值,對外行銷學校,爭取認同支持,引進資源,吸引學生就學,對內持續凝聚師生能量,提高效能與效率,擦亮學校特色品牌亮度。

第三節　課程教學的規劃師

　　校長必須實踐課程領導與教學領導,目前已日益受到各先進國家的重視,部分的教育學者也出版專書(如謝傳崇譯,2011),論述校長教學領導的個案實例與有效實施模式,並且主張教學領導的優先性應高於行政領導。研究者認為,校長為學校首長,需要扮演教育組織(學校)「核心技術」專業示範的角色責任,但也不宜降格為教務主任、教學組長或學科課程領域召集人的角色,越俎代庖,混淆了校長、幹部、教師之間的角色職能。因此,校長經營學校,在「課程與教學」方面之最佳角色責任的註解是「課程教學的規劃師」。

一、規劃學校總體課程與校本課程

教育的內容稱為課程，課程包括正式課程與潛在課程，正式課程結合潛在課程，要能夠實現學校的教育目標。就國民基本教育階段而言，就是教育學生學會且具備「十大基本能力」，並且在各領域學科的學能，要能夠通過「各年級領域基本能力」的標準測驗之檢測。因此，校長在課程領導上的責任是：帶領教務處幹部及課程發展委員會委員，規劃妥適的學校年度總體課程設計，每一年度的總體課程設計，要包含 10〜20% 的學校本位課程主題，並且有 5〜10% 的特色課程。

學校本位（特色）課程的規劃，要在總體課程結構及在地資源支持系統中發展，其關鍵要領有五：(1)課程統整原則：尤其是學生學習的核心知能，應分布在不同的領域學門，並要以學生核心能力的學習，統整設計課程及教學；(2)專長優先原則：全校教師要負擔全校的課程，所有的課程規劃均應符合教師專長優先的原則，方能盡快產出優勢亮點；(3)資源整合原則：尤其是在地的自然文史資源、社區人力資源，均是學校本位（特色）課程的整合標的；(4)正式潛在融合原則：教育的全面思考，要促使正式課程的實踐，充分使用潛在課程的資源，各種教育活動是各領域正式課程的階段整合與統合創價；(5)任務產能原則：課程與教學的績效責任隨著時代的發展日益被強調，學校的課程與教學規劃亦應以產能績效來做系統思考，並要求學校領域課程及教師班級教學，要留下學生的學習作品、作業及標準測驗的成績。

二、規劃學校特色課程，並融入教師領域教學

學校本位課程中，為他校不一定有的，或發展得最為精緻卓越的課程，稱為特色課程。大部分學校的校本及特色課程之發展多經歷三大階段：(1)

學校重要教育活動或社團經營階段：如宜蘭縣寒溪國小先將泰雅文化的舞蹈、射獵列為教育活動，並使用社團教學；(2)佈建潛在教育資源，並規劃部分領域主題教學課程：如宜蘭縣寒溪國小於第二階段建置「泰雅文物館」並編輯「泰雅語典」，以作為語文領域及社會領域部分主題的教學資源；(3)規劃校本系列領域主題的特色課程（至少三至四個領域，三至六年級每一領域有二至三個主題教學教案），永續經營。

　　校長帶領幹部及教師發展學校的特色課程時，要掌握下列幾項要領：(1)文化優先原則：如原住民學生多的學校、客家人背景多的學校，可運用文化元素優先發展學校特色課程，應較易獲得支持與明顯效果；(2)在地資源原則：校本及特色課程均應充分運用學校社區的自然資源、文史資源及社福單位資源，學校應先進行鄰近社區的資源調查；(3)配合教師專長及意願原則：宣導校本（特色）課程教育價值，喚起專長教師認同而願意承諾力行，投入開發校本（特色）課程，才得以永續經營；(4)彰顯學生優勢亮點原則：學校分布有區域性，學生優勢亮點每一個學校不一定一樣，學校的特色課程要能夠彰顯學生優勢亮點為軸心，以帶動教師及學生的動能貢獻；(5)創新社區教育價值原則：學校教育與社區文化的結合日益密切，特色課程的規劃要充分運用在地文化資源，特色課程之實踐也要能夠創新社區教育價值，讓學校資源的效益與社區產生交互整合價值。

三、專業示範教師班級經營及有效教學

　　當前的校長教學領導有兩大趨勢：「觀課走察」與「學習共同體」群組學習（由日本學者佐藤學所倡導）。「觀課走察」強調校長應走進教室，直接觀察教師教學的實際表現，登錄教學迷思概念，回饋給教師，以協助教師直接修正迷思概念，讓學生有效學習。「學習共同體」之群組學習，強調以「學生學習」為本位，發展學習共同體，共同支援學生本身的群組

學習歷程，以引導學生有效學習，讓學生學會應具備的核心知識與技能。此兩大趨勢均建立在「佐藤學」的基礎與運用，有其時代優勢與亮點，對於有效教學的本質從「教師本位」轉移到「學生本位」，更以「顧客」為主體，實是無法抵擋的教育潮流。

研究者認為，校長的角色責任更恰當的註解是「課程教學的規劃師」，「觀課走察」及「學習共同體」的群組學習，都僅是教育政策帶動的方法之一，就校長經營學校上的系統思考、賦權增能與績效責任的要領運用而言，「專業示範教師班級經營及有效教學」角色責任之發揮較為妥適、優先與常態，其要領包括下列幾項：(1)計畫帶動：領導所有教師運用寒暑假期間之備課時間，撰寫班級經營計畫及授課領域教學計畫，並將優質的計畫方案公開傳閱分享；(2)原理帶動：針對新進教師及學生成就不明顯的教師，定期舉辦「教學原理」及「教材教法」研習，強化教學基本專業原理，帶動教師有效教學；(3)同儕帶動：參與領域課程教學專業社群，激勵同儕知識螺旋，帶動穩定成長；(4)產品帶動：協助教師產出課程規劃及教學方案之具體成品，例如：自編教案、補救教學教材、行動研究報告、教育著作等，以產品激勵成就感，讓產品帶動實質教育品質的提升。

四、激勵教師取得領域教學認證，並佈建教學品質保證機制

校長的專業示範領導，其宗旨重在激勵所有教師取得國家標準的認可條件，並佈建永續機制，得以確保大部分的教師教學品質維持在一定水準之上。因此，教師執行領域或分科教學，在基本教育階段應取得授課領域（或分科）的教學認證，在高等教育階段，則應能夠使用自編（出版）教材授課為佳，此一趨勢亦逐漸成為基本要求。教育部（師資培育及藝術教育司）應及早訂頒「中小學教師領域或分科教學認證實施辦法」，規範中

小學領域（分科）教學認證的條件及實施流程，為教師的有效教學建立基本的「品質保證」機制，如能將「教師資格檢定考試」調整為「國家高考」，並先考試後實習，取得考試資格的師資生，再以碩士學程提供「領域教學實習」課程，搭配領域分科認證，將為臺灣中小學教育的「專業化」及「精緻化」開創新的里程碑。

　　在佈建教學品質保證機制方面，校長應適時督責教師強化下列幾個事項：(1)利用寒暑假期間準備下學期的授課教材及教具、輔具；(2)發展各單元教學簡案，明列教學目標、主題教學、教學程序、應用媒體教具、學生學習活動、關鍵要領，以及評量方式；(3)設定各領域教學中，學生的體驗學習活動主題及操作學習成果與作品；(4)每一領域的教學每學期至少有二次「學生滿意度調查」，由教師自行設計執行，並於集會時分享報告；(5)每一學期由教務處辦理「家長滿意度調查」研究，並將成果公布分享給全校教師。

第四節　輔導學生的示範者

　　「有效教學」與「輔導學生」已成為學校教師的兩大天職，也是學校教育的「核心技術」。一般學校均設有「輔導室」或「學生輔導（諮商）中心」，專責承擔學生輔導工作。學校的學生輔導工作要做得好、辦得妥適，達到關照支持每一個學生、一個都不少的情境，並非容易，必須要帶動每位教師直接參與學生輔導工作，結合專業輔導諮商人員及社區輔助資源，佈建支持網絡系統，才得以克竟其功。

　　教師直接參與學生輔導工作的程度與具體作為如何，在教育界已討論爭辯許久，部分的教師並未認同「輔導學生」屬於「教育本業」的範圍，主張教師得拒絕與教學無關之工作，是以常藉各種理由，當學生犯有偏差

行為或需要輔導協助時，就直接將學生送交或轉介學生輔導中心（室）或學生事務處（訓導處），並認為教師應負責將課業如期授畢，無暇關照不願意受教學生，學生本身的適應困難及不願意受教是學生自己的事，學校應該啟動其他教育資源（如心理師、輔導教師或社工師）來做學生輔導工作；如此一來，教師僅負責「教學」，與「學生輔導」沒有直接關係。然而長期以來，教育的最龐大資源是教師，但教師們並沒有做好完整的「人教人的工作」，切割了「教學」與「輔導」，是以教育的競爭力始終未如理想，外界「教育改革呼聲不斷」，此亦為重要原因之一。

因此，校長經營學校的第四個角色責任，即應扮演「輔導學生的示範者」，帶頭認輔學生，鼓勵所有教師一起跟進，由每一位教師認輔一個到兩個適應困難或弱勢族群學生，以作為學校整體學生輔導支持網絡的網點；培養學生優質生活及學習習慣，人人有效學習，避免流於適應困難；教導學生有效學習方法，增加學生「知的雀躍」，過「有質感」的校園生活；善用時間管理，提高學生身心效能及學習處事效率；佈建支持網絡系統，連結校內外整體教育資源，綿密學生輔導機制，帶好每位學生。茲分別說明如下。

一、帶頭認輔學生

「認輔制度」從 1994 年起，配合著「教育部輔導工作六年計畫」全面推動，教育部頒行「教育部推動認輔制度實施要點」，期待每一個學校動員所有學校的專任教師，主動認輔一至二位適應困難或偏差行為學生，扮演「個別關懷、愛心陪伴」的角色功能，其實際的操作事項有三，應每隔一週至二週對於受輔個案進行：「晤談」、「電話聯絡」或「家庭關懷（與父母聯絡）」，共同討論支持受輔學生。依據教育部之原意，「個別關懷、愛心陪伴」仍屬於「初期預防層次」，教師的「教育專業背景」及「愛護

受教者的基本態度」即可勝任。因此，若學校的全體教師全面參與「認輔學生」之後仍有不足（網點不夠綿密），學校輔導室可繼續動員退休教師及有教育背景的家長志工，經適當「培訓」後參加「認輔學生」的行列。

鄭崇趁（1995）曾撰述專文，論述「認輔制度的教育價值與時代意義」，行銷其價值特色，爭取中小學教師的認同支持。認輔制度的教育價值有三：(1)闡揚教師大愛；(2)落實專業助人服務；(3)發揮輔導的教育功能。認輔制度的時代意義亦有三：(1)調和教師教學輔導權責；(2)轉化學校輔導工作為經常性的個別化輔導工作；(3)建立輔導專業督導初階模式。並且強調認輔制度的主要精神在：「志願」、「助長」、「布網」，以及「教育」。「志願」強調，參與教師們不但要自己願意，更要承諾盡己之力帶好每位學生；「助長」在喚醒教師要幫助學生成長發展的同時，也要先行幫助自己具備輔導的初階技術與共鳴性了解的態度與能力；「布網」在宣導教育人員（所有教師），大家都是學校輔導支持學生網絡系統的網點，網點愈綿密，學生才能得致妥適的照護；「教育」在說明認輔教師在協助這些孩子時，維持保護其應有的「教育功能」，不要被環境打敗。

因此，校長經營校務的當務之急，在於如何帶動所有教師主動願意加入認輔教師的行列，一起承擔有需要學生的「個別關懷」與「愛心陪伴」之工作。其最好的作為就是提供專業示範，每年帶頭認輔一至二位學生，並且要求所有的行政幹部及處室職員均適度跟進，主動認輔至少一位有需要之學生。校長亦應在適當的會議場合或輔導工作會議、個案研討會上，主動分享認輔學生的成長改變，以及「個別晤談」、「電話關懷」帶給學生的正面價值，或委請有認輔績效成果的教師分享其價值貢獻，激勵所有教師全面參與認輔學生，編織一幅綿密的支持網絡系統，闡揚教師大愛，提升教育品質與功能。

二、培養學生的優質習慣

臺灣的知名心理諮商學家柯永河先生出版的《習慣心理學》一書，主張「健康的人＝好的習慣多於不好習慣的人」，非常精要地說明了「習慣的取向與優劣」決定「心理健康」的程度，所有的適應困難以及偏差行為多來自於「不夠好習慣」的累積，學生的「學習弱勢」也多來自「學習習慣」的不佳或沒有用到正確的學習方法。因此，在基本教育階段，應培養學生優質的生活習慣、學習習慣、人際習慣，以及「服務助人」的習慣，是維護學生心理健康以及全人格發展的不二法門。

在「生活習慣」上，校長應主持「學校品德教育委員會」，策定品德教育實施方案，配合品德核心價值的選定，要求各學年教師共同討論提列各年級學生得以實踐該核心價值的「行為規準」（好習慣），並條列公告在教室前後的布告欄，指導學生實踐力行，培育學生生活好習慣。在「學習習慣」上，校長可透過學校課程發展委員會各領域小組（或分科教師），針對各領域教學單元主題提供「最佳教學方法」給教師參考，並以學生為主體，提供「最佳學習方法」及最易產生的「迷思概念」（含解決策略）給學生參考。

在「人際習慣」上，可以用宗教上的「三好運動」（存好心、做好事、說好話）以及「日行一善」的童軍精神，將「感恩惜福」的觀念與實踐均得適度採行。而最好、最直接的作為，仍然是校長帶著教師提供給學生的「行為楷模」與「專業示範」。校長與教師能夠主動向學生問好道早，也能夠在公開的場合及教學歷程中，分享自己「日行一善」的真實故事。校長、幹部、教師若能多在學生面前提供助人服務行為的畫面，並適度地闡述價值與溫情直接與學生分享，這將是培養學生人際優質習慣的有效策略，也能為長大成人之後的「服務助人」之情感情操發展奠基。

三、教導有效的學習方法

「學習方法」是廣義的「學習習慣」之一，在前文中已稍有論述。因學生是教育的主體，學生要具備的「學習方法」也有更廣義、更周延的意涵，學生本位的學習方法，包括：自己最喜歡的學習習慣、自己最有效的學習方法、自己對學習本身的觀念態度，以及學會已經知道或用過的學習方法。也就是說，學生在學習的歷程中，要有正確的觀念與態度，以面對各種不同的學科知識、藝能、情意的學習；要學會具備多元性、多樣性的學習方法，會針對不同的學習目標選用有效的學習方法，並養成優質的學習習慣。校長能夠適時提醒所有教師，教導學生有效的學習方法，即可以實質提高教育品質與競爭績效。

學生的學習方法大部分來自教師「教學方法」的連動，教師各領域的教學方法要明確，才能引導學生「有效的學習歷程」，並運用正確及最佳的學習方法，及時達成教育目標。因此，校長應督責每位教師配合課程發展委員會領域小組的運作，請授課教師們研發年級授課單元的最適配教學方法及教材教具，促成教學方法的多元化、豐富化、操作化、資訊科技化，以活化教學歷程，帶動學生順勢掌握自己最佳的學習方法，讓學生的每一天都有「知的雀躍」、「情的感動」、「意的激發」，過有質感的學校生活和自我實現的日子。

四、善用時間管理技術

現代人的共同特質之一是大家都覺得時間不夠用，「時間管理」即變成決定一個人是否有成就或適應困難的重要因素之一，也是學校師生之間的重點「輔導項目」之一。所有教師均應適度的提醒學生，善用時間管理技術，增加自己的學習效果與效率，調節身心生活狀態，維持生理及心理

高峰效能，並累積應有的學習成果，實現教育目標。

校長經營學校得適度地介紹當代實用的時間管理技術，供學校師生參照，如下所述：(1)時間切割：以自己最適合的工作時間長度，切割為 15 分、20 分、30 分、45 分、一小時，每日真正的學習工作（溫書、作業）至少安排二至四個時段，每週至少執行五天；(2)動靜分明：人的生理及心理調節需要平衡的動靜分明，因此要區隔每天的「靜態學習」與「動態休閒時段」，尤其是每週的動態休閒時段，小學不得少於五次、中學不得少於四次、大學以上不得少於三次，而以四至六次為最佳常態；(3)80/20 原理：運用每天最專注、最有學習效果的時段（20%）做最重要的學習（有產品的）工作，能善用最具效率的關鍵時段；(4)當下學會：正課時間要專注學習，當下學會，不再花課外時間增加沒必要的補習；(5)立即補救：要養成學習過程中，一有問題立即發問，直至了解為止，若有不解，即馬上找教師及同學討論至學會為止，不將「問題」、「疑惑」、「尚未學會」的部分留過明天或下週。

五、佈建支持網絡系統

目前為現代化與後現代交織的社會，價值多元發展、社會貧富落差加劇，學生流為「弱勢族群」或適應困難學生也相對增加，學校必須結合校內外資源，佈建學生「生活支持」、「學習支持」，以及「適應支持」的輔導網絡系統，並串聯社區資源網絡（如家長會、農會、職業工會、宗教團體）、社會輔導網絡（如張老師、生命線、少輔會、心理諮商師、社工師）、家庭支援系統（如家人、親屬、朋友）、醫療網絡（如公私立醫院、精神科醫生、心理治療師）等，才得以網絡型態，綿密地做好初級、二級、三級的輔導服務工作。

校長經營學校輔導工作，也應善用「系統思考」、「本位經營」及「知

識管理」的實踐要領，建置學校完備的輔導網絡次級系統，包括：「輔導人力」、「輔導資料」、「輔導設施」、「輔導活動」、「輔導測驗」，以及「輔導個案」，如圖 3-3 所示，以激勵各次級系統（結合全國及縣市輔導網絡系統）串聯運作。

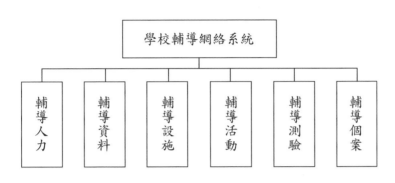

図 3-3　學校輔導支持網絡系統的內涵

六、演練危機應變的管理程序

學校中常潛藏著危機事件，例如：學生吃壞肚子食物中毒事件、運動競賽身體受傷事件、不良少年破壞校園或霸凌學生事件、家庭性侵反應在學校事件、公共安全與重大師生衝突事件，以及天災事件（如地震、颱風）等，校園的危機事件不一定會發生，但是有可能發生，一旦發生危機事件，校長的決策及教師們的處理得宜往往能夠化險為夷，將師生的傷害降至最低，影響常態的教育運作最少。但是如果決策不當，教師們的處理因欠缺經驗而沒有選用最佳的因應方式，則往往會擴大傷害，讓學校師生人心惶惶，無法正常教學。

應變危機是可以學習的，在危機事件沒有發生時，也可以經由演練，讓學校人員熟悉應變危機的「標準程序」及「核心知能」，以確保真正危機事件發生時，能避免「不正確的處置」機率。因此，校長應邀集核心幹

部及教師、學生代表組成「學校應變危機處理小組」，以執行下列幾項任務：(1)賦予任務配置：針對學校較常見的危機事件，分類配置責任指揮及處理人員，完備人力網絡系統；(2)訂頒應變標準程序：針對主要的危機類型，討論確定應變的「標準作業程序」（S.O.P.）；(3)定期演練危機應變程序：每半年均應排定主題（如地震、急救）演練危機處理，讓相關人員熟悉正確的應變反應；(4)檢討強化學校應變機制：學校應變危機處理小組每年應至少召開會議兩次，針對前述三大核心事務進行檢討研議，適度強化學校整體的應變機制。

第五節　資源統整的工程師

臺灣的社會文化進程，正好進入「現代化」與「後現代」交織的年代，平均國民所得雖已超過二萬美元，但整體的教育投資仍有不足，在民主化、個別化、市場化、商品化、價值化多空交戰的教育機制中，單靠政府的預算及固定的教師員額編制，是很難辦好學校教育；校長及學校行政幹部需要運用各種途徑及方法，爭取校外教育資源進入學校，將校內外資源加以整合，才有辦法共同辦好學校教育。是以，多個縣市的校務評鑑列有「資源整合」項目，臺北市的優質學校、新北市的卓越學校「資源統整」也都是評選的「向度」之一。

校長是學校教育資源統整規劃的工程師，其所扮演的角色責任有四：(1)代表學校向外爭取多元教育資源進入學校；(2)引進的各種各類資源，如何統整運用，須有方向性、系統性、脈絡性的規劃與決策；(3)校內外資源如何有效融合，為學校師生創發最大教育價值；(4)藉助資源統整，如何經營學校教育特色與系統品牌。因此，《教育經營學：六說、七略、八要》一書將「資源統整策略」列為學校七大經營策略之一，並給予專章論述（第

十一章，頁 191-288）。本節再以「校長」本人的角色為主體，說明其在資源統整方面的經營要領。

一、掌握多元教育活水

校外資源若能夠進入學校，就會像活水一般，能為學校注入新的希望，例如：可以解決弱勢族群學生的生活照顧問題；可以支援攜手計畫及課後照護問題；可以幫忙認輔學生；可以協助圖書館管理、交通安全導護、衛生安全管理、讀報教育、晨光時間、後勤支援等，教育活水愈豐沛，經營學校的教育能量愈充足，才得以帶動學校教育走進「精緻教育」的時代。

校長是資源統整的工程師，其首要課題即是要能掌握多元教育活水，由臺北市「優質學校」的資源統整向度評選指標的三代修定趨勢，具體呈現資源統整的三大發展脈絡：「家長社區資源到多元資源引進」、「單一資源運用到校內外資源統整」、「協助弱勢學生到統合創發教育價值」。就多元資源引進而言，概要分類為五大系統：(1)家長志工及人力資源：多數的中小學小型學校有三十至六十位家長志工，中大型學校有一百至二百位家長志工，編組為學校支援勞務性及半專業教育工作，是學校最基本的人力資源；(2)教育設施及財力資源：校外人士或社區家長對於學校教育設施、教學用品的捐贈及現金捐贈，是學校的財力資源，部分學校則靠競爭計畫及價值行銷法，每年爭取可觀的額度；(3)自然生態及文史資源：學校周邊可用的山水自然、社區歷史古蹟、宗教文化遺產，是學校可以善用整合的第三系統資源；(4)社福機構及民間資源：學校可利用鄰近的社會福利機構、宗教公益團體及各類民間文教基金會，再結合衛生、警政、醫院、特教、輔導諮商中心，可串聯成為學校輔導網絡支持系統；(5)資訊發展及科技資源：學校配合資訊科技的發展層次，運用現代化科技方法進行知識管理及智慧管理，為學校傳承創新教與學的嶄新風貌。

🔲 二、計畫、組訓、運作、評鑑

校外的教育資源不會主動流入學校，學校的經營者必須要運用有效的方法要領去爭取。爭取到的教育人力資源，也不會自然而主動地把應該做的事做得很好，需要經營者善加組訓並分類使用，才能達到資源統整的功能與目的。學校爭取教育資源的方法有：(1)照顧弱勢法；(2)競爭計畫法；(3)承擔任務法；(4)策略聯盟法；(5)創新特色法（鄭崇趁，2012b：195-199），只要學校經營者擇二、三項運用，即可為學校帶進豐沛的多元教育資源。

組訓教育資源團隊的主要任務有三：(1)訓練幹部或領域教師如何撰擬優質的計畫方案，以方案計畫爭取資源；(2)演練價值行銷策略，並實踐力行，爭取引進教育資源；(3)組訓已經進入學校的人力資源，提升其應備素養（能力），並編配執行業務。尤其是第三項任務，學校應由專責幹部（主任一人），依據年度預估需求，策定引進資源實施計畫，內容包括：設定需求總量、分組培訓課程、編組服務、核心技術檢核、分組領隊人選，以及服務運作注意事項，並設定明確的實施期程、檢核回饋機制、服務品質保證機制，以及績效成果（產品）的具體描繪。有效組訓教育資源團隊，才得以為學校的永續經營帶入教育資源，也才能真正實現資源統整的教育效果。

🔲 三、經營資源特色，創發附加價值

學校執行資源統整有一定的順序：(1)照顧弱勢族群學生→(2)支援教育特色活動→(3)整備學校環境設施→(4)開展多元社團（半正式課程）→(5)精緻課程教學（融入正式課程）→(6)強化菁英團隊培訓及競賽活動。每一個學校能夠引進的教育資源總量落差極大，體質最弱的學校至少應做到上述

(1)、(2)兩階段之內涵，妥適照顧支援所有的弱勢族群學生，讓他們都能安心就學，經營基本的教育機會均等。如有多出來的教育資源，則優先支援學校的特色教育活動，讓這些較具規模的大型教育活動更為豐富多彩，以彰顯學校的相對亮點。

體質中等的學校，其爭取引進的教育資源通常可以達到上述(3)、(4)的階層，進一步將資源用在美化環境、更新教學設施、支持開設多元社團，將教育資源的運用，從支援潛在課程發展為半正式課程。體質優秀的學校，引進的教育資源豐沛而永續，這些資源必須與校內教師的專長充分結合，以發展為校本及特色課程的教學方案及其相呼應的環境資源整備（如各領域的學習步道、專科教室、主題教育設施），邁向精緻而永續的教育經營。學校的特色菁英團隊需要計畫性培訓，參加各種競賽活動，且需要籌組相對的後援會，才能長期支持永續經營。

校長是資源統整的工程師，其工程師的角色責任，除了要有效統整校內外資源，讓引進的教育資源具有預期效益外，還要經營資源特色，創發附加價值，其要領得參採下列四項作為：(1)本位經營的運用：結合在地資源與師生專長，經由本位管理，發展本位教育、本位課程、特色課程，使本位課程、特色課程成為資源統整最大的附加價值；(2)優勢學習的運用：在進行資源計畫組訓運作時，可從人力資源的優勢專長入手，依其意願與服務品質編配實踐，創發所有引進資源都是「有效智慧資本」的附加價值；(3)績效責任的運用：為各組的資源群組策定階段任務目標，定期檢核，創發服務品質保證及持續改善機制的附加價值；(4)價值行銷的運用：在引進資源及統整資源的歷程中，都要使用價值行銷的經營策略；「價值認同」是資源進入學校的關鍵法寶，而學校的「教育價值傳播」是資源統整的重要附加價值。

四、傳承資源智慧資本

學校的校長、幹部、教師職工是正式的智慧資本，而引進的校內外教育資源是潛在的智慧資本，潛在的智慧資本與正式的智慧資本融合後，即可以為學校創發無限的可能。校外多元的教育資源，經由計畫、組訓、運用、評鑑之後，都會成為學校有效的智慧資本，能為學校創發教育的附加價值。因此，學校應擴大「知識管理」的範疇，將校外教育資源進入學校後的附加價值進行智慧管理，有效傳承，永續經營。

傳承資源智慧資本的要領，可參照下列六項作為：(1)計畫經營：由核心幹部每年與校內外資源的負責人討論學校需求、引進資源總量、培訓方式、最佳編組服務及運作模式、預期成效等重要事項，策定年度實施計畫，計畫經營校內外資源統整；(2)組隊服務：在校外人力資源進入學校之後，要以團隊的運作型態為學校執行半專業性的教育服務工作，每一個團隊都要有召集人或小隊長，每一工作團隊也要有明確的工作任務及預期績效（量與質的規劃）；(3)標準作為：資源整合後的重要教育活動仍然要發展「標準作業程序」（S.O.P.），為學校教師及學生提供具有一定水準以上的服務品質，或達到專業行政事務應有的品質標準；(4)特色模式：引進的教育資源與服務模式可以超越或跳脫既有的窠臼，為學校教育帶來清新與靈活的氣息，此一特色模式有如學校的特色課程，能創發學校具體的附加價值；(5)檢核激勵：每年應有二至四次的關懷、檢核，對績效卓著的資源團隊給予褒揚激勵；對於未如預期成效之團隊，聽其服務心聲，共同策勵未來；(6)智慧管理：將前述五項資料去蕪存菁，建置資源統整資訊服務系統，實施智慧管理，永續經營。

第四章　專業風格論
＜領航人的品味文化＞

「專業行為表現」與「日常生活實踐」交融，讓一般大眾感受到的主流典範，稱為專業風格。校長是學校組織的領導人，學校就是匯聚教師教導學生學習的主要場域。校長每天處理的事務都是「教育工作」，這些教育工作的專業表現行為，會貫穿融合於校長個人的食、衣、住、行、育、樂等，也會形塑個殊化的人際關係，成為一種大眾感受到的主流典範，這種主流典範，研究者名之為「專業風格論」。分析校長的專業風格，可以了解教育領導人如何實際帶動生活文化的形塑與發展，為人類的自主風格與品味文化探源。

因此，本章「專業風格」指的是「校長經營學校，經由專業行為表現結果，所形成之個人生活實踐上的品味文化」，這種領航人的品味文化來自四大元素交織而成：「職能」、「專長」、「生活」，以及「實踐」。「職能」是指校長法定職責含括的專業能力訴求；「專長」是指校長本人在諸多教育應備行為中的優勢；「生活」是指經營校務的同時，其反映在人類生活共同性的食、衣、住、行、育、樂上之行為傾向；「實踐」是指校長專業示範行為與個人生活內涵融合的一致性程度。

上述這四大元素交織成校長的五種專業風格：「教育人」、「有能人」、「厚德人」、「質感人」，以及「品味人」，其間之關係脈絡可以圖 4-1 來表示，並在章節內容中說明。

本章分為五節，析論四大元素與五種專業風格的關係與內涵：第一節「教育人：傳希望、益人間」，描述校長在生活實踐上的總體專業風範，傳承人類希望，增益人間文化；第二節「有能人：通事理、講要領」，從

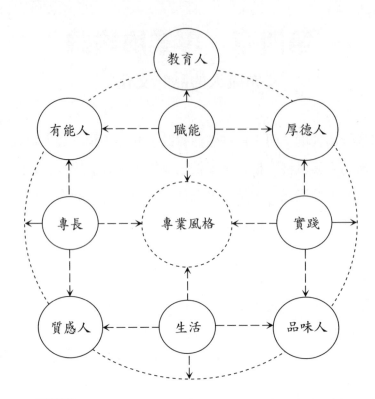

圖 4-1　校長的五種專業風格以及其與四大元素的關係

職能與專長的訴求上，彰顯校長行為表現的效能與效率，通達教育事理，講求要領，淑世濟眾；第三節「厚德人：重倫常、送溫情」，分析校長「職能」與「實踐」交織的個殊化道德規範與品格情操，重視人際倫常，傳播人間溫情；第四節「質感人：常共鳴、賦價值」，描繪校長的「專長」與「生活」融合之後的品質程度，人際互動常有高度共鳴，豐富生活價值；第五節「品味人：具殊相、成風格」，探討校長總體「生活」與「實踐」後的文化典範，賦予品味殊相，形成獨特風格。

第一節　教育人：傳希望、益人間

「教育人」最能夠彰顯校長的主流典範，校長每天做的是「教育工作」，每日談的是「教育怎麼做」，領的是「教育的薪俸」，生活上的食、衣、住、行、育、樂都要與「教育人員」共構。校長是「教育的領導人」也是「教育的實踐家」，社會大眾對校長的理解一定是「辦教育的」，一定是「整天談教育的人」，「教育人」是所有校長最平民化的專業風格典範。

「教育人」的內涵與行為取向，在傳承人類的知識、技能、智慧，帶給人類希望，並創發人的新文明與生活，增益人間文化。以下從校長的優勢專長、核心能力、願景志業、自我實現等四個面向的生活實踐，來描繪校長是「教育人」的專業風格與行為表現，兼敘「傳希望、益人間」的註解。

一、教育是校長的最大專長優勢

依據多元智能理論，教育工作在促進每一個人的「優勢智能明朗化」，也在促進每一個人運用其最大的優勢專長選擇職業，過適配生涯。每一個人走出學校，踏入職場，若人人有「適配生涯」，並以自己最專長的優勢服務助人，必能百業興隆、國富民強，過著「人之所以為人」的價值與尊嚴，實踐教育本質與功能。

教育人員的平均素養，在各種行業中相對高級。校長是教育人員的「職務高峰」，並會在下列幾項的「生活實踐」上展現其「教育人」的優勢專長。

（一）生活彌漫著教育語言

校長在學校中最常用的話是「感謝大家共同為教育打拼」、「教育永

遠是國家的希望工程」、「我們要帶好每位學生，實踐社會的公平正義」、「只要我們順性揚才，就可以點亮每一位學生的亮點」。校長與一般人的對話最常出現的是：「我們學校的老師都很好，每一位教師都很認真的教導他班上的學生」、「您放心把孩子交給我們，我們會讓他有個快樂的童年，並且學會該學的知識技能與情意」，以及「學生的可塑性很高，學習的進程因人而異，目前稍落後的人只要夠成熟，找對要領，通常可以即時趕上，甚至超越」等。

（二）大眾諮詢的教育專家

臺灣社會民主化之後，人人可談教育，家長重視子女教育，但對教育也有「未必專業」的看法與訴求，電視名嘴與主持人也談教育，有時也離專業甚遠，社會大眾雖然普遍具有「大學畢業」或「高中職基本教育」的半知識分子之身分，但對於當前的學校教育與政策不見得信任，對於如何教育自己的孩子則充滿疑惑、沒有安全感，大家共同的訴求與行為取向是直接找校長，看校長怎麼說，因此，校長儼然已成為大眾諮詢的對象，而且是較具權威的、可以被信任的對象。

（三）結交最多的教育朋友

校長在公務的忙碌中，校內的師生都是教育人員，督導管理的長官也是教育行政人員，對教育關心的學生家長又多屬各種教育專業社群的人，校長回到家庭也往往把家庭經營成一個教育世家，與之往來互動的友人幾乎都是教育界的朋友，這些朋友是校長生活的鷹架與支持者，也是校長職務與個人優勢專長帶來的龐大無形資產。

（四）家庭經營含教育意涵

校長回到家庭與自己的配偶及子女互動，對待自己的父母及兒孫，無

形中會帶有強烈的教育意涵，其規範性、秩序性的行為標準會提高，但也比較能尊重個人的性向興趣及自主學習。校長在學校的教育經營理念，也往往會反映在家庭的經營與發展之上，愈是勝任猶有餘裕的校長，兩者的一致性愈高，因為校長掌握了兩個組織的「人」之共同性，也掌握了兩個「組織共同願景」的融合性，形成了交互依存的優勢。

（五）次級團體有教育傾向

教育人的專業風格也展現在校長的次級團體中，校長在學校公務上帶動的「專業社群」，本即教育人的次級系統、校長的生活次級團體、生活娛樂的次級團體，雖與大眾區隔不大，例如：爬山、打球、跑步、藝文，以及琴棋書畫等，但其內容與方式常是教育原理方法的轉化。優秀的校長也常被邀請擔任「師傅校長」，分享辦學經驗、會同專家學者擔任校務評鑑委員或標竿學校認證委員，是一種教育專業化更高階的次級團體。

二、教育是校長的生命願景志業

教育是校長的最大優勢專長之外，同時也是校長的生命願景志業，其「最大優勢專長」代表可勝任這個職務、足以承擔這個責任。「生命願景志業」代表喜歡這個行業、樂此不疲，並且擁有超越一般人的使命感，想要藉由教育志業的發揮，大展鴻圖，希望達到自我實現，也提升學校師生的自我實現，提升教育品質與教育競爭力，因此，學校組織也是一所自我實現的學校、一所具有品牌特色的學校。

在日常生活實踐上，可以從下列幾項指標觀察到教育是校長的生命願景志業。

（一）分享教育初心

教育工作是一種神聖而專業的工作，每一位教育人員決定要當教師、

當教育行政人員、當教育領導人，往往有一「珍貴的開始」，例如：受到自己老師的影響，特別對「春風化雨」的教育案例產生共鳴，而決定投入教師行列，決定這一輩子都要作育英才，帶好每一位學生；此之謂教育初心。校長經常會與教師們、學生及關係密切的家長分享他的教育初心，因為此代表教育是其生命願景的開始。

（二）敘說教育故事

校長的最適配年齡在四十至六十歲之間，每一位校長均有豐富的被教育及教育人之經驗，這些經驗就是教育故事。校長常會運用各種會議及非正式運作時段，敘說那些教他的教師對他的恩澤、用了哪些關鍵教學方法讓他頑石點頭或猛然醒悟；在自己教學的歷程中，幫助過哪些弱勢族群學生，自己在組長與主任的職務時，用了哪些「方法策略」協助學校突破發展瓶頸，或建立了哪些教育績效。敘說教育故事，驗證了校長把「教育」當作自己的志業，永遠希望自己學校有更好、更為精緻的教育發展。

（三）傳承甄選經驗

考上校長、參加甄試與遴選，其難度愈來愈高，很多校長皆須參與多次，才能自我實現。一旦考上了校長，也有不少校長願意傳承甄選經驗，提攜後進，因此有很多的「考校長讀書會」、「答題技巧訓練」、「模擬口試情境」等，聚集邀約了多數表現優異的校長及知名教授義務幫忙指導，形成了臺灣個殊發展的校長考選文化。此一校長考選文化象徵著，「考上校長」是校長們共同的生命願景，需要群策群力才能實現，先考上的校長也有責任及意願提攜後進。

（四）論述教育價值

校長領導服務，展現在行政效能、課程教學、輔導學生、資源統整，

以及環境設施等層面之上，在與幹部及教師們討論各種作法與做決定時，最常聽到校長論述作為、計畫、方案的教育價值及其背後支持的教育理論或學理，為學校措施尋根探源，讓幹部、教師及學生都了解「為什麼要這樣辦教育」，說的愈多，學校同仁的凝聚力愈強，辦學績效也就愈明顯，並能充分反映教育是校長的終身志業。

（五）分析教育抱負

優質的教師才適合擔任校長，就目前的中小學教育環境而言，要考上並且獲致遴選委員青睞並不容易，其通常亦要兼具兩大性格取向：(1)對行政有興趣，容易掌握要領，服務同仁；(2)對教育具有理想抱負，希望當上校長，領導同仁，促其實現。因此，校長在職務帶動上及休閒聊天時，會常聽到校長教育的發展脈絡及自己的理想抱負。

（六）激勵教師志業

只有校長個人把教育當生命願景志業是不夠的，我們期待所有教師都把教育當成個人的生命願景，並加以力行實踐，則教育事業必然蒸蒸日上，發展一片鴻圖。因此，校長的最大職能之一，在於激勵每一位教師建構自己的生命願景，結合學校職場，讓教育志業在學校中實踐，並活化學校的智慧資本，促使每位教師積極產出動能貢獻。激勵教師志業奉獻，校長自己本身必先專業示範、帶頭實踐，是生命願景志業的最佳註解形式。

■ 三、教育能夠展現校長的核心能力

就人類文化的發展而言，各種專門職業需要核心技術與核心能力，愈能夠表現核心能力專業水準的人，就愈能夠勝任其職務，並具有經營績效。一般的日常生活實踐也需要生活的核心能力與生活要領，生活的核心能力與職務上的核心能力兩者落差頗大，若兩者能夠有效融合，生活才有幸福

感，工作表現也才有「完整的價值」，但人類也常為「融合程度不佳」而困擾，因此有「在外一條龍，回家一條蟲」或「在家日日好，出外條條難」的描述，這是人類的真實寫照，我們必須坦然面對。

通常在高層專門行業（如醫師、律師、教授、校長）中，由於專業行為表現的報酬薪資相對較高，其回流到家庭的生活資源較為寬裕，生活實踐調配的可欲性容易達成，是以生活核心能力的內涵與方式也常超越一般人的格調，而自成一種專業風格，例如：穿著講究有品牌服飾（但通常不是最高級）；出門開著比一般國民車稍好的「近百萬轎車」；流行接待朋友共同吃「精緻簡餐」附加「咖啡」，用餐時順勢討論「公事」與「私事」；使用智慧型手機，但不會追求最新、最多功能的昂貴產品。

因此，「教育人」的典範意涵，意味著教育是校長核心能力的展現舞台，校長的核心能力足以承擔學校教育的經營能量需求，校長在「生活實踐」的核心能力也大致能與職務工作的核心能力「交融依存」，少有「融合不佳」現象。

四、教育帶給校長充分的自我實現

「理想」與「現實」吻合就是自我實現，在本書第一章已詳予論述說明。校長的角色多重，同時生活在不同「相屬系統」的組織中，是一般的人、是家裡的人、是學校的人，也是社會國家的人，不同的組織系統對於人的「自我實現」即有不同的「理想」與「現實」的訴求，是以本書第一章，對於學校中不同職務的人（校長、教師、幹部、學生）及組織（學校、處室、單位、社群）均予以適度區隔，並賦予追求自我實現的指標以及經營要領。自我實現雖是一種自覺的心理歷程，也是人類存在（活著）的最大理由，但其實自我實現也是可以經營的。

教育帶給校長充分自我實現，指的是「教育人」的標記，也是校長自

我實現的圖騰或寫照。教育提供校長自我實現的舞台，校長在校自我實現，在家也自我實現，就國家社會層面而言，校長也是充分自我實現，生活休閒也具自我實現效果，生活有質感，休閒有品味，十足彰顯教育人的專業風格。

　　校長「自我實現」的經營是刻意的，但絕不是勉強的，經營家庭與經營個人的生活也可以比照「經營學校」一般，實施家人的「個別化願景領導」，進行「計畫經營策略」以及「資源統整策略」，為家人及自己設定階段性的生活目標，激勵期許家人、朋友及自己每天過「有質感的生活」，每月或每季聚會檢核生活實踐程度，省思檢討，為明天、為下一階段的生活實務調整內涵與任務目標，再以領導「專業社群」的實踐行動方式，激勵家人及自己刻意經營實踐，讓「教育人」成為一種文化，一種看得見的專業風格。

第二節　有能人：通事理、講要領

　　校長第二種專業風格的生活實踐是「有能人」，也就是「有能力的人」、「有效能與效率的人」、「可以做很多事的人」、「事情交給他，總是可以如期完成的人」，或者是「生活實踐力很高的人」、「有自己個殊能力完成自己生活及職務有需要的人」之統合簡稱。採用「有能人」這個名詞，是來自下列幾項背景緣由：(1)孫中山先生曾說「人民要有權、政府要有能」，研究者認為「人人要有相對的權、人人也要有相對的能」；(2)「能量」一詞廣為流行，在組織稱為核心能力與核心技術，在個人則以「核心能力」來含括「有效的能量」；(3)能也是一種「人」在「組織」中的智慧資本，「有能力」意謂著能夠在組織中產生動能貢獻的人；(4)有能力自我實現的人最具價值，包含志業上的自我實現及每天生活實體上的自

我實現，「有能人」較能反應一般人生活上的「能量」需求。

在組織上，「有能人」的觀察指標要從「校務經營」的成果、「主持會議」的歷程、「專業示範」的帶動程度，以及「組織文化」的發展脈絡著力；在生活實踐上，則要從「家庭氣氛」的幸福感程度、「休閒生活」的風格傾向判讀，概要析論如下。

一、校務經營具有效能與效率

校長是「有能人」的證明，最直接的就是其主持經營的學校具有明顯的績效成果。在行政學上，學校總體的辦學績效成果稱為效能（Effectiveness），學校個別單位或個人的經營成果稱為效率（Efficiency），或者將實質量的成果稱為效能，歷程獲得滿意稱為效率。一個學校的經營成果，既要看到效能（把事情完成了、做過了），同時也要看到效率（過程中有品質，大家都滿意），始為圓滿。校務經營的效能與效率之達成程度與普遍性，是觀察校長具備「有能人」的典型樣本。

校務經營的效能與效率，可同時出現在學校的下列幾項重要事務之上：(1)行政績效：學校的經常性工作以及計畫性工作均能按時完成，教師、學生、家長以及執行幹部同仁都滿意，達成行政目標，具有高品質的服務效果；(2)校本課程：學校的績效與品質，可以校本課程的發展與精緻度觀察，校本課程具有學校特色品牌，能夠有效融入領域學科教學，能有系列主題教學單元，教師們樂於配合發展統整教學教案，並分享教學經驗者，是最具有效能與效率的學校；(3)有效教學：教學是教師教育學生的最重要型態，有效能與效率的學校通常指的是普遍性高品質的教學，學生在常態的課程受教歷程，就具有「高效果」的學習，並能夠達成年度學習的基本能力目標；(4)順性輔導：學生要學習的知識、技能與情意發展多元而豐富、天資聰穎，但程度與潛能性向卻也存在著多元並進情形，部分學生需要有個殊

性的支持網絡系統、順性輔導，縮短落差，帶好每個學生，實踐一個都不少的效能與效率；(5)教育環境：環境美化、空間規劃、設備更新、教材資源是教育的潛在課程，也是各種教育實施的基本條件，環境設施資源豐富化、藝術化、精緻化發展，也是學校經營效能與效率的重要指標；(6)資源整合：現在的學校除了政府提供的固定預算與教師職工的員額編制之外，學校還必須向外爭取教育資源進入學校，統整辦學；學校爭取到的資源數量，以及如何統整到學校師生身上的教育、創發價值之程度，也是效能與效率的指標之一。

■ 二、主持會議能有價值認同

校長在經營校務的諸多工作中，有相當高比率的時間是用在「主持會議」，學校的朝會、系會、行政會議、課程發展委員會、教評會、校務發展會議、校務會議、導師會議，大大小小的會議在一年三百六十五天中，約有一百天以上要主持會議，是以研究者認為，校長只要做好「會議領導」，其學校經營就得以完備百分之八十以上。「會議領導」是有要領的，也是可以學習的，主持會議的能力是一種統整判斷的能力，它與「系統思考」的實踐要領程度有關，也攸關校長個人的性格及專業內涵，它也是一種「專業核心能力」及「表達性格取向」交織的綜合行為表現。個人系統思考程度愈高者，主持會議愈有效率，學習的歷程可以加速，甚至不用學習；個人的專業背景及系統思考較為薄弱的校長，則需要較長的時間，邊做邊學習如何有效主持會議。

「主持會議」的效果與能力，彰顯在兩個層次的結果上面：一者是會議是否有決議，決議能否被參與者認同、滿意；二者是會議討論的過程，主持人能否引導議題的「教育價值」，有了「價值認同」才是主持會議的關鍵著力點。優秀的校長主持會議時會掌握下列幾項時機與事件，引導參

與師生「價值認同」：(1)會議開始的主席講話：校長常在開會之始有三至五分鐘的致詞，這時校長除了宣布開會之外，亦可針對今天要討論的議題，就其「核心價值」與「學校願景」作連結論述，如此最能引導參與師生價值認同；(2)核心議題討論之前：當同仁唸完議題說明時，校長可先就該議題要實踐的核心價值為何加以說明，再讓大家開始討論；(3)議題討論中，贊成與反對意見分歧時：校長應提示事務的背後原理、理論，正反決議所反映的價值取向，並做必要的提示，運作「價值認同」引導決議趨勢；(4)大家的意見都與主席看法不同時，校長要說服大家回過頭來支持校長，一定要回歸教育的本質與價值論述，唯有能帶給學生及教師更高價值的作為，才能夠獲得知識分子認同；(5)大家都不知道怎麼辦、言不及義或沉默不語時，校長得再要求提案人再論述提案的必要性與價值性，沒有價值的議案就撤回不討論，有價值的議案就用其價值程度與重要程度來爭取大家的認同。

三、專業示範開展同仁動能

有能人就是做得到、做得通的人，每一位校長在學校都在做「專業示範」，但是真實的結果卻差異懸殊：有的學校興旺活絡，有的仍然是死氣沉沉。校長是有能人，指的是他的專業示範，能有效開展幹部及教師的動能貢獻，大家活了起來，兢兢業業地在學校中努力奉獻其生命志業；也代表了校長的專業示範，為學校所有的教師找到了經營教育的著力點，因為大家覺得「賣力有用」，能得到學生滿意的回饋與同仁價值的認同，很有意義、很值得，所以更樂此不疲。

校長經營校務的專業示範，以下列七項最為重要，說明如下。

（一）慶典致詞

　　學校的開學典禮、新生訓練、校慶大會、運動大會、各種學術交流活動都要請校長講話，校長講話的內容就是專業示範，既要詮釋慶典工作的核心價值，更要激勵師生、鼓舞士氣，讓參與活動的人有教育性、意義化及價值化。

（二）主持會議

　　校長要主持各種「會議」，會議的本質就是謀求「專業共識」，找出經營學校最佳的作為與措施。校長帶動討論的歷程也在展現「專業示範」，示範得恰到好處，最能夠精簡會議時間，讓幹部同仁有更多的相對時間用於教學研究工作，而非忙於「開會討論」，疲於奔命，因而績效不佳。

（三）策定計畫

　　校務經營除了常態性的工作事務外，多以「中長程校務發展計畫」及「主題式計畫」來帶動校務精緻發展。校長本人要具備擬定優質教育計畫的專業素養，並且能教導幹部及教師，如何辨識計畫的優劣，帶頭策定學校的重要計畫，執行計畫管理策略。

（四）發展課程

　　在校本課程及學校特色課程上，校長自己要有明確而具系統思考的想法與作為，能夠帶領多數幹部及教師結合領域教學，開發系列主題的教學教案。

（五）觀摩教學

　　校長親自示範觀摩教學給教師們看，接受討論與批判是最佳的教學領導。校長應會同教務主任、教學組長及領域召集人訂定年度「教學領導計

畫」，設定參與觀摩教學的次數，教室走察機制及教學原理、教學技術研發討論會機制，專業示範有效教學。

（六）認輔學生

在後現代社會中，弱勢族群學生比率提高，亟待教師人人認輔一至二位學生做為支持網絡的基點，但教師同儕的理解與認同差異頗大，校長應要求所有幹部帶頭認輔一至二位需要關懷的學生，專業示範「個別關懷，愛心陪伴」的角色功能。

（七）應變危機

學校是多人聚集的場所，人際、衛生、飲食、設備、運動時有危機事件，危機事件一發生時，校長必須示範專業決定，在最短的時間內做最佳的處置，啟動應變機制讓傷害降至最低，在最快的時限內讓校務與師生心理恢復常態運作。

四、組織文化持續優質發展

經營組織文化，帶動其優質發展，是領導人最有影響力的指標之一，也是「有能人」的最高象徵，代表校長能夠在專業知識群體中表現卓越、帶動風潮，形成新文化。學校組織文化的優質發展，建立在教師及幹部同仁互動的基礎之上，尤其是下列幾項的經營作為較為重要：(1)服務的文化：校長及核心幹部均以服務學校師生為職志，最佳的領導作為就是為大家服務的歷程與結果能讓大家滿意，營造學校成為一所彼此服務的學校；(2)助人的文化：教育是人教人的事業，人的行政服務表現及教與學的歷程，都會產生「快慢」與「質量」差異的問題，在行政同仁及教師之間、學生與學生之間，能夠產生「同儕互助」的助人文化，也是優質發展的基石；(3)關照的文化：學校師生除了努力於自己的本業，善盡本分職責的同時，亦

能彼此關懷問候，照護個殊需求，讓同仁感受到職場上的溫暖與價值，提升奉獻意願；(4)支援的文化：處室單位之間，時有忙碌、有時空檔，要增加學校的整體產能，最需要支援的文化，哪個單位執行重大師生活動，其他單位的同仁均願意積極主動支援，共同承擔任務，這也是學校資源「交互作用整合發展」的基石；(5)整合的文化：同仁平時將本分本業工作做好，同時也會站在學校的整體立場思考「工作本身的最適發展」，大家的經營力點可以具體實踐學校整合的文化；(6)績效的文化：從個別單位與個人來看，是有工作績效的；就全校整體來看，也是具有效能與效率的。

五、家庭休閒從容猶有餘裕

有能力的人不會只在本業上彰顯經營績效，在家庭生活及休閒活動上也要「有能力」兼顧，夫婦及親子關係和諧而充滿幸福指數，並跳脫職務本身的育樂休閒，動靜皆宜，猶有個殊的品味格調。校長在學校中的職能，展現了前述的各種專業示範，帶動形成學校嶄新的動能文化。校長在走出校園之外，也由於「角色刻板印象」使然，肩負著經營家庭幸福文化，以及社區族群的休閒育樂品牌文化；因為校長是「有能人」，也要在此一層面上能夠從容以對，顯得猶有餘裕。

校長經營家庭幸福文化及休閒品味文化，需掌握下列幾項指標原則：(1)時間比例原則：校長應以週、月、季為年度單位，設定「本業」、「家庭」、「育樂」、「休息」等明確時間支用比例，時間配置合宜，才得以兼顧本業及家庭休閒層面；(2)動靜分明原則：人的生理與心理作用需要「動」、「靜」平衡，才得以處在「高峰狀態」，因此校長的行程與處事休閒，要有動靜分明的平衡使力；(3)多元專長原則：動態的打球、爬山、跑步、跳舞等，靜態的琴、棋、詩、畫、泡茶（咖啡）閒聊等，各要有二、三種專長，得以帶領家人及社區朋友建立休閒娛樂的健康品牌；(4)群組規

劃原則：家庭的幸福及休閒育樂的品牌品味，是要群組學習、群組規劃的，校長應設法成立群組家庭及休閒育樂團隊，以群組團隊方式規劃指標性活動；(5)公益服務原則：服務助人是所有品味文化的基石，校長領導的家庭活動及育樂休閒團隊，若能夠兼及公益助人導向，最是難能可貴；(6)品味價值原則：家庭幸福文化及休閒育樂文化皆要有價值內涵。價值訴求，能增添生活意義，形式習慣，能形成品味文化；校長經營的學校具有品牌特色，校長經營的家庭及社區休閒具有品味風格，謂之「有能人」的校長。

第三節　厚德人：重倫常、送溫情

採用「厚德人」為名，鑑於三大因素：(1)「道德人」的意涵雖好，但似乎過於傳統，現代化不足，且對校長的期望過高；(2)用「規範」或「規矩」來描繪人的「核心價值」或「專業風格」有些拗口，且嫌古板；(3)研究者參訪北京師範大學期間，深受「愛國、創新、包容、厚德」的精神及該校校訓「學為人師、行為世範」感動共鳴。因此，就以「厚德人」來描繪校長所顯現的第三種專業風格。

厚是廣博、深厚、牢靠、樣板之意；德是傳統、道德、規範之意，形容校長之德，遠比一般人要豐厚；德是教育學的用語，是指一個人的行為表現，符合人與人之間的傳統規範，至少要為大多數人所認同，是大家可以接受的；德更有「積極正向」之意，通常是指比一般常態的「規矩」及「規範」更好一些，含有服務助人、利他的情操與價值。因此，厚德人就是校長的「專業職能」與「生活實踐」融合之後所產生的品德風範，重視傳統的道德規範之實踐，傳送人際關係的溫情風貌。

一、愛人之德

校長喜歡學校的學生，關愛學校的老師，愛家人、愛親戚朋友，也愛人類，喜歡研究人、閱讀人，更喜歡人的教育，平常談人、談教育，在學校教導教師們如何了解人，如何才能教會學生。在家裡最基本的話題是：碰到了什麼樣的人（教師與學生）、發生了教育人的哪些事件（教師如何點亮學生亮點）。休閒娛樂也喜歡人的組合，凡是「人」與「事」的結合，均有興趣，是「愛人」的本質、元素與情操的展現。

愛人之德來自於「價值的體認」，教育人員之所以一輩子願意投入教育工作，就是來自於「愛人」及「教人」交織所創發的價值最為珍貴。我們聽過多少教育家的描述：「教育之道無它，唯愛與榜樣而已」（福祿貝爾）、「一雨普滋，千山秀色」（佛經）、「把燈籠提高一點，可以照亮更多的人」（海倫凱勒）、「教育是我畢生的志業，因為我喜歡教學生，看到教過的學生健康成長，成為社會上有貢獻的人，我就滿心歡喜，覺得這輩子值得」、「我有好幾次的機會可以離開教職，但我都婉拒了，因為我喜歡教人、教有緣的學生，從教與學的歷程中，我有充分自我實現的感覺，我也在協助我的學生自我實現，人的自我實現是世界上最珍貴的價值」。

校長的愛人之德會表現在下列幾項生活實踐上：(1)笑臉看學生，尊重教師，主動與教師及學生相處，是一位具有喜感的校長；(2)誠懇地對待幹部與教師，刻意經營友善、和諧、積極的人際關係與校園文化；(3)不排拒家長，會撥時間給家長談學生的教育問題，以及如何教育人、辦好教育；(4)主動論述「教育愛人之德」，行銷學校教師及幹部教育愛人的事蹟，註解教育愛的生活實踐；(5)校長更愛自己的家人，也會分享示範「夫妻之愛」、「教導自己孩子之愛」，以及如何處理家庭「人際關係」的問題，

例如：婆媳問題。

二、包容之德

目前在現代化與後現代交織的年代，多元價值與多元差異，多元文化與多元背景，是人類必須共同面對的實境。人與人的相處，需要有包容之德，教育的歷程，在面對各種落差極大的學生時，更需要包容之德，人的家庭生活休閒也需要包容之德，沒有包容氣度的人難以放眼世界、走遍天下，沒有包容之德的人，更不能當教師、做教育的領導人。「包容」含有存異求同、彼此尊重之意，是消極的「情操」，也是積極的愛人；「愛人之德」在愛人類之間的同，「包容之德」，在尊重人類之間的異，因此「愛人之德」是基石之愛，「包容之德」是昇華之愛，更為珍貴。

校長的包容之德會表現在下列幾項生活實踐上：(1)包容弱勢族群學生：包括生活弱勢、學習弱勢、適應弱勢的學生，都給予均等的教育機會，必要時弱勢優先，給予積極性差別待遇，帶好每位學生；(2)包容違規犯過學生：學生由未成熟邁向成熟，學習難度與青春狂飆期的衝擊，難免違規犯過，校長應能以輔導服務，改過銷過來包容接納這些學生，令其早日日新；(3)包容個殊自主教師：學校教師的教育理念，個殊而分歧，校長要能包容教師自主的觀點與不同的班級經營模式，讓所有教師均能充分發揮其專長與亮點；(4)包容關心過度家長：在民主時代，家長勢必參與校務，時而呈現「熱心有餘而專業不足」，造成學校經營上的不利因子，但校長仍要包容培訓，並轉化編組運用；(5)包容多元價值訴求：在多元價值社會中，若同時要求學校教育要展現多元績效成果，學校經營頗難兼顧，校長亦須包容統整、計畫管理，以逐步達成。

三、利他之德

　　從人類文明與文化的發展觀察，〈禮運大同篇〉的理想——天下為公，並未在世界上真正的實現，而且「城鄉差距」、「種族差距」、「職業差距」、「薪資差距」、「知識差距」、「貧富差距」、「習慣差距」、「自由民主差距」，以及「基本生活條件差距」等卻日益嚴重。面對各種落差或差距，唯有「利他之德」，才能穩住社會的和諧與永續發展。利他之德是知識分子的覺醒，是知識分子察覺各種落差的「本然因緣」，以及「應然作為」所形成的品德價值取向，唯有有錢的人、擁有知識的人、擁有資源的人、在上位階層的人，願意服務利他、淑世濟眾、縮短落差，人類才能真正的百業興隆，靠近大同世界。

　　校長的利他之德會表現在下列幾項生活實踐上：(1)認輔利他：校長會優先認輔一至二位適應困難學生，實施個別關懷與愛心陪伴；運用認輔制度，示範帶動利他之德；(2)扶弱利他：校長會佈建全校的弱勢族群學生支持網絡系統，自己親身加入網絡系統，出錢出力，實踐扶弱利他之德；(3)布施利他：校長不吝於布施濟眾，除了響應政府救災的各種捐助行善外，更會定期隨緣增加布施次數與資源數量，展現布施利他之德；(4)專業利他：校長的最珍貴資源在於教育的專業，校長的利他之德，包括：投入專業社群服務（不求回報）、增加教育專業發展策略聯盟、社區教育服務，以及參與政策專業諮詢等；(5)宗教利他：各種宗教的本意均在與人為善、服務大眾、利他助人，學校教育雖屬宗教中立，但校長多不排除宗教的利他之德，以結合宗教的善意活動，捐助布施或服務利他，實踐利他之德。

四、奉獻之德

　　「奉獻之德」與「利他之德」具有共同的本質：「為別人服務奉獻，

而不求回報」，然亦有主體上不同的區隔。「利他之德」的主體在於「他人」，要他人自覺得到幫助與價值才有德性可言，要是他人不覺得獲益且有價值，就不足以稱為德。「奉獻之德」的主體在於「奉獻本人」，當事人為其所隸屬的組織系統（如家、學校、社區、社會、國家）願意無條件付出心力，以財物資源造就更多利他成果，讓自己的家、學校、社區、社會、國家更能圓融和諧，進步發展。

校長的奉獻之德也會表現在下列幾項生活實踐上：(1)奉獻心力：校長的核心能力與心思體力，會全數用在學校教育事業的經營，行有餘力，再以家庭和社區的經營為輔；專心致志、奉獻心力於教育事業主體，是最重要的奉獻之德；(2)奉獻財物：校長會配合學校慶典競賽活動，花自己的錢為學生、教師、獲得榮譽的人員，致敬鼓勵；用財力物力，實踐奉獻之德；(3)奉獻資源：校長透過資源統整，爭取引進人脈關係，佈建輔助資源網絡系統，實質幫助教師及學生補強教與學的內涵，奉獻自己的資源，澤被學校、社區、社會；(4)奉獻時空：時間與空間是校長更為珍貴的資源，校長願意花時間給學生、教師、家長，致力於專業服務，願意提供校舍空間，促其物盡其用，並進行空間領導是新時代的奉獻之德；(5)奉獻智慧：專業知識與智慧才學，備而未用，稱為「靜態的智慧資本」，積極奉獻，人盡其才，才盡其用，稱為「有效的智慧資本」；校長能夠積極任事、專業示範，帶動全校師生都成為有效的智慧資本，實踐奉獻智慧之德。

五、福慧之德

「福慧雙修」是中國佛家要求佛家子弟的至善品德，是自己的修持，屬於私德。福慧也是對大眾的至善期許，大家都有福慧，是公眾的福報，屬於「公德」。福慧之德，期待人類幸福圓滿，期待大家過有智慧的生活，是一種私德修為，普及於公德境界的至善之德。校長之所以為「厚德人」，

即在透過教育事業之經營，從師生之互動著力，帶給人類知識智慧、福報、幸福，實踐福慧之德。

福慧之德包括造福與傳慧，從教育的領域而言，就是經營幸福感的教育以及有效地傳承知識與智慧，並融入個人的生活實踐，因此，校長的福慧之德會表現在下列幾項生活實踐之上：(1)珍愛生命：教育在教「人之所以為人」，人的生命最為珍貴，愛惜自己的生命是所有教育的起點，也是教育能夠賦予人類價值、意義、尊嚴的實體；珍愛生命的教育會由校長帶頭實踐，以做為福慧之德的開端；(2)惜福感恩：生命與生涯發展均有各自因緣，難有發展齊一的衡量標準，校長會繼而重視惜福感恩的教育，珍惜當前的因緣福報，感謝家人、老師、朋友之恩情，惜福感恩教育可以增益師生幸福感的價值意涵；(3)勤奮志業：勤奮志業是「造福」的首要法門，唯有努力於生命志業的人才能真正地自我實現，自我實現的感覺就是人類最大的幸福；(4)適力經營：自己可以勤奮於志業，但很難要求同仁加倍勤勞奉獻，有智慧的校長會選擇合適的經營策略及實踐要領，適力經營；(5)順性揚才：校長順著幹部及教師之性，揚其優勢專長之才；教師順著學生之性，促其優勢智能明朗化，揚其亮點之才；大家都有亮點，是福慧之德的具體實踐；(6)圓融有度：校長圓融的人際關係，有度的處事態度，能帶著全校師生福慧雙修，闡揚福慧之德，增益人間溫情。

第四節 質感人：常共鳴、賦價值

有感的品質稱為質感。當代的教育強調「教育品質」，所以建立各種評鑑機制，以設法提升教育品質。各行各業的服務強調「服務品質」，所以發展服務的「標準作業程序」（S.O.P.）以及顧客滿意度調查，讓所有員工對顧客的服務均能維持在一定標準的品質之上。當代的手機與科技產品

日益精緻，強調顧客使用時的觸覺與視覺均有「質感」，而且要求具有「便利性」的質感。當代的人類、各行各業的人也都逐漸強調自己生活上的「質感」，在生活忙碌、有作為、有產能的同時，也同時能過「有質感的生活」，讓自己的「生活品質」維持在自我期許的標準之上。

因此，「質感人」是指生活有品質的人，也是指每一個人在專業行為表現的同時，帶給人的感受是美好的、具有質感的，而自己的整體生活實踐感受也是美好的、具有質感的。用最通俗的語言來表達，就是自己的工作表現，同事及被服務的對象感受到有品質、認同、滿意的，大家便產生了「共鳴」，產生了「質感」。由於大家的滿意回饋，具有共鳴性了解，自己對自己的表現感覺格外有意義、有價值，而創發了自己生活實踐上的「品質」與「質感」。

校長的第四種專業風格就是「質感人」，也就是校長的專業行為表現能在標準以上的品質，並且與同事、師生與社區家長常有共鳴，給予認同與肯定；在生活實踐上也是「有質感的人」，個人的食、衣、住、行、育、樂具有常態標準以上的「品質」，並且「有感」。

一、食的質感

食的質感有下列五個觀察指標：(1)好吃（味美）：食物的質感先要讓當事人覺得好吃、入口味美、喜愛食用；(2)好看（色佳）：東西好吃之外，顏色的搭配也要有質感，能讓當事人看起來是健康的、安全的、順眼的、吸引人的顏色食材；(3)營養（健康）：食的目的是為了健康生活，質感的第三個指標是必須吃到有營養的食物，而非一大堆垃圾食物；(4)實用（便利、經濟）：便宜且容易取得的食物最具實用價值，也是多數人常態生活的大部分；(5)珍貴（殊物、奇珍）：部分的奇珍異果，美食文化也會出現在人類的生活實踐，人人都可能吃到珍貴食材以及特殊料理。

　　「吃」是一種文化，飲食的品質與個人的薪津收入攸關，收入高低也決定品質標準程度；飲食的品質也與個人的財務分配有關，有的人重視「穿」的品質而不太在意「吃」的品質，也有的人十分重視「吃」的品質而放棄了「住」與「衣」的品質。校長是教育的領導人，就其基本薪津收入而言，有追求經營「食的品質」之條件基礎。研究者觀察，就前述五大觀察指標分析，校長對於食的品質之追求會以(3)營養為核心，以(1)好吃、(2)好看為兩側，再延伸至(4)實用及(5)珍貴的品質訴求形態，圖 4-2 是一種營養健康取向之「食的質感」需求模式。

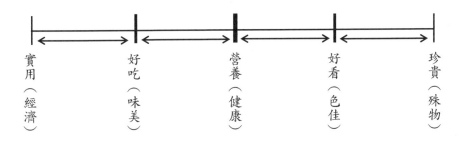

圖 4-2　校長「食的質感」需求模式

二、衣的質感

　　衣的質感可由下列五個指標觀察：(1)質地（觸感）：衣服是直接穿在身上，穿起來的感受最為直接，質地好的衣服讓穿它的人觸感特別舒服，觸感好的材質是品質的第一元素；(2)色彩（視覺）：衣服除了蔽體的功能外，是要給人看的，自己和相關的人都喜歡看到我們身上的衣服具有雅緻悅目的色彩，因其能增益彼此喜悅吸引的品質；(3)型態（空間質感）：衣服的型式與樣式可以襯托人的品質與風格，有些型式的衣服特別適合某一性格的人穿，因此型態與個人行為取向的適配度就成為第三個重要指標；(4)價格（價值）：衣服本身的價格（價值）可以讓當事人表現「尊貴」與

「尊嚴」程度，價格愈高的衣物，也象徵品質愈佳的尊貴；(5)時尚（流行）：衣物也具有時尚象徵品質取向的論點，與流行脈絡一致的衣著，讓人有「現代」、「活力」的品牌質感，是當代年輕人的質感文化之一。

校長的衣著往往標示著教育人的典範趨勢：在男校長的衣著方面，最常見的是西裝，次常見的是有品牌的休閒裝（但通常不是最貴的品牌）；女校長最常見的是套裝，偶而也會看到穿旗袍的女校長。就前述五個質感指標而言，校長們的衣著應先著重質地（觸感），再求型態的適配度與色彩的柔和度，至於「時尚」與「價格」似為最外圍的考量，是一種質地導向的衣著風格，如圖 4-3 所示。

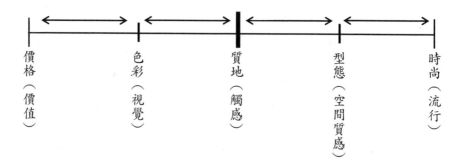

圖 4-3　校長「衣的質感」需求模式

三、住的質感

住的質感可以從下列五個指標觀察：(1)自有（資產）：住者有其屋，是每一個人的夢想，但在當代社會，並非每一個人都能實現；租屋居住條件再好，總有寄人籬下之感，談不上踏實的質感；(2)寬敞（夠用）：居住空間大小、夠不夠全家人一起生活起居，是質感判準的第二個指標，雖然具有相對性，但當事人「自覺足夠」即是品質的基礎；(3)雅緻（舒適）：居住的品質除了夠大、大家夠用之外，還要看內在質感，布置雅緻讓家人

生活其間舒適而有美感，是觀察的第三個指標；(4)讀寫（勤耕）：就公教人員階層而言，住家的要求除了一般的生活起居需求外，還要有讀書寫作的空間，提供在家亦能勤快耕耘事業的場所，讀寫空間的有無及使用條件即成為第四個觀察指標；(5)自在（修持）：家的功能要成為家人最喜歡停留的地方，只要一回到家就能夠自在，就能後援充電；高品質的家也是家人修持蓄勢、孕育能量的最佳場域。

以前的學校多有校長宿舍，類似於行政部門主管宿舍，有的是在學校之內，有的離學校不遠，校長宿舍的品質水準大多能符合前述五大指標的品質標準（但不是自有）。沒有住校長宿舍的校長通常都有自己的房子，屬於個別資產，不一定很大，也不會顯得擁擠或不夠用，然室內裝潢的雅緻舒適，以及較大、較方便讀書寫作的桌椅即成為特色，有部分校長家內的書房是大眾欽羨的對象。校長的家是家人自在修持的場所，有時因為公務經營需求，也有相對一般人為多的訪客進出，就住的質感而言，校長的家給人一種溫柔敦厚、雅緻自在的質感。

四、行的質感

人類的行，指的是交通及其使用工具的品質，也包括因為行程所耗的時間，以及個人本身的「移動力」。行的質感可以從下列五個指標觀察：(1)便捷（時間）：行的品質最重要的觀察點在時間多寡，是以使用最為便捷的交通工具，在最短時間內能夠到達職場或目的地者，最具質感；(2)經濟（節能）：部分交通工具（如飛機、高鐵）雖然便捷，但對一般民眾而言，不一定承擔得起，一次享受就可能影響到其他吃穿的生活品質，是以經濟節能的適配度是第二個觀察指標；(3)舒適（軟體）：交通工具的內在設施軟體，能夠提供當事人坐臥，活動空間的舒適程度是第三個觀察指標；(4)尊貴（價值）：類似公務機關首長及大公司董事長、總經理，其名牌轎

車代步是一種尊貴價值與品質的象徵；(5)適能（平衡）：行的質感還要重視兩方面的平衡，一者為交通工具與職務身分地位的平衡，二者為選擇行的方式與個人身心體力的平衡，例如：部分公教人員騎單車上下班，既節能環保又促進健康。能夠讓身心體能與移動需求平衡並進者，最具行的質感。

　　大學校長也比照行政機關首長，已有公務車代步，行的品質達到政府核給的標準。中小學校長沒有核配公務車代步，但多數是自己開車到校上下班，而且車種品牌已接近大學校長公務車的標準等級，除了要自己駕駛之外，其餘也毫不遜色。大眾心目中的校長，在行的品質上是屬於高質感的品質：平時開車上下班，車種品牌中等以上，外出可搭高鐵或飛機，趕時間行程時可搭計程車，依簡任級核支差旅費，校長行的質感比簡任級公務員還要尊貴（視同單位首長）。

五、育樂的質感

　　食、衣、住、行、育、樂是人類文化與文明的生活實踐，文化的內涵與文明的趨勢都在人類的食、衣、住、行、育、樂中展現。其中，食、衣、住、行是基本需求，而育、樂為進階需求，就人類的文化與文明進程而言，基本需求滿足了，或達到一定的標準以上，才會進一步帶動或促成進階需求的發展與進化。就當代臺灣社會的發展進程觀察，臺灣是一個正在進入開發中的國家，國民所得約在二萬美元至三萬美元之間，2014年即將開始實施十二年國民基本教育，民主化、自由化的程度幾近成熟，是現代化與後現代多元價值觀交織最為濃烈的世代，其育樂發展的水準受美國好萊塢文化的影響最為深遠。

　　育樂的質感可以從下列五個指標觀察：(1)休養生息：育樂的時間原本是為了「休息」，為了休養生息，在職涯志業勤奮耕耘之餘，需要適度的

休息，除了睡覺休息之外，所有的育樂活動都在協助休養生息，以蓄積日後持續奮鬥的能量，是以休養生息是育樂質感的首要指標；(2)娛悅身心：育樂休閒要能夠帶給身心暢快，是以各種運動、球類、爬山、藝文、琴棋書畫，愈能夠娛悅身心者，愈有質感；(3)平衡需求：身心效能的運用會因為職涯志業的需求而偏態使用，勞動階層人員的肢體動能多而心智運作不多，公教人員勞心靜態工作多而運動不足，是以育樂休閒的質感程度因人而異，而能夠產生動態平衡需求者，質的感受相對深入；(4)延伸藝能：育樂的活動時間多為運動、藝文休閒活動，養成習慣之後，常用的藝能才藝會成為優勢專長，可以育樂自己也可以與人分享（表演），娛樂眾人；(5)彩繪時空：育樂時間有時亦代表空閒時間、無聊時間，運用優質的運動習慣或才藝活動打發此無聊時間，賦予休閒時空意義化、價值化，彩繪時間，彩繪自己的人生，是育樂質感的極致。

校長的育樂休閒有三大脈絡：(1)有固定的球類運動（如桌球、羽球、網球、籃球、排球、高爾夫球）團隊，定期聚會打球，有時參與比賽，成一次級團體；(2)個人定期的跑步、爬山或藝文活動；(3)有策略聯盟機制，參與跨校、跨縣市的藝文或運動，例如：百嶽登山、環島單車行、嚐遍臺灣茶、列國咖啡香。就前述五個質感指標觀察，校長的育樂品質重在娛悅身心及休養生息，其次為延伸藝能與平衡需求，並且多以運動技藝彩繪時空，茶與咖啡時而點綴。

第五節　品味人：具殊相、成風格

質感是品味的基礎，品味是質感的匯流，食、衣、住、行、育、樂各種質感匯流成為脈絡風格之後，就稱其為品味。因此，品味人具有生活實踐上的殊相，並成為一種獨特專有的風格。本章取名「專業風格論」，本

節定名為「品味人」，意味著「品味」是校長重要的專業風格之一，品味是品質感受的脈絡匯流，更是校長食、衣、住、行、育、樂的生活實踐上之專業風格取向。本節以五大品味來描述校長在此一層面的專業風格，說明如下。

一、品味生活

品味的發展來自「質感」→「習慣」→「脈絡」→「風格」的形塑。有質感的生活成為幾近固定的習慣，讓別人感受到個殊的脈絡形式及專業風格者，稱之為有品味的生活。有品味的生活可以從下列幾項指標觀察：(1)質感濃郁：食、衣、住、行、育、樂的質地感受濃郁，不一定量多，但質地感受精良、實惠；(2)習慣簡易：有品味的生活通常是指簡易高質的習慣，是以食、衣、住、行均力行「極簡」而避免「奢華」，日擲千金；富貴人家的生活不是一般人的「品味」；(3)殊相脈絡：簡易高質的生活習慣除了是一種生活享受之外，也會讓跟他一起生活的人產生某一程度的「質感共鳴」與「價值認同」、「欣賞交融」，而成為當事人或這個家、這個學校的「殊相脈絡」，此一殊相脈絡的發展往往就是組織文化產生改變的開始；(4)專業風格：在社會大眾或組織群體中，對於領導人感受到的生活實踐上的殊相脈絡，稱之為專業風格；是以有品味的生活必須是「質感濃郁」→「習慣簡易」→「殊相脈絡」，進而能展現「專業風格」者才是完整的歷程，才是真實的品味。

研究者以前述的四大指標觀察各層級學校校長的品味生活，具有「質感濃郁」及「習慣簡易」品味者約僅二分之一；具有「殊相脈絡」及「專業風格」品味者約 10～20% 之間，唯亦在日漸增加之中。探討其緣由，主要有三：(1)臺灣的社會經濟環境是現代化與後現代的交織世代，多元價值與民主自由的文化發展，對校長的角色職責挑戰極大，能勝任並成功者不

易，奢談質感與品味；(2)過去校長學的研究偏向培育課程與核心能力、基本素養的探討，卻沒有「如何成就人」及「質感、品味」專業風格的論述；(3)「專業風格論」是「角色責任論」的延伸，是專業行為表現與生活實踐融合上的探討，也是校長由「公共角色」深耕到「個殊角色」上的「組織文化」脈絡之解析，會跟隨著《教育經營學：六說、七略、八要》一書的普及化而日益有人討論、日益精緻化。

二、品味人際

教育在「教人」，從實質的內涵而言，教學與行政都是一種「人際互動」的事業。「教學」偏重師生關係的「知識藝能」傳承，而行政是服務師生、家長、社區、社會、國家「人際動能」的「催化」。就校長而言，其主要職能在「人際動能」的「催化」，在生活實踐的層面上，校長的人際互動是所有教育人員間最為寬廣者，校長必須與教師、學生、家長及社區人士直接互動，也必須擁有豐沛人脈，常與教育行政長官、教育學者專家、民意及社區代表、正式組織及非正式組織、公益團體代表等互動，為學校帶進渾厚的多元資源，創發學校的教育價值。因此，校長的人際品味會影響學校的實質發展，校長品味人際的專業風格，也意味著校長本人與學校融合之後的潛在能量之一。

校長品味人際的類型約可分成以下五種：(1)廣交型：盡其所能經營人際關係，與校內教師推心置腹，與學生家長和社區人士廣結善緣，與社會賢達、政府官員、學者專家都有聯絡，廣泛結交各種人力資源，推銷個人辦學理念，以及學校建設之發展脈絡與需求，讓多數人了解學校，願意參與校務；(2)核心型：校長的人際策略受限於時間與個性，多與各種團體的代表性人物交往，並花時間在核心人物身上，例如：學校幹部、教師會會長及幹部、課程發展委員會領域小組召集人、鄉長、里長、學區民意代表、

教育局（處）之局（處）長、副局（處）長、科長、課長、督學等，掌握建置核心人物運作網絡，積極了解參與學校運作與發展；(3)專業型：校長除了與一些必要的人脈系統保持基本的互動關係之外，特別喜歡與教育各層面的專業學者專家及具有成就的實務工作者互動，引進專業資源，直接觸發帶動學校課程、教學、環境、教育活動與措施的專業發展；(4)同質型：校長特別經營與自己專業或喜好領域相同人員的人際關係，參與專長領域的教育學會，結交與自己生活品味相投的人，讓自己的專業理想有深耕並且實踐的機會；(5)謀略型：校長為了學校發展需要及個人專業深耕需求，會設法強化建置任務型的人際關係，需求存在時，這些人力資源就存在，需求不存在時，這些人力資源就沒有十分縝密，亦稱之為謀略型人際。在當代高競爭力的社會中，大組織系統的領導人大多採謀略型人際類型，因為組織任務繁多而人際時間成本有限。

研究者長期觀察校長品味人際的類型選擇，似有下列幾項趨勢：(1)初任校長期間最容易採行廣交型及謀略型，用廣交型普建人際關係，用謀略型尋求校務發展的單點突破；(2)第二任至第三任期間最容易採核心型及專業型，是校長品味人際的卓越期，用核心型掌握關鍵而高價值的人脈資源，用專業型為學校帶進深耕永續的經營能量；(3)資深待退的校長最容易看到同質型的人際品味，因其辦學經驗豐富，對幹部賦權增能、行有餘力，成天與自己的專長相同或喜好一致的人在一起，有各種專業及休閒社群持續運作；(4)校長如能同時運作二種至三種類型者，往往能為自己及服務的學校創發最大的教育價值，校務必能蒸蒸日上，自己也能精彩過一生。

三、品味經營

校長的首要職能在經營學校，其生活品味多與經營學校攸關，從某一角度而言，校長如何經營學校，其學校的經營品味就會直接反映在日常的

生活實踐，日常的品味生活，也會跟著反映在品味經營之上。校長品味經營學校的風格約可分成下列五種類型：(1)理念領導型：校長擁有高學歷（博碩士學位），充滿教育的使命感與教育的理想，學校的經營首重教育理念的專業示範；(2)計畫發展型：校長對如何做事、把事做好情有獨鍾，能帶領著幹部同仁擬定學校最需要的各種計畫，以計畫帶領學校精緻發展；(3)課程教學型：校長最重視教師的教學品質與學生學習的成果，專心致志地從課程教學層面經營學校；(4)競賽活動型：校長喜歡辦理大規模的教育活動與舉辦具有競賽評比的賽會，認為大活動、大事情才是師生的綜合教育成果表現，長官及家長才知道學校教育所為何事；(5)績效責任型：校長特別重視教與學的成績及成果，要老師為自己教的學生負起責任，也要為自己的教學成果負起責任，以賦權增能結合績效責任領導學校，重視評鑑以及多元評量在學校中的實踐。

研究者觀察當前臺灣各級學校校長，多數的新任校長並無所謂的品味經營，通常需要半年至一年左右的適應摸索，才得以勉強找到如何經營學校的方法策略，實談不上品味經營之專業風格。有經驗及資深的校長，有品味經營之專業風格者約 50～70%，其中 20% 左右並不清楚自身的領導風格取向。專業風格取向較明顯的 50% 之中，多以「計畫發展型」及「課程教學型」為主（約占一半），「競賽活動型」及「績效責任型」為次多（約占 40%），僅有 10% 左右的校長能展現「理念領導型」的風格，而這與「專業風格」沒有被強調及探索攸關。研究者相信，《教育經營學：六說、七略、八要》一書及本書《校長學：成人旺校九論》陸續出版後，會帶動後續的實證研究，深入地詮釋當代校長的專業風格。

四、品味活動

校長藉由參與學校的各種教育活動來經營學校，其參與活動的談話、

對話、行為表現、給學校師生的感受，以及社會大眾的感受與認定，稱之為品味活動的專業風格。校長的品味活動可以從下列幾項指標觀察：(1)優雅身影：校長的服裝整齊，上臺下臺身影優雅，是整個教育活動的焦點也是核心人物；(2)專業對話：校長的講話充滿教育的專業詮釋，與師生的對話是活動與教育的最佳連結；(3)激勵士氣：校長參與活動，象徵對活動中教師與學生的重視及激勵，校長要感謝師生的辛勤、肯定師生的教育成果，激勵師生百尺竿頭更進一步；(4)尋找希望：任何教育活動都是有意義、有價值的，都在累增學生新的體驗與資產，這些知識、技藝、情意的產能，就是學生生涯的希望，將創發個體生命無限的可能；(5)建構未來：教育工作是有方向性，也是具有未來性，校長要在參與活動中向師生明白陳述，學校努力辦理這些活動可以為師生帶來的成果目標是什麼，二、三年內學校的未來風貌可以成為理想境地，帶著師生建構未來、邁向理想。

就研究者觀察，當前臺灣的校長能夠完整實踐前述品味活動的五大指標者，中小學校長約僅 5～10%，大學校長約僅 20～30%；就單一指標而言，大學校長及女性中小學校長的優雅身影符合度較高，約有 80% 以上，專業對話及激勵士氣符合度約有 60～75%，能夠尋找希望及建構未來者其符合度較低，中小學校長約僅 10～20%，大學校長約僅 40～50%。是以整體而言，校長的品味活動仍然有待學習強化，關注校長參與學校教育活動應有的專業行為表現以及生活實踐，營造品味人的專業風格。

◢ 五、品味價值

「價值說」是《教育經營學：六說、七略、八要》一書的第一章，是研究者認為我們之所以要辦好教育，經營教育最重要的原理學說。教育在「教人之所以為人」，在創發每一個人充分自我實現的價值，教育經營也在活化每一個人的動能貢獻，創發學校組織成員成為學校的有效智慧資本，

讓教師職工的生命願景與教育志業在學校中實踐。學校就是自我實現及智慧資本發揮的舞台，學校經營可以為全校師生創發個人及群體的最大價值。校長是學校教育的領導人，校長能否帶頭品味價值，是學校能否創發價值深度與價值文化的關鍵基石。

校長「品味價值」的專業風格，可以從下列五個指標觀察：(1)價值論述：校長會運用各種機會向師生論述教育價值，運作願景領導策略，Vision（願景）、Mission（任務）及 Core Value（核心價值）等三者經常出現在對話之中；(2)價值研究：價值本身具有潛藏的性質，校長會指導幹部及師生進行各種對本校有價值意涵的行動研究及專業社群，將潛在價值喚醒，成為可以耕耘的實在價值；(3)價值方案：校長能與幹部及課程領域召集人會商，針對學校需求最大、價值最高的事務擬定成具體的計畫方案，交付實施，追求具體的教育價值；(4)價值實踐：有計畫方案，沒有落實執行，創價仍然有限，校長要針對學校的重點計畫實施歷程管控，進行知識管理及智慧管理，促使價值實踐並永續經營；(5)價值文化：追求教師及學生的價值，以價值取向的經營，讓師生人人充分自我實現，大家都是學校的有效智慧資本，形成學校的價值文化。

品味價值是研究者對校長專業風格的期許，當前的學術界尚未使用此一名詞，相關研究亦未被研究者發現，是研究者投入《教育經營學：六說、七略、八要》一書及《校長學：成人旺校九論》一書的重要心得，也是研究者與諸多學者專家、卓越校長們對話經驗的總結，更是「知識基模系統重組」的核心成果。研究者期待，臺灣的校長們能夠展現「教育人」、「有能人」、「厚德人」、「質感人」，以及「品味人」的專業風格。在品味人的內涵裡，能夠品味生活、品味人際、品味經營、品味活動，更能夠品味價值，學校及日常生活實踐充滿著價值論述、價值研究、價值方案、價值實踐，而形成真真實實的「價值文化」。

暢旺校務篇

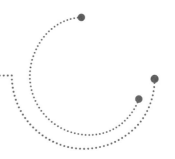

　　計畫、組織、領導、溝通、評鑑,是經營學校的五大核心歷程。超越行政與管理的層次,掌握經營理念與核心價值,選用妥適的策略與方法,關注教育事務的實踐要領,才能暢旺校務,全面提升教育品質,為學校帶來永續經營的競爭力。

- 計畫經營論——帶動學校精緻發展
- 組織創新論——活化組織運作型態
- 領導服務論——創化專業示範模式
- 溝通價值論——深化多元參與脈絡
- 評鑑品質論——優化歷程績效品質

第五章 計畫經營論
＜帶動學校精緻發展＞

　　校長經營學校須從五大核心歷程著力，這五大核心歷程是計畫、組織、領導、溝通、評鑑，也就是本書第五章至第九章的探討章名。「計畫」位五大核心歷程之首，應備受教育行政學者或教育政策研究者所重視，但事實並非如此，國內外討論教育計畫的書籍為數不多，尤其是臺灣的教育計畫研究學者更為少數；是以教育計畫的學理與技術並未在臺灣的教育領域中普遍實踐，實屬可惜。校長想要有效經營學校，就須從計畫著力，不但要了解計畫的性質與教育功能，更應掌握教育計畫的系統結構與擬定技術，運用每年的十大教育計畫來經營學校，帶動學校精緻發展。

　　本章分為五節論述：第一節「經營的教育意涵」，強調經營超越行政及管理教育的本質與功能；第二節「教育計畫的特質」，分析教育計畫的性質及其非營利計畫的特質；第三節「學校發展計畫的經營」，說明Vision（願景）、Mission（任務）、Core Value（核心價值）、SWOT分析，以及經營策略與行動方案的融合；第四節「學校主題計畫的經營」，解析如何設定學校十大教育計畫、計畫的系統結構、計畫項目、行動步驟、配套措施及其與處室工作的結合實踐；第五節「教育活動計畫的經營」，闡述計畫的原理技術，並運用在重要的教育活動，例如：開學典禮、畢業典禮、運動會、校慶活動、親職教育日、學校藝文秩序整潔競賽、代辦鄉鎮、縣市及教育活動要領，以帶動經營學校教育日益精緻發展。

第一節　經營的教育意涵

行政、管理、經營這三個名詞，在教育領域中常有混用的情形，目前在大學的課程中，有教育行政學、教育管理學、教育行政、學校行政、班級經營、教育品質管理等名稱。研究者於 2011 年出版了《教育經營學導論：理念、策略、實踐》一書，2012 年出版了《教育經營學：六說、七略、八要》一書，特別強調「經營」一詞在教育領域中個殊的意涵。行政、管理、經營三詞的相同意涵有三：(1)同為處理教育事務；(2)同為教育人員在教育組織的行為表現；(3)核心歷程一致，都是計畫、組織、領導、溝通、評鑑。至於三詞的相異意涵，乃從不同的視角看教育事務，約略如下：行政在專業分工，把事做好；管理在管控歷程，完成任務；經營在達成目標，賦予價值（鄭崇趁，2012a）。

研究者特別喜歡用「經營」一詞，認為教育是可以經營的，只要是人的組織都是可以經營的；個人的家庭是可以經營的，自己的志業也是可以經營的，學校是人的組織當然也是可以經營的，整個國家的教育事業更是可以經營的，所以出版了《教育經營學：六說、七略、八要》一書；六說、七略、八要就是經營教育的策略方法與實踐要領，只要教育領導人能充分運用，我們的教育就可以發展得比現在更好、更為精緻。「經營」一詞與「行政」及「管理」比較，更符合教育的本義，以下分五點加以說明。

一、經營是主動的行政

行政（administration）一詞較缺乏「價值取向」，尤其是在臺灣民主化的歷程中，近年來各種選舉均強調「行政中立」，行政的意涵好似停留在「把事務完成」的訴求，沒有更積極主動的意涵。教育是「人教人」的工作，教育行政事務也蘊含著「專業示範」與「成就每一個人」的神聖使命，

是以學校的校長及一、二級行政主管均由教師兼任，即意謂著僅把「行政事務做好」是不夠的，因為這些行政事務服務的對象都是老師及學生，而校長及行政幹部在行政處理的歷程中，要以專業要領來順應不同師生需求，在服務歷程中「順性揚才」，成就每一個人。因此，研究者認為「教育行政」及「教育行政學」有必要結合時代脈絡，賦予更為積極的內涵。

「經營」具有「主動」、「積極」行政之意，對執行事務的當事人來說，含有相對濃烈的企圖心。以學校計畫為例，行政人員每年都在定年度計畫，計畫的擬定與執行大多是例行公事，完成後就結束了；但如果使用「計畫經營」的方式，便有更積極的意涵，主事者會直接想到：我要用計畫來經營學校，哪些計畫才是學校最需要的計畫，怎樣的計畫才是好的計畫，哪一些計畫才能帶給學校價值，怎麼做才適用計畫在經營一個學校。因此，經營與行政比較，經營是主動的行政，更符合教育的本質與需求，而教育更需要經營。

二、經營是創價的管理

管理一詞是企業界的核心概念，「企業管理學系」是商學院的重要學系，最近幾年更成立了「管理學院」。管理原本是用在「物」的管理，尤其是物的品質管理，再來用到「事」的管理，是以有了「標準作業程序」（S.O.P.），之後再逐步用到「人」的管理，尤其是「組織行為」以及「人力資源管理」已成為管理學上的重要學門。教育行政學與教育管理學匯流交織之後，「教育組織行為」、「教育人力資源管理」似乎尚未發展成個殊的學門，其中教育人員中的教師與學生一向排斥「被管理」，所以「班級管理」改用「班級經營」、「教師管理」使用「教師評鑑」、「課程教學管理」則使用「課程教學評鑑」，但「知識管理」、「智慧管理」、「教育品質管理」則仍然使用「管理」一詞。

　　研究者所任教的系所稱為「教育經營與管理學系」，臺南大學設有「教育經營與管理研究所」，「經營」一詞超越了「管理」的層次，帶有「創價」的成分；管理在保持管控人、事、物具有更好的品質，而經營不只有將教育的人（師、生）、事（課程、教學、行政）、物（環境、設施）等管控在一定的品質之上，其師生互動、服務的歷程，還要求是彼此滿意的、有意義的、有績效成果的、有產生知識價值的。經營包含了管理，更是一種創造價值的管理，更加符合教育價值說的意涵。

三、經營強調任務目標的實踐

　　經營的另一特質是「任務目標」強烈，象徵著「不達目標絕不終止」的心態與需求。重視經營的企業體會強調年度經營目標，每年的各季經營成長率，有的還按月核計經營成果，適時檢視檢討「任務目標」的實踐。目前電腦資訊技術發達，各行各業的經營目標成果數據可轉換成數位管理，各種數據的精確度日益提高，例如：世界整體經濟成長率、每一個國家的國民所得數額、個別企業組織的年度經營目標達成與否、每季的收支盈虧、每月的成長情形等均可精確評估呈現，並用來調整經營策略。

　　教育是人教人的事業，教育的經營任務目標是要把人教到符合一定的素養品質，成就每一個人，是以教育組織的教育成果，更要超越一般性的師生人數統計、教育經營成本支出，以及財務設備管理，還要為師生建置「教師評鑑」及「學生基本能力檢測」的機制，以人的品質管理與經營系統來檢核檢討「教育任務目標的實踐」，其經營作為與事務的難度，遠遠超越一般企業公司之「人的管理」與「事的管理」。

四、經營兼重歷程品質的控制

　　「全面品質管理理論」流行於各企業公司行號後，每一個公司都十分

重視產品產製流程的品管，早期的「一次性」、「總結性」的品管不但更為精進，還向前延伸到產製流程的各個組裝點，每一種產品（如汽車）通常會設定二十至三十個組裝點的品質標準檢核，對於重要的行政事務，也都發展了「標準作業程序」（S.O.P.），並重視服務歷程的品質控制。

　　教育經營的歷程品管也逐漸被重視強調，校長每週召開行政會議，邀集幹部討論近期重點的校務發展情形，是一種行事上的歷程品管。學校推動的重要主題計畫或中長程校務發展計畫，按月或按季檢核執行成果，並調整執行作為，也是一種歷程品管的作法。比較進步的學校，其重點校務均發展「標準作業程序」（S.O.P.）來要求同仁，按標準程序為教師及學生提供服務，這也是一種「服務歷程品管」的實踐。在教師教學的歷程中，每一領域或學科教學於每一學期中，均要求教師至少應有三至四次的形成性評量，此形成性評量也是一種教學歷程品質管理的具體作法。教育領域使用「經營」，相對地更能融合「行政」與「管理」，兼重教育服務及教學輔導歷程品質的強化。

五、「經營」期待人與組織的縝密融合

　　「行政」的重點在把事務做好，完成組織目標，「管理」的重點在產品品質的管控，兩者的表象相對地少談人性。「經營」的重點則重視人與組織的縝密結合，強調組織是所有員工組成的，組織的價值就是員工的價值，員工個人的創價總合，也就是組織的總體生產力，員工的生命願景與志業在組織中實踐，即是企業組織經營的最高旨趣。

　　教育的主要對象是「學生」，教育的經營者是「教師」，教育的產品是「學生品質」（素養、能力），而三者都是「人」，學校則是將這三種人聚集的組織。人與組織的關係是密切的，也具有最個殊化特質，經營者（教師）與組織（學校）融合得愈縝密，教育的產能（學生素養）愈豐沛，

也愈有品質。研究者深信，大多數的教師其生命願景與教育事業都能夠在自己服務的學校中實現，對教育人員個人而言，能充分自我實現；對學校組織而言，就是有效的智慧資本，整體的教育效能與效率必然提升，並能帶動國家的教育水準走進精緻教育的時代。

第二節　教育計畫的特質

教育是人教人的組織，依賴計畫的程度遠甚於一般的公司行號或企業單位，也因為學校教育的非營利特質，計畫的個殊性與計畫重要性超過了營利事業單位。一般公司行號的計畫沒做好，生產力降低，產品品質不佳，至多沒有銷路，公司少賺錢罷了；但學校教育的計畫是人教人的事業，計畫不夠優質或落實程度不足，都會影響部分人的教育品質及整體國民素養。教育計畫彰顯了下列五大特質，說明如下。

一、完全計畫的教育時代

從教育的歷史脈絡觀察，教育活動本身的發展，是從「沒計畫」到「半計畫」再到「完全計畫」的軌跡發展。遠古時代、農漁牧時代，教育即生活，父母親教給孩子謀生技能與技巧，生活就是教育，教育也就是如何活下來，追求更好的生活，是一種沒計畫或談不上計畫的教育時代。中國歷代的「私塾教育」可以說是一種半計畫教育的時代，落第舉人可充當師爺及教師，學生混齡上課，課程教材、上課時間、評量進程均由師爺老師決定，各地沒有統一規範，是一種「半計畫」教育的時代。

而目前的學校教育，則是已發展至「完全計畫」的教育時代，我們可以從「學制」、「課程」、「設施」、「師資」、「日課表」，來說明學校教育的「計畫教育」性質。當前我國的學制「六、三、三、四」制，是

一種全國各級學校教育共同遵循的計畫;每一個階層的學校都有「課程綱要」的規範,例如:國民中小學以七大領域課程為主,培養學生十大基本能力為目標,教育內容是有計畫的;「師資條件」的規範日益嚴謹,難度日益提高,凡是教師均要接受考核評鑑,條件與評鑑考核也是一種計畫;學校設施也通常有「設施基準」的頒布,就教育環境與設施而言,要符合(達到)基本設施標準的要求才能辦教育,因此這也是一種計畫教育。學校每年排定總體的班級日課表,規範了每週上課時數,每一節課的時間長度,也要教師們依教案進度「計畫授課」、「計畫評量」,按期核計成績、匯集成果。當前的學校教育是「完全計畫的教育時代」,所有的教育活動都是有計畫的,因此也稱之為「計畫教育」。

二、教育計畫扮演著改善計畫教育的角色功能

完全計畫的學校教育必須順應社會變遷及時代需求,以調整教育機制與內涵,例如:後現代社會的多元價值,學校學生適應困難及偏差行為的比率增加,學校勢須強化學生輔導機制,其措施的推動係一種計畫性調整改變歷程。當前為知識經濟的時代,知識創新的經濟價值超越了以往的四大經濟基礎(土地、人口、設備、資本),學校教育的內涵勢須強化核心能力的傳承創新,加速師生創新知識,有效執行知識管理及智慧管理。

扮演調整改善計畫教育(學校教育)機制與內涵者為教育計畫,因此,「教育計畫」與「計畫教育」具有「交互依存」的縝密關係。「計畫教育」提供「教育計畫」發揮的舞台與空間;「教育計畫」則扮演調整、改善、補充、發展、精緻、創新「計畫教育」的角色功能,其交互依存之關係如圖 5-1 所示。

廣義的教育計畫包括四個層次的計畫:國家層級或縣市範圍層級的「教育計畫」、學校校長和核心幹部必須主導的「校務發展計畫」、教師主導

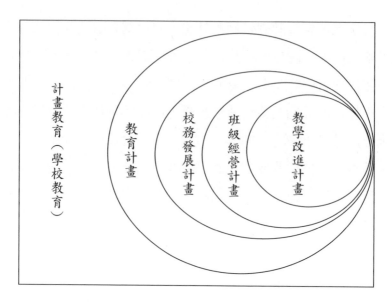

圖 5-1　教育計畫與計畫教育的關係（交互依存）

資料來源：修改自鄭崇趁（1998：6，2012b：158）

的「班級經營計畫」，以及「教學改進計畫」（含主題教學教案）。研究者曾主張，「真正的教育改革」需要「務實的教育計畫」，若當前的教育改革需求殷切，呼籲改革聲音不斷，此象徵兩大意涵：「計畫教育」（學校教育現況）已不為大眾滿意，需要調整改善；「教育計畫」也沒有善盡其應有的角色功能，需要關注落實。

三、優質教育計畫是經營學校教育的當務之急

　　「計畫施政」是當代政府組織政策運作的核心模式，各層級政府及學校每年均訂頒年度工作計畫及經費預算機制，依年度計畫執行組織運作，支付各項須用經費預算。計畫施政乃必要之組織運作模式，但須關注「傳承有餘而創新不足」的問題，尤其是學校每年面對的學生不同，而教育的型態與教學內容，每年都具有週期性，例如：每個學校的九月份都在舉行

開學典禮，段考的日程都十分接近，六月份則是舉辦畢業典禮的月份，親職教育日、校慶、運動會，每一年級的教學單元在適當的時程教學，週而復始、年復一年，教育人員容易得心應手，也容易倦怠沉淪，很難長期保有教育的使命感與良師的責任心。是以校長經營校務，除了審慎編定年度工作計畫與經費編配執行之同時，更應關注重點業務、策定主題式優質教育計畫，以及鉅觀的中長程校務發展計畫，以結合年度工作計畫，有效經營學校，帶動學校逐年進步，發展成精緻教育的學校。

　　優質教育計畫強調下列五大特質：(1)計畫的型態具有系統結構，尤其是目標、策略、項目等三者彼此關係密切，可以用圖或表來呈現；(2)計畫的背景緣由或實施原因，是一種教育理念的實踐，整個計畫的意涵具有教育理論的基礎；(3)計畫的實施項目與內容是可行的，可以操作的，也是教育組織學校當前最需要的；(4)計畫的執行設定了固定的期程、項目與經費，資源投入的量與質能規劃妥適；(5)計畫本身包含了「配套措施」的設定與執行，推動計畫本身的「組織」、「運作」、「考核」、「檢討」、「回饋」、「品質保證」等機制，有明確的規範（鄭崇趁，2012b：158）。

四、優質教育計畫核心技術的智慧傳承尤為重要

　　優質的教育計畫是可以教學的，透過教學與研究的歷程，可以增進前述五個辨識指標的具體內涵，產出真正優質的主題式教育計畫以及各級學校的中長程校務發展計畫，因此，學校領導人與幹部應藉由在職進修或行動研究的歷程，學習優質教育計畫的撰寫技術，為任職學校產出累積有效的資源，智慧傳承教育計畫的核心技術。

　　優質教育計畫的核心技術，包括：目標設定、策略分析、SWOT分析、願景形塑（Vision、Mission、Core Value）、執行項目選擇、項目內容撰寫要領，以及配套措施的規範等，鄭崇趁（2012b）所出版之《教育經營學：

六說、七略、八要》一書的第九章「計畫管理策略」（頁157-176），已結合「系統思考」、「本位經營」要領，明確析論「核心技術要領」，並逐一列舉真實的計畫範例以為驗證說明，本書同為「經營教育之學」的系列書籍，不再重複論述，為配合第三節、第四節及第五節不同計畫的需求，會運用不同的方式陳述各種核心技術要領。

五、教育計畫的實踐與品管比其他領域計畫影響深遠

教育計畫是人教人的歷程設計，計畫本身的執行與品質管理，攸關學生的學習，計畫階段落實與否，關乎學生一輩子的教育發展情形。教育計畫是人的計畫，人的教育猶須「每一階段皆成功」，任何一階段的落後或誤入歧途，後一階段均須加倍的心力才能「迎頭趕上」，是以教育計畫的實踐與品管比其他領域計畫影響深遠。學校經營者不但要擬定優質的教育計畫，更要務實實踐計畫，讓行政、課程、教學、活動的每一個計畫，都能如期執行完竣，並輔以完備的品質管理機制，確保每一個計畫都能達成設定的教育（教學）目標。

校長運用計畫經營學校，在計畫實踐與品質管理方面，會關注採行下列幾項措施：(1)計畫宣導，爭取認同：以學校的年度十大計畫為例，校長會在開學之初配合教師重要集會，宣布十大計畫名稱，並責由負責幹部報告計畫目標與執行內容，且論述計畫實施對於本校師生創建的教育價值，以爭取全校教師認同，共同投入計畫運作；(2)定期匯報，管控進程：校長會善用行政會議，分配責任幹部，按月或按季匯報重點計畫執行成果，管控計畫進度，發揮計畫效益；(3)品質檢核，激勵亮點：每一個計畫均有「品質檢核標準」及「意見回饋表」的機制，適時檢核實施品質與顧客滿意度，並表揚激勵計畫執行優秀同仁，期許同仁「亮點爭輝」；(4)形優輔弱，同儕共學：結合專長教師及優秀學生，運作形優輔弱、同儕共學的計畫推動

舞台，協助每一位師生均能參與計畫，邁向計畫能量產值的最大化；(5)實踐目標，賦予價值：教育計畫的完成，除必要的、亮點的績效統計之外，還要有「質的陳述」，尤其是這一個計畫為學校、教師及學生創造的具體價值為何，要向全校師生公開說明與分享，並回應參與計畫者的期待，激勵營造後續計畫的意願動能。

第三節　學校發展計畫的經營

學校的教育計畫分為兩類：鉅觀的計畫與微觀的計畫。鉅觀的計畫是指以學校組織為主體的計畫，含有整體的、全面的、前瞻的、發展的意思；微觀的計畫是指以學校教育事務為主體的計畫，通常是主題的、單一的、階段的或改善的計畫。本節以鉅觀的視野，分析論述校長經營學校發展計畫之要領。就學校組織而言，這些計畫包括下列幾項：(1)學校中長程校務發展計畫；(2)學校本位及特色課程發展計畫；(3)學校環境建設計畫；(4)發展學校特色實施計畫；(5)開展師生亮點（一師一卓越、一生一亮點）實施計畫。

鉅觀教育計畫的主要格式，以中長程校務發展計畫為例，包括下列幾項：(1)計畫緣起（含學校現況、歷史背景、SWOT分析、經營理念）；(2)Vision（願景）、Mission（任務）及 Core Value（核心價值）；(3)方案目標；(4)經營策略；(5)執行方案（或項目）；(6)實施內容；(7)行動要領（配套措施）；(8)經費需求（必要資源）；(9)預期成效（量的績效與質的績效）；(10)附件（輔助文件）等。校長及幹部之計畫素養需足以帶動教師，共同策定優質的教育計畫，學校才得以藉助計畫的有效實施，逐次發展為精緻教育的學校。校長在鉅觀教育計畫的經營方面，猶須掌握下列五大核心技術。

一、定位發展技術——解析 Vision（願景）、Mission（任務）及 Core Value（核心價值）

　　學校定位與願景是當前各級學校評鑑的首要指標，也是學校各種鉅觀發展計畫的核心內容。目前在各級學校的中長程校務發展計畫中，也均有「學校願景」的揭示，並且進一步彩繪教師、學生、家長圖像，以做為經營學校之藍圖，例如：「健康快樂」、「適性成長」、「前瞻創新」、「效率品質」、「愛與希望」、「敦愛篤行」，以及「學為人師，行為世範」等多彩繽紛，不一而足。但是此一「核心價值導向的願景」，並不容易明確呈現學校定位與重要發展方向，是以當代企業單位進一步以 Vision（願景）、Mission（任務）及 Core Value（核心價值）等三者並列方式，來呈現學校定位與發展趨勢。

　　研究者認為，「學校定位」與「共同願景」的訴求，要從 Vision（願景）、Mission（任務）及 Core Value（核心價值）等三個詞義的內涵與形式解析，讓學校教師職工充分了解之後，才能運用「願景領導策略」及「計畫管理策略」，帶動學校精緻發展。新時代的組織共同願景，包含下列四大元素：(1)邁向組織目標；(2)實踐階段任務（Mission）；(3)反映成員心願；(4)彰顯核心價值（Core Value）（鄭崇趁，2012b：126）。因此，當前企業組織或教育機構，其優質的願景呈現，大多數調整為「任務目標導向的願景」，例如：「八十臺大，前進百大」、「福特四輪，轉動全球」，並且與 Mission（任務）和 Core Value（核心價值）併同呈現。Core Value（核心價值）建立在「人的共同需求」與「組織任務」交織的價值取向，其具有時代性及組織系統性，例如：中古歐洲政教合一，人的核心價值在「來生」，所以現世必須「苦修」；文藝復興之後，人的核心價值才回到「當下」、「現世」與「人文」；社會主義系統國家強調「博愛」與「均

富」的核心價值；民主主義系統國家則強調「自由」、「平等」；現今知識經濟的時代，最重視「智慧創新」所產生的經濟價值。就教育系統而言，教育部（2011）公告的核心價值是「精緻」、「創新」、「公義」、「永續」。鄭崇趁（2006a，2012b）多次發表「臺灣二十一世紀」教育政策的核心價值，並以人做隱喻，「人文」為頭居總指揮；「均等」、「適性」為雙腳；「精緻」、「卓越」為雙手，軀幹則為「民主」、「創新」、「永續」，如圖 5-2 所示。

當前臺灣教育的核心價值即是以「人文」做引導，踏著「均等」、「適性」的腳步前進，重視「民主」、「創新」、「永續」的歷程，追求「精緻」、「卓越」的教育成果。

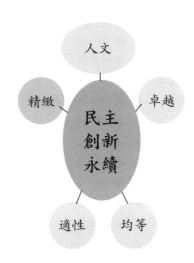

圖 5-2　二十一世紀臺灣教育的核心價值

在教育系統裡，「Mission」的解釋與運用尤為重要，Mission 可以翻成「目標」、「使命」、「宗旨」與「任務」。就中國人的傳統價值觀來看這四個譯名，若譯成目標，容易與教育目標、教學目標及計畫目標混淆使

用；若譯成「使命」、「宗旨」又會與「核心價值」太接近，人的使命及組織宗旨近似人的核心價值，近似組織目標。因此，研究者主張譯成「任務」，以任務來呈現校務在近期、中期、長期的Mission（任務），最容易區隔其與 Vision（願景）及 Core Value（核心價值）的不同。

二、設定階段任務──辦學理念融入中長期目標任務

學校發展有其背景傳承，也有其時代任務，校長被派任到學校當校長，發展校務的重大挑戰即是在「自己的辦學理念」如何與學校的「背景傳承」及「時代任務」融合。當「背景傳承」面臨積弱式微的學校，校長的經營理念要以「帶動學校恢復常態教育」為軸心，向學校教師持續宣揚「教育愛的傳承與實踐」、「關照能的培育與篤行」，專業示範常態教育教師應有的專業服務行為與品質；當「背景傳承」已達常態標準以上的學校，校長的經營理念要以「追求精緻卓越發展的學校」為任務指標，激勵教師實踐「帶好每一位學生」的生命願景，促使一般中上學生以及弱勢族群學生、學習落後學生，都能得到妥適的照顧，全面提升教育的品質與競爭力。

因此，校長在「學校中長程校務發展計畫」的經營上，第二個核心技術是在設定學校發展的階段任務，此一階段任務要融合校長本身的「辦學理念」、「學校組織最需要」，並能貫串前述的 Vision（願景）及 Core Value（核心價值）。設定學校發展階段任務的方法要領有四：(1)行動研究法：以三個月至半年的短期行動研究，為學校產生近期、中期、長期的發展任務；(2)焦點團體法：邀集校內核心幹部及教師代表，運用多次的焦點會議，產出學校近期、中期、長期的發展任務；(3)諮詢顧問法：邀請校務經營顧問到校與核心幹部互動，經由諮詢產出階段任務；(4)民主程序法：由核心幹部蒐集相似學校的多元發展方案之任務設定，交由行政會議或校務會議討論議決。

三、尋繹經營策略——SWOT 分析進階要領

中長程發展計畫的第三個核心技術在「經營策略」的決定，唯有選定明確而妥適的經營策略，教師職工才有方向感，也才有具體的操作系統。「經營策略」是連結「計畫任務目標」到「執行事項」的系統結構，精緻計畫才有的設計，過去的教育領導人較不重視，也甚少表達。二十一世紀的臺灣教育是邁向精緻教育時代最好的契機，學校的中長程校務發展計畫均要有「經營策略」的明確文字，表達運用「經營策略」促進中長程發展計畫本身的系統結構，也幫助學校幹部及教師、學生們，執行計畫時的「系統思考」。

尋繹學校經營策略最常用的方法與技術是 SWOT 分析：分析學校的「教師」、「學生」、「環境」、「社區資源」、「地理位置」、「歷史傳承」、「課程發展」、「設施條件」等內部優劣勢（SW），以及外部機會與威脅（OT）因素，歸納尋繹學校發展的經營策略。SWOT分析容易犯以下三大盲點：(1)分析篇幅太長：研究者曾發現有某個中央部會層級計畫的SWOT分析長達二十餘頁，有喧賓奪主的缺點，好似計畫就是在看SWOT分析；(2)分析的主題（層面）過多：每一個計畫，都對相關的主題進行SWOT 分析，並且在每個層面都提列因應的行動策略，主題與行動策略過多，反而失去關鍵焦點的了解；(3)每一個主題的分析點過多，文句也太長，解析過於細緻，反而困難尋繹歸納學校的經營策略。

校長運用計畫經營學校發展，應指導幹部掌握下列幾項SWOT分析的技術要領：(1)分析的篇幅以 A4 一頁至一頁半為原則；(2)分析的主題要與計畫性質攸關，微觀計畫以三至五項為宜，鉅觀計畫以四至七項為宜；(3)每一項次的分析點（欄位）以一至二點為佳，絕不超過三點；(4)每一點的文字內容一定要有精準的事物，且不逾三句話；(5)能夠區隔優劣勢為存在

已久的現況，機會及威脅點為新近發生的趨勢，不但能從內外部觀察，也兼重時序的觀察；(6)避免在每一分析點之後即擬定因應的行動策略，並能夠在SWOT分析表格之下，有一段至兩段的「綜合分析」：第一段為經營策略的層面孕育聚焦，第二段為策略的內涵鋪軌；進階型的「SWOT 綜合分析」才能為學校尋繹珍貴的「經營策略」。

四、貫徹行動方案——領導同仁實踐篤行

當前學校訂定的「校務中長程發展計畫」運用兩個脈絡，處理每年度的「真正執行事項」：一為在「經營策略」之後，每一策略發展二至三個「行動方案」，整個計畫約有八至十二個行動方案；另一為在「經營策略」之後，每一策略有三至六個不等的「執行項目」，整個計畫約有十八至二十五個執行項目。運用「行動方案」撰寫計畫者，每一個行動方案在中長程計畫中都僅摘要的敘寫內容，每年真正執行的行動方案會以「主題式計畫」之系統結構，再予以明確呈現，頒行周知。運用「執行項目」撰寫計畫者，會直接依原定的「執行項目」敘寫每一工作項目之「執行內容」，敘明每一項目真正執行的「單位」→「方法」→「結果」。

唯有「貫徹行動方案」或「務實檢核執行項目進程」，才能發揮中長程校務發展計畫的績效成果，避免「有計畫，無實踐」或「計畫可有可無」、「聊備一格」的窘境。校長計畫經營校務，在貫徹行動方案層面，要掌握下列五大要領，才能有效領導同仁實踐篤行重要（核心）的校務：(1)論述方案價值：運用各類型會議或公開場合，適時論述計畫方案的深層意涵與核心價值，增益教師同仁的認同與參與；(2)融合經常事務：適時帶領教師將經常性事務與計畫方案結合實踐，跳脫「計畫方案」是外加工作的迷思，因為「計畫方案」是把「經常事務」「系統化」與「精緻化」的歷程設計；(3)揭示任務目標：要適時地讓同仁了解每一方案計畫的「行動

成果」是什麼，以任務目標調整經常性工作的內涵及比重；(4)示範核心技術：方案重點工作事項的專業示範非常重要，校長應帶頭示範，或責由核心幹部或專長教師預為準備，給予舞台與榮譽；(5)激勵績優同仁：方案計畫執行的績優及有功人員，適時公開表揚並提供經驗分享平台，以協助帶動其他同仁，全面實踐，豐厚方案成果。

五、實施智慧管理——計畫彩繪學校歷史

臺灣人都會記得，蔣經國總統時代推動十項建設計畫，為臺灣的經濟奇蹟彩繪了真實的歷史紀錄，臺灣也同時邁進「開發中國家」。一個學校的組織實體遠比國家來的「相對簡易」，一位有為的校長，能夠透過「中長程校務發展計畫」的經營，推動學校十大計畫，只要要領掌握得宜，很容易產生明顯的效果，將可為這個學校彩繪歷史，讓這個學校在時代變遷中，仍然有興旺的軌跡可尋。

校長運作計畫彩繪學校歷史的要領，必須執行方案計畫的「知識管理」與「智慧管理」。就知識管理的層面而言，包括：「優質計畫」的實施、「計畫內容」的「實踐歷程」，以及「績效成果」的資訊知識（資料）系統管理與傳承。就智慧管理的層面而言，包括：策定優質計畫的「核心技術」、「價值論述」的內涵、「專業示範」的時機要領，以及「經營策略」和「階段任務」的脈絡分析。校長若能將經營學校計畫的「資料」→「知識」→「智慧」加以系統管理，傳承創新，就足以彩繪學校興旺的歷史，供後人評斷。

第四節　學校主題計畫的經營

　　微觀的計畫又稱為主題式計畫，在學校中各處室的核心業務以計畫的型態呈現，均稱為主題式計畫，例如：教務處主導的「推動閱讀教育實施計畫」、「教師專業社群與學習共同體實施方案」；學務處主導的「發展多元社團實施計畫」、「增進教師及學生體適能實踐方案」；輔導室主導的「品格教育與全人教育促進方案」、「佈建學生支持網絡系統實施計畫」；總務處主導的「美化校園環境空間實施計畫」、「促進資訊設施標準化實施方案」等。

　　研究者主張，每一個學校可每年運用「十大計畫」來建設發展學校，這十大計畫包括二至三個鉅觀型計畫，如「中長程校務發展計畫」、「發展學校本位課程及特色課程計畫」、「發展學校特色方案」，以及七至九個主題式計畫，由各處室配合「中長程校務發展計畫」的內涵及主管核心工作擬訂（每一單位一至二個計畫）。

　　教育人員過去曾有質疑，一個學校已經有了年度經常性工作，也有了「中長程校務發展計畫」，為何還需要「主題式教育計畫」？那麼多的行動方案，不是增加教師的工作負擔，就是與經常性工作重疊，「主題式教育計畫」有其必要性嗎？研究者在碩博士班及校長培育班的課堂討論時，如遇學員提及此一質疑，通常做下列回答：(1)主題式計畫不是外加的工作，它是處室原本的核心工作之一，以前我們沒有重視它，現在我們用計畫方案的形式來做它，把它精緻化，期待它能實現核心工作目標；(2)主題式計畫可以扮演串聯「學校中長程發展計畫」及「年度經常性工作」之銜接角色功能，強化核心工作事項的效能與效率；(3)主題式計畫是一種重點事務工作的揭示，其方案目標、經營策略及執行項目，可以引導處室同仁及師生的努力方向與具體作為；(4)主題式計畫是一種小規模的教育資源系統整

合，既可聚焦資源，超越困境突破瓶頸，亦可發展特色，形塑學校經營品牌。

校長計畫經營學校，在主題教育計畫層面要掌握下列幾項核心工作的傳承與創新。

一、有理論價值的計畫

主題式教育計畫也應該是完整的計畫方案，目前的學校主題式計畫，在計畫緣起部分，多以「依據」及「背景分析」做為內容，少有做好這件事的理論基礎及理念價值論述，是以不容易讓同仁了解「為什麼要推動此一方案計畫」、「我們這樣努力耕耘，可以為我們的老師及學生創發了哪些意義及價值」，而容易把它當成「外加的計畫」，或是當成「這是行政人員要做的事，與我無關」，甚至找理由不積極參與。

因此，研究者在「教育計畫專題研究」的教學歷程中，博碩士生或校長們的「主題式計畫實習作業」，均要求每一篇的「壹、計畫緣起」中四至五段的內容，要有一至二段敘述策定「本計畫方案主題教育」的理論基礎或理念價值，為做好本案事務「尋根探源」，銜接「深層結構」，闡述方案目標的核心價值，以及方案實施後為學校師生帶來的意義與價值，以爭取教師同仁了解認同，進而參與支持、承諾力行。有理論價值的計畫，才可以開闊師生經營深耕舞台，活化學校智慧資本。

二、有系統結構的計畫

在目前學校中，本就存在著各種教育計畫、行政計畫、課程計畫、教學計畫、活動計畫，大大小小的計畫到處都是，難怪有人說：「學校計畫滿天飛，環肥燕瘦各不同；教師工作如撞鐘，管它計畫不計畫。」計畫多了、雜了，同仁感受淡了以後，會形成兩個要命歸因，對學校經營有著不

利因素，這兩個歸因是：好的、優質的計畫與不夠好的計畫，沒有適度的
區隔，難以辨識；另一是計畫的存在與否不受關注，「有計畫」與「沒計
畫」都一樣，學校教師僅執行年度經常性工作事項，對外及對上級的檢核，
學校都有各種應備的計畫，但對內教師及行政幹部的實務運作，依經常性工
作執行，學校行事曆訂明了什麼時候做什麼事，計畫的存在與否不甚重要。

　　研究者認為要舒緩此一問題，要從優質計畫的系統結構著力，校長以
及擬定主題式計畫的核心幹部，必須學習優質教育計畫的研訂技術與原理，
學會將主題式計畫的「方案目標」、「經營策略」以及「執行項目」，用
系統結構的表或圖來呈現，並學會撰寫及銜接的「操作技術」。茲以鄭崇
趁（2012b）在教育計畫專題研究中授課示範的作品「國立臺北教育大學精
緻師資培育暨發展學校特色整合計畫」為例，將本計畫的「計畫目標」、
「經營策略」及「執行項目」的文本，呈現如表 5-1 所示，就其實際內容
而言，係以經營策略為軸心，連結目標與項目之間的系統結構表。

　　此一計畫的系統結構也可用圖 5-3 來表示，中間圓形部分標示的「責
任、良師、新教育；專業、精緻、新大學」是計畫目標的精華與縮寫；四
個邊角的「優化：環境資源」、「活化：培育機制」、「深化：教育特
色」、「創化：產學合作」則是四個經營策略的主要精神與縮寫；連同各
個策略之下的五至七個實踐項目，可以很清楚地讓師生了解整個計畫的藍
圖，以及為什麼要推動這個計畫，如何推，做哪些事。上述這個說明，均
有助於「認同支持」與「參與促成」。

表 5-1　國立臺北教育大學「精緻師資培育暨發展學校特色整合計畫」

目標	策略	項目
優化環境資源，活化培育機制，成就新時代責任良師；深化系所特色，創化產學合作，形塑新世紀精緻大學。	建置數位教學環境，優化師資培育資源。	1. 籌建數位教學大樓。 2. 建置數位教材研究中心。 3. 改善學生宿舍環境計畫。 4. 充實圖書館人性化空間及圖儀設備計畫。 5. 成立中小學教師評鑑研究發展中心。
	實踐專業教育標準，活化師資培育系統。	6. 開辦公費教學碩士班計畫。 7. 設置教育實習教學助理計畫。 8. 提升師資生核心能力及教學能力鑑定計畫。 9. 執行師資生獎學金計畫。 10. 提升學生英文能力實施計畫。 11. 鼓勵學生修習第二專長計畫。 12. 敦聘業界教師活化實習課程實施計畫。
	佈建系所教育特色，深化學校品牌價值。	13. 研發系所個殊化服務學習課程計畫。 14. 建置職涯輔導中心與系所結盟服務方案。 15. 發展教育學院及其系所教育特色計畫。 16. 發展理學院及其系所教育特色計畫。 17. 發展人文藝術學院及其系所教育特色計畫。
	經營教育產學合作，創化精緻大學產能。	18. 規劃布展藝術教育及師培成果計畫。 19. 強化文教產業合作機制計畫。 20. 增進師資生國際教育能力計畫。 21. 辦理中小學教育領導人（校長）導入輔導方案。 22. 成立教育產學合作資源中心計畫。

國立臺北教育大學
精緻師資培育暨發展學校特色整合計畫

策略一、建置數位教學環境，優化師資培育資源。

1. 籌建數位教學大樓。
2. 建置數位教材研究中心。
3. 改善學生宿舍環境計畫。
4. 充實圖書館人性化空間及圖儀設備計畫。
5. 成立中小學教師評鑑研究發展中心。

策略二、實踐專業教育標準，活化師資培育系統。

6. 開辦公費教學碩士班計畫。
7. 設置教育實習教學助理計畫。
8. 提升師資生核心能力及教學能力鑑定計畫。
9. 執行師資生獎學金計畫。
10. 提升學生英文能力實施計畫。
11. 鼓勵學生修習第二專長計畫。
12. 敦聘業界教師活化實習課程實施計畫。

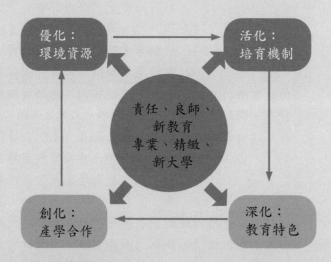

策略四、經營教育產學合作，創化精緻大學產能。

18. 規劃布展藝術教育及師培成果計畫。
19. 強化文教產業合作機制計畫。
20. 增進師資生國際教育能力計畫。
21. 辦理中小學教育領導人（校長）導入輔導方案。
22. 成立教育產學合作資源中心計畫。

策略三、佈建系所教育特色，深化學校品牌價值。

13. 研發系所個殊化服務學習課程計畫。
14. 建置職涯輔導中心與系所結盟服務方案。
15. 發展教育學院及其系所教育特色計畫。
16. 發展理學院及其系所教育特色計畫。
17. 發展人文藝術學院及其系所教育特色計畫。

圖 5-3 「精緻師資培育暨發展學校特色整合計畫」的目標策略與項目架構圖

三、有行動要領的計畫

優質的計畫內含配套措施，所謂的「配套措施」也有不同的用語，有的計畫稱之為「行政要領」，有的稱為「考評機制」，也有的稱為「組織運作」或「行動步驟」，反而直接名之為「配套措施」者並不多見。當代教育界強調「改革」及「行動」，以致於多數的計畫名稱使用「○○○○行動方案」，而方案計畫內的配套措施，多稱之為「行動要領」或「行動步驟」。

「行動要領」（配套措施）的核心內容包括下列四大事項：(1)推動組織及運作方式；(2)定期檢核及考評基準；(3)回饋機制及品質標準；(4)行動步驟及責任績效。一般的主題式計畫若能設定其中二至三項，即可產生三大明顯的功能：(1)學校真的在執行此一計畫，是有行動作為的；(2)有定期檢討執行成果並調整實施作為；(3)計畫的執行有明確的負責人，並擔負行動實踐與責任績效。

四、有品質管理的計畫

受到全面品質管理理論的帶動，優質的教育計畫也追求顧客導向，建立品質保證與持續改善機制。計畫實施的階段要設定「實施對象的滿意度調查」，召開焦點團體會議，檢討計畫階段的績效，調整品質標準及下個階段的計畫性工作作為；計畫本身的行動要領，即有佈建品質保證及持續改善機制，符合廣義的「品質管理」。有品質管理的計畫，能夠為學校創發下列四大價值：(1)讓同仁師生不只把計畫執行完竣，做完了相關事務後，也把這些事做到一定的品質標準，達到績效與歷程都有滿意的成果；(2)實質的達成方案目標，教育目標的達成具有質量並重的標的；(3)同仁師生看得見計畫實施的成長發展，讓大家覺得在參與一個有質感的計畫方案；(4)

孕育下個階段主題式計畫或中長程發展計畫穩固的基礎，累積串聯績效成果後，學校的興旺發展指日可待。

五、有責任績效的計畫

當前的教育績效與競爭力不如預期，與教育人員績效責任觀念的薄弱攸關。就學校課務及教學而言，大家共同負責班級教學，大家各教各的學科，學生沒學好，是大家的責任；某一主題式計畫由某一處室主辦，相關處室協辦，但真正帶頭推動的人是誰，沒有明確規範，有時是沒有人能真正負責，形成了「有計畫、沒人管」的窘境。

校長計畫經營校務，各種主題式計畫的推動一經頒布，即應設定明確的主辦負責單位（處室或委員會、小組），並且由單位主管提列執行責任人員與定期績效報告日程，讓優質教育計畫本身，也是一種有責任績效的計畫。有責任績效的計畫可以為學校創發下列四大價值：(1)節約人力資源：由責任績效人員承擔計畫核心工作，相對節省同仁配合投下的時間、體力，最能節約學校人力資源；(2)融合經常性與計畫性工作：責任績效人員能進一步融合自己的核心工作事項，符合經常性工作與計畫性工作的雙邊要求；(3)激勵員工士氣：責任績效的計畫，容易產生明確責任，責任人員的成就感與工作滿意度大幅提升，若再經績效獎金及公開表揚，就能激勵員工士氣與組織文化優質化發展；(4)貫徹計畫管理與傳承：有責任績效的計畫，責任人員對於計畫本身、實施歷程與績效成果進行知識管理，也具有傳承核心技術的責任。

第五節　教育活動計畫的經營

學校的教育活動泛指非正式課程的所有教育活動，規模較大而且定期

辦理者，例如：開學典禮、親子教育日、校慶運動會、校慶茶會、畢業典禮、教師節敬師活動、社團成果發表會，以及園遊會等，規模大小不一；不一定定期辦理者，例如：學生畢業參訪活動、年級或班級校外教學、藝文或球類運動比賽、自治市長選拔、學生會重點工作等。上述這些教育活動是學校組織文化的表象與可能的趨勢，影響學校實質的發展，校長仍應以計畫的觀點來經營深耕這些教育活動，讓教育活動也能與校務發展計畫及主題式計畫融合，帶動學校精緻發展。

教育活動計畫的經營，最適合靈活運用《教育經營學：六說、七略、八要》一書中的實踐要領，尤其是「系統思考」、「本位經營」、「優勢學習」、「順性揚才」、「賦權增能」、「知識管理」、「績效責任」，以及「圓融有度」。茲以教育活動為實例，說明其經營要領如下。

一、系統思考的方案設計

大大小小的教育活動，都需要從「簡明」到「周詳」的方案計畫。方案設計的簡明或周詳程度，決定在下列四大因素的系統思考：(1)重要性：此一活動對師生影響的價值程度；(2)規模性：此次活動須動員師生規模之大小與時間；(3)熟悉度：師生對此一活動已習以為常或從未辦理；(4)難易度：活動中師生需要產出的工作難易程度。重要性高、規模大、第一次辦理，以及工作難度高的活動最需要周詳的方案設計，反之則可以「相對簡易」。

系統思考的方案設計包含下列幾項經營意涵：(1)關照全面：方案設計能夠整全考量該教育活動的資源移動與重組；(2)掌握關鍵：方案設計能夠明確表達核心工作與行動歷程，聚焦於教育活動之核心事務與技術；(3)形優輔弱：方案設計能夠啟動校內師生最優勢或最妥適的資源效益，讓師生及家長很容易感受到該活動的亮點價值；(4)實踐目標：整體方案設計能夠

管控績效成果，達成計畫目標，實踐該活動應有的教育價值。

二、本位經營的資源統整

　　學校的各種教育活動，從學理與實務運作的視角來看，都是一種「資源統整」的教育活動，需要經營者充分掌握「本位經營」的要領，並以學校主體為本位，考量該活動需「統整」的「校內」及「校外」各種教育資源，透過活動計畫的執行，將有限的資源交互整合、系統重組在教師與學生身上，促使教師與學生本身產生新的教育價值。

　　各種教育活動的本位經營具有下列四大層次的意涵：(1)善盡「本分」：該活動計畫，讓負責師生善盡其本分職責，並發揮專長，服務大家；(2)深耕「本業」：教育活動是教育的核心事項，是有深層意義、價值的教育活動，方案計畫引導參與師生，深耕本業；(3)融合「在地」資源：本位經營的本意重視學校社區在地資源的教育化與課程化，教育活動的執行設計能夠充分融合在地資源的人力、物力、財力、文史、科技設施；(4)建立校本「品牌」系統：本位經營的教育活動，會逐漸形塑學校特色，成為一種學校本位的品牌系統。

　　本位經營後的教育活動，其資源統整的效益，可創發校內人、事、時、地、物的教育價值，包括下列幾項：(1)人盡其才：師生人人自我實現，個個都是學校的有效智慧資本；(2)事畢其功：教育活動達成計畫目標，學校善盡教育功能；(3)時中其機：教育活動都能適時辦理，具有課程統整功能，師生知識福慧增長，回饋滿意；(4)地盡其利：教育領域的「地」，泛指學校環境與設施，能夠運用主題區位，將校園空間整體規劃，充分使用；(5)物盡其用：學校的圖儀設備、學習步道，能配合各種教育活動，物盡其用，充分發揮教育功能，創發教育價值。

三、優勢亮點的順性揚才

　　教育活動的方案設計也要讓大家看得到學校師生的優勢亮點，學校師生的專長優勢，也要藉由各種教育活動適時展現，形塑學校特色，最好也能夠成為品牌系統。然而，優勢亮點的展現並非一蹴可幾，要深入經營，順性揚才，才得以讓教育活動有別於其他學校的教育活動，一定要順著學校師生的既有潛在優勢秉性，經由活動方案的刻意安排，才能讓參與之師生，優勢智能明朗化，讓活動的整體表現有別於他校，讓大家看見學校相對的亮點。

　　教育活動的順性揚才設計，其經營要領可參照下列幾項作為：(1)順應師生的背景習性：教育活動要傳承過去的優質作為，再尋求創新突破；(2)順應師生的喜好興趣：多辦老師和學生喜愛的活動，並擴大辦理，人的喜好興趣就是優勢亮點所在，也是創新的基石；(3)順應師生的潛在性向：教育活動要促使參與師生的優勢潛在性向軌跡化、系統化、明確化，逐漸達到優勢性向智能明朗化的效果；(4)順應師生的專長優勢：教育活動的系列設計，要能融合優勢學習與順性揚才的要領，展現一校一特色、一生一專長、一師一風采、一個都不少；(5)順應師生的理想抱負：教育的系統活動能夠賦予師生自我調整理想抱負的內涵，從階段性的自我實現，邁向生涯生命的自我實現（參考鄭崇趁，2012b：321-325）。

四、賦權增能的績效責任

　　教育活動的計畫經營，也在明確設定主辦活動人員的責任與績效品質，是一種績效責任的實踐，組織（學校）內的每一個人都願意承擔責任，只要領導者賦予成員明確的責任績效，人人都是會樂於承擔、樂於享受完成工作之後，績效所帶來的價值與意義。教育活動計畫化，事實上是一種同

仁績效責任的設計與實踐，對活動本身而言，可以辦得更周延、更細緻，實現精緻教育，對參與的同仁而言，能承擔責任，追求工作績效，也是一種自我實現，一種有效智慧資本的發揮。

　　教育活動計畫「績效責任」之設定，要參採「賦權增能」的學理，透過活動計畫的運作，賦予幹部及同仁主導事務之權責，讓其有表現的機會與舞台，在多次練習之後，實質增益其能力與智慧，持續奉獻學校教育。賦權增能的績效責任是學校人力資源運用計畫化的精髓，也是各種教育活動的系統管理，能創造組織最大價值的經營要領。

五、圓融有度的智慧管理

　　在學校所有的教育活動計畫經營之後，也要進行知識管理及智慧管理。計畫資料成果的管理，稱為知識管理；計畫核心技術與智慧價值的傳承與創新，稱為智慧管理。教育活動計畫化與精緻發展之後，學校同仁會創發很多很有價值的方案設計，發現很多新穎的核心技術，學校要有計畫地將這些智慧進行系統儲存與活用。

　　學校的教育活動要從「知識管理」進階到「智慧管理」並不容易，除了前述的經營要領需要統整與靈活運用之外，尚須結合「圓融有度」的操作，才會有綿延不絕的智慧在學校中系統傳承。圓融有度的經營要領特別強調下列幾個事項：(1)圓融的人際：包容反對意見及個殊意見的表達，讓不同意見者，不至於杯葛教育活動的進行；(2)有度的處世：要求基本績效，獎勵優秀卓越，形成制度規範，共同遵守力行；延伸深度、廣度、高度及密度，邁向精緻教育；(3)參與師生多能自我實現：理想與現實吻合；(4)組織人力都是有效的智慧資本：參與師生持續增長核心能力及對學校的認同承諾。

第六章　組織創新論
＜活化組織運作型態＞

　　「組織再造」與「創新經營」是過去「企業革命」所強調的兩大方向：組織再造通常是指，調整企業組織實體的員額編制與系統結構，讓組織人員的運作產值能夠為公司帶來最大價值；創新經營是指，用新的方法技術，開發新的產品，為公司開展新的競爭實力，帶給公司更大的利潤與價值。教育組織為非營利事業單位，學校組織的創新經營指的是：教育領導人能夠掌握新時代脈絡、經營新組織文化、倡導新方法技術、實現新教育境界的歷程（鄭崇趁，2012b：209-222）。

　　就掌握新時代脈絡而言，教育經營者應了解下列幾個趨勢：(1)世界是平的：國際化教育趨勢；(2)鄉土最優先：在地化資源統整；(3)知識在雲端：科技化智慧傳承；(4)品格定未來：責任化公民教育。在經營新組織文化方面，經營者宜帶動下列幾個趨勢：(1)活力積極：師生喜歡教與學；(2)優勢爭輝：師生專長交互輝映；(3)和諧共榮：相互激賞創新作為；(4)品味獨特：人人享有質感生活。

　　在倡導新方法技術層面，經營者要強化下列四大策略：(1)新願景領導：揭示學校經營的新 Vision（願景）、Mission（任務）及 Core Value（核心價值）；(2)新計畫經營：每年推動十大主題教育計畫，持續精緻學校教育發展；(3)新課程教學：教師每年都有新的主題教學教案，帶給學生新的知識基模系統重組；(4)新的競賽活動：帶給師生新的活力、成就感與生命力。

　　在實現新教育境界層面，期待學校組織創新經營之後，能夠達到下列四大境界：(1)精緻教育的實現：二十一世紀的臺灣教育是精緻教育的時代；(2)品質教育的實現：每一個學校教育的實施歷程，都達到政府規範的品質

標準；(3)績效教育的實現：學校教育的成果，可以為國家培育責任公民，促進百業興隆，國富民強；(4)價值教育的實現：教育帶給人人自我實現，大家都是學校與國家社會有效的智慧資本；活得有意義、有價值、有尊嚴。

　　本章分為五節論述：第一節「創新的教育意涵」，解析創新的本質與創新教育的運用；第二節「學校組織的特質」，針對學校組織之人力素養、任務目標、運作型態等，分析學校組織的特質；第三節「目標價值的創新」，從人與學校組織任務結合的立場，論述校長創新學校 Vision（願景）、Mission（任務）及 Core Value（核心價值）的經營要領；第四節「人力資源的創新」，從師生的核心能力、課程與教學的核心技術、學校組織人力系統重組等，說明人力資源創新的經營要領；第五節「運作方式的創新」，從行政運作流程、課程教材研發程序、課堂教學歷程精緻化與差異化，以及師生互動溝通輔導績效價值的提升，歸納學校組織創新運作型態的具體作為。

第一節　創新的教育意涵

　　Robbins 與 Coulter（2002）曾將創新界定為「採用創意點子，將其移轉化為有用的產品、服務或工作方法的過程」，並指出刺激組織的創新因素，包括：結構因素（有機組織，環狀溝通）、文化因素（組織氣氛自由包容，有利創新），以及人力資源變項（核心能力與認同承諾程度）。吳清山（2004）將學校創新經營的要件定位在：新奇（novelty）、改變（change）、精緻（betterness），以及特色（difference），並且指出學校創新經營策略建立在六大理念的交織：前瞻思維、開放多元、品質卓越、持續改進、容忍錯誤，以及發展特色。林新發（2009）指導多位教育博士研究生時，多將學校創新經營分類為：行政效能創新、課程教學創新、學

校輔導創新、環境資源創新，以及學生表現創新等五大項。前述文獻對於國內教育組織創新經營的學術研究與實務應用，具有帶動發展與主流脈絡的影響作用。

創新經營理論探討兩大問題：「創新是什麼？」以及「如何產生創新的歷程？」。鄭崇趁（2012b：64-65）認為：創新是一種「賦予存在」（to-being）的歷程；也就是「新的東西」本來就存在這宇宙之中，現在被我們「發現了」，所有的「新的東西」本來就都已經存在，不是「無中生有」。任何「新知識」的發現，或「新知識基模」的建構，本來就存在，這在哲學上的討論就叫「知識先天論」。創新是一種「實→用→巧→妙→化」的歷程：「實」是指要先充實本業核心知識的基礎素養；「用」是指執行核心工作時，知識技能整合的程度，效果效率愈佳者愈有用；「巧」是指知識運用的靈活彈性，呈現了猶有餘裕的景象；「妙」是指核心知識的素養與運用能力，已達適配通達的境界，處處有美妙新穎的感受；「化」是指知識系統整合，創新知識。因此，創新是知識新的連結或新的發現，「實」與「用」是基礎，「巧」與「妙」是中介催化要素，「化」則是水到渠成的新知識與產品。賦予存在（to being）的創新歷程如圖 6-1 所示。

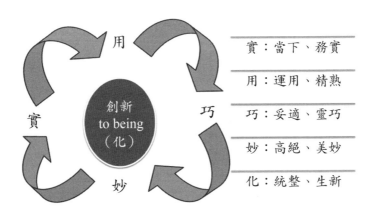

圖 6-1　賦予存在（to being）的創新歷程

資料來源：修改自鄭崇趁（2011a：19）

從「知識先天論」及「實用巧妙化」的歷程探討創新的教育意涵，包含以下五大意涵：創新是發現新的知識產品、創新是發現新的因果關係、創新是發現新的深層結構、創新是發現新的方法策略，以及創新是發現新的意義價值。逐一說明如下。

一、創新是發現新的知識產品

創新是一種「賦予存在」（to being）的歷程，其所開發出來的教育知識產品，都是教育創新的成果。教育知識產品包括新的教科書、補充教材、文章著作、教學媒材、圖片、掛圖、語音影帶等，廣義的新知識產品還包括教師新編的主題教學教案，也包括教師上課講解的錄影實況、各種對知識傳達、註解的有聲書，更廣義的知識包括藝能展演，如好的藝文展演、歌劇、電影、微電影、唱片、音樂 CD 等都是新的知識產品，皆為創新的成果。當代教育知識的產品豐富多元、琳瑯滿目，代表教育從業者不斷追求創新，頗能回應知識經濟時代核心價值（創新）之訴求。

二、創新是發現新的因果關係

創新的第二個教育意涵是發現新的因果關係，也就是發現物與物、事與事、知識與知識、技術與技術之新的連接點或新的系統結構。以當代電腦及手機的發展，最能夠符合創新之「新的關係」意涵；電腦及手機產品日新月異，功能日益精密，體積愈來愈精巧，實質改變了二十一世紀人類的生活型態，形成了一種新的文化，所謂電腦族、手機族、低頭族、雲端族、網路族也逐漸形成，二十一世紀的人類，除了未開發國家外，人離不開電腦與手機，它們把人類生活的「零組件」做了新的連結，產生新的關係，它們把人類原本視為「獨立技術」的系統，重新串聯產出，帶給人類更為便捷的溝通、聯絡、研究，重新組合知識，生活品味精緻化，這種「銜

接聯結」產出新的「因果關係」就是教育創新的意涵之一。

三、創新是發現新的深層結構

創新的第三個教育意涵是發現新的深層結構。我們在各種行業中都會安排「資深師傅」來帶領督導「新手員工」，「師傅」與「新手」最大的落差是，新手只看見事物的表象形式，而師傅卻能夠了解事務的深層結構。深層結構是表象形式的基石，我們在教育的領域中，發展出教育理念、教育理論、教學原理、有效學習定律，都是「教」與「學」有效「教育行為」的深層結構。身為教師者，在實際的教學歷程中，不斷地能夠運用這些理論理念、原理原則，並結合教學演示，就是發現新的深層結構，所以深耕教育的資深教授（教師）往往有更豐富的研究著作，以及具有效能與效率的教學績效，因為他們持續地創新，累積相當的能量與資源，才發現了新的深層結構，才能夠進行知識基模系統重組，才會有新的研發成果。

四、創新是發現新的方法策略

用新的方法策略經營學校教育，也是一種創新。蔣經國先生擔任總統期間，推動國家十項建設計畫，結合九年國民教育的成果，創造了臺灣經濟奇蹟，讓臺灣人的國民所得接近一萬美元，開啟了現代化國家之門，而這十項建設即是新的經營方法策略。桃園縣有位資深校長在退休之前，因教育局長官仰仗其長才，將他調任到一個具有歷史傳統但近期校務低迷的學校；這位校長到任以後，運用三個月的時間系統整合、深入了解校務後，在下半年即推動學校十大主題計畫，二到三年間，這些計畫逐一完成後，學校煥然一新，師生士氣高昂，各項學習表現優質卓越，得到各種國家及縣級競賽特優、學校特色認證三項通過，學校創新經營獎、教育部教學卓越獎、閱讀磐石獎等，通通獲得，因此校長也獲得教育部校長領導卓越獎

及師鐸獎的殊榮。這十大主題計畫即是統整校內外教育資源的創新經營方法與策略。

新的方法策略包括能夠帶動和提升新技術的方法策略，以及提高服務流程品質的方法策略。前者可以各縣市推動的優質（特色）學校、「教育111」標竿學校認證為例，這些通過認證的學校，在學校組織中的核心技術（課程教學、輔導學生）要持續提升至標準以上才得以認證通過。後者可以各行各業訴求服務品質的「標準作業程序」（S.O.P.）為例，標準程序是做好事務的品質保證機制，此一標準程序也要隨著任務、時機、價值而調整創新，才能在品質保證的同時，追求持續改善。研究者認為，優質（特色、「教育111」）標竿學校認證及「標準作業程序」（S.O.P.）的運用，都屬於創新的方法策略。

五、創新是發現新的意義價值

創新也具有對已經存在的理論、理念、原理原則或事務之事實，給予新的詮釋、發現新的意義或價值，例如：John Rawls（1971）提出正義論（A theory of justice），對於各國的社會福利政策發展產生了革命性影響，因為它為「機會均等」及「弱勢優先」找到了「公平正義」的理論基礎，也找到了政策推動的正當性，但是據此理論與理念，在現代化國家與邁向開發中國家中，其實際的作法與實踐程度並不一致，所有的國家都以「漸進決策模式」來追求實質的公平正義，因為下決策的人，都必須依據國家的國情發展、社會經濟條件，來斟酌考量（發現）新的意義及可以實踐的價值。

Howard Gardner（1983）的多元智能理論（The theory of multiple intelligence），也對教育的觀念與作為產生革命性的影響，但在各國的實踐程度卻都不一致，主要是因為各國的背景條件不同，其國內的學者專家及為政

者，對於「理論」本身的註解，以及在政策作為的「意義、價值」發展程度不同，因此，創新是發現新的意義價值，對於已經存在的理論、理念原理、原則等，有新的註解、觀點、補充、改善，進而促成實踐作為（新政策或新措施），都屬於創新。

第二節　學校組織的特質

　　校長是學校組織的領導人，校長要帶動學校組織創新，就要先掌握學校組織的性質，尤其是學校與一般公司企業、組織的區隔。一般企業公司的基本型態是：老闆出錢請人來經營公司的產品，聘請來的人分成行政管理幹部及生產線作業員，這些幹部要管理作業員操作機器與原料的「再製造」過程，並組裝成新產品，然後透過「通路」，行銷給消費大眾，為公司創造利潤價值。而學校教育是國家編列預算蓋學校，聘請教師教學生，教學的教育品質及學生的知識能力成長，就是學校組織的產品。校長是領國家薪水的經營者，其經營的對象是如何專業示範、帶動教師、把學生教好，實現國家的教育目標。學校組織性質確與一般私人營利事業組織大不相同。

　　學校的組織特質約略有五：(1)人教人的群組系統；(2)非營利事業單位；(3)專業示範的實踐歷程；(4)核心價值及知識技能的傳承場域；(5)百業興隆的上游工廠。分別說明如下。

一、人教人的群組系統

　　學校組織的第一項特質是人教人的群組系統。所謂「人教人」主要是指老師教學生，也包括教師與教師間的相互專業學習，以及學生與學生間的同儕學習及互助服務。群組系統包括班級教學，這一班級的所有教師是

一個群組，這一個班的學生也是一個群組，老師加學生而形成一個班級的共同學習群組，包括：同一年級的教師及學生、領域教學的老師、行政群組系統，也包括每一處室單位的群組；最廣義的群組，則包括教師與教師之間成立的各種專業學習社群、行動團隊、任務小組和學生社團組織、服務營隊（團隊），以及定期的教育活動。

學校組織的群組系統愈綿密，代表教育的規劃設計愈精緻，就愈能夠提高教育品質，但如果群組系統變成一種錯綜複雜的盤結，相互牽制，影響實際「教」與「學」的實施，則會形成另一種包袱，抵銷常態教育應有的功能。校長經營學校組織，要適度地帶動學校中的正式與非正式群組系統，使其各自發揮教育效率，累積綜合成學校的整體效能；但亦應系統思考組織運作系統的最適化，避免強化次級系統對組織主體運作的干擾，讓學校的資源動能流動，產出對學校最佳的教育價值。

二、非營利事業單位

學校組織是一個非營利事業單位，學校用國家的稅收，投資教育事業，其經營的利潤，在為國家培育各行各業有用的人才，這些有用人才的價值是長遠的，是比較難用當下的「財貨價值」來估量判斷，是以教育事業有「百年樹人」的美譽。學校培育人才的貢獻能量，需數十年之後才能看到些許的軌跡脈絡，但僅止於質的描述，很難用具體的數據明確表達。

非營利事業單位的特質在「績效責任」的模糊性，因為有沒有把學生教成國家有用的人才，其責任歸屬，在學校中是模糊的，好像每一位老師均有責任，但我們很難明確地將某位學生的不成才，歸咎於他的某一位教師擔誤了他。是以校長要經營一個「績效責任」模糊的學校組織，應設法建置核心任務與核心技術的「標準作業程序」（S.O.P.），並適時創新，以教學服務歷程的標準化，來檢核要求基本品質與績效。

三、專業示範的實踐歷程

學校組織的第三個特質，在於校長想要帶動教師有效教學及輔導學生，必須能夠提供專業示範，唯有專業示範各種教育任務，教師才會服氣、才會跟進，教育的品質和績效，才會圓滿豐沛。而老師對學生的教學與各種教育活動，也是在要求老師能夠提供知識、技能與行為表現的專業示範，因為老師的專業示範表達得恰到好處，才能幫助學生在最短的時間內學會應備的知識、技能與情感表達。

校長如何向學校師生展現「專業示範」？教師又如何有效地「專業示範」教導學生？這些都建立在校長及教師本身的「核心能力」、「認同程度」，以及「實踐要領」之上，是以校長經營教育人員的專業示範效率，要從「強化同仁的核心能力」（能力說）、「轉動教師職工對於教育的價值認同」（智慧資本論），以及「運用合適的實踐要領」（八要）來著力焦點，才能讓教師及學生在各種「教」與「學」的歷程中，在最短的階段學習中，習得核心技術、核心能力，以及核心知識。

四、核心價值及知識技能的傳承場域

學校組織的第四個特質，在傳承創新人的「核心價值」及「知識技能」。核心價值的傳承創新展現在「課程教學」，也就是教育內容，我們要教給學生什麼？其決定在當時國家的核心價值取向，決定在當時國家的教育政策，也決定在當時教育領導人（行政首長及校長）的教育理念及統整判斷成果的交織，例如：學校本位的總體課程設計，就是前述與「核心價值」有關元素交織的結果。「知識技能」及「情感意志」的傳承創新，係展現在以學生為主體的學習成果。對所有學生而言，學校提供的課程教學，就是學生「知識基模的系統重組」、「技術能力的累進升級」，以及

「情意修為的培養修煉」。

校長經營學校，要回歸以學生學習為主體：願景目標價值的設定以學生為主體考量；計畫經營內涵以學生的核心知識、技能情意的學習為主軸；教師專業社團的形成，以學科領域專門專業知能的傳承創新為訴求；課程教學的行動研究以能夠活化教材，有效學習方法為主題。經營學校的成果績效，才得以彰顯學校組織是核心價值及知識技能傳承場域的個殊性質。

五、百業興隆的上游工廠

學校是非營利事業單位，沒有辦法在短期之內看到其具體價值回饋，但是教育本身具有長遠的潛在價值。教育品質的優異，從小學→中學→大學培育出來的優質卓越人才，為國家的各行各業提供合用有產值的人力資源，促成百業興隆；學校教育是富國強民的最重要基礎，因為它是百業興隆的上游工廠，也是無形的國防。

校長經營學校，要適時地向教師職工揭示「教育本身」的重要性，辦好教育，因為學校教育是百業興旺的基礎；教育若沒有辦好，學校教育出來的公民，不符合產業人才需求，就會擔誤了國家社會的發展。因此，如果國家長久積弱不振，教育人員多少是有責任的。強調教育的重要性，喚起學校教師同仁，樂為人師，傳唱教育，將能量奉獻在學校的教育工作上，在追求自我實現的同時，也成為學校、社會、國家的有效智慧資本，大家都能以促進百業興隆，國富民強為己任。

第三節　目標價值的創新

學校組織的創新經營，約略可以分為三大脈絡：目標價值的創新、人力資源的創新，以及運作方式的創新。目標價值的創新，即以「價值說」

與「願景領導策略」綜合運作為主軸，註解任務目標的新價值意涵，分析實踐目標價值的短期、中期、長期任務，論述短期任務當下的重點工作事項，促使同仁了解學校組織長遠目標價值的同時，也曉得創新經營當下手上的教育重點工作。創新經營的要領大要如下。

一、註解教育目標在學校經營的新價值

以中小學教育為例，教育目標的規定在各級學校法中，每個學校的辦學都應該遵循，《國民教育法》第一條就明確揭示「國民教育以養成德、智、體、群、美五育均衡發展之健全國民為宗旨」。課程目標也是國家規範的，國民教育的實施在培育國民十大基本能力（帶得走的能力）。然而，每一個學校組織的經營是個別的，也因為教師、學生、社區的背景條件是個別的，不一定全然一致的，所以近代管理學強調組織要運用 Vision（願景）、Mission（任務）及 Core Value（核心價值）的揭示，來創新組織的目標價值，帶領學校向前持續發展，這在教育的學理上就是「價值說」，在方法策略的運用上就稱之為「願景領導策略」。

新價值的註解與設定要掌握下列五大要領：(1)釐清 Vision（願景）、Mission（任務）及 Core Value（核心價值）等三者的意涵：尤其是 Mission 與原來的教育目標之不同，以及核心價值導向的願景（以前學校多與核心價值混用），與目標任務導向願景的不同；(2)優先分析設定學校階段性的任務使命：也就是先進行 SWOT 分析、行動研究、焦點討論，找到學校組織的階段性 Mission（任務），用階段性任務目標做為組織經營核心價值的基礎；(3)依據階段任務尋繹經營策略及重點工作：新的價值目標需要具體實踐，找到經營的方法策略及實際操作事項，才具有真實的意義及價值；(4)編撰校務中長程發展計畫：將前述的理念與操作成果編撰成中長程校務發展計畫，並在此計畫中明確揭示新願景〔包括：Vision（願景）、Mission

（任務）及 Core Value（核心價值）〕；(5)新 Vision（願景）要完整關照四大元素：邁向組織目標、實踐階段任務、反映同仁心願，以及彰顯核心價值。

🔳 二、發展學校領域課程之學生核心能力及核心價值

過去學校在發展校本課程時，曾被要求要先規劃「課程願景」，再以實務發展成果觀察，此時學校容易陷入兩個盲點：(1)課程願景多屬核心價值的陳述，與一般企業組織的 Vision（願景）訴求不同；(2)課程願景與學校願景更難區隔，有的不一致，莫衷一是。研究者認為，今後的政策帶動，應該避免前述迷思的沿用，學校的本位課程發展不再強調「課程願景」，而是直接發展校本領域課程之學生「核心能力」及其針對此核心能力集群之教學歷程所實踐的「核心價值」，此始為正辦。領域（學科）演繹的學生核心能力，是實踐整體學校教育目標的次級系統，其所回應的教學歷程之「核心價值」，亦可以讓教師在每日的教學中，得到新的意義與新的價值，也讓其每天的本業生活，充滿著新意。

發展領域學生的核心能力，需要參照「能力說」、「組織學習策略」，以及「本位經營」。「能力說」分析了學生核心能力的來源與因素，強調學習者的核心能力包括「學習力」、「知識力」、「藝能力」與「品格力」；「組織學習策略」的運用，學校可將教同一領域（科目）的教師成立各種學習社群，在學者專家及資深教師的指導帶動下，逐一發展本位經營的學生領域（學科）之核心能力。教師們群組的本位經營，得以透過行動研究及任務目標的實踐，逐一完成。

🔳 三、運用核心價值詮釋教育活動的實施

學校每年都定期地辦理一些重要的教育活動，例如：開學典禮、親職

教育日、校慶運動會、園遊會、秩序整潔禮貌三項競賽、閱讀教育、班親會，以及藝文體育競賽等各類型教育活動，每年周而復始地辦，參與的教師變化不大，而學生卻年年不同，校長、承辦幹部及來賓的致詞，會影響教育活動的本質與發展趨勢。研究者認為，校長及來賓如能運用此類教育活動的核心價值，來詮釋說明它的深層意涵與重要性，最能激勵現場師生士氣，盡情投入演出，既能讓參與的師生釋放能量，也同時能獲得豐厚的教育成果。

　　教育活動的核心價值可由校長及來賓自由發揮，茲以國立臺北教育大學研發處的四大工作任務為例說明。大學研發處通常有「計畫發展」、「研究創新」、「產學合作」，以及「國際視野」等四大任務，研究者在擔任學校首任研發長時，即賦予其核心價值的論述：「計畫發展」的核心價值在「精緻」，如果學校每年策定十項主題計畫，並落實實施，就可以帶動學校日益精緻發展；「研究創新」的核心價值在「實用」，教師的國科會計畫、教育當局委託的專案研究、學生的博碩士論文等，其累積的成果，要能夠逐次轉化為學校組織改變的能量，直接幫助學校師生，蓄積「實用」的價值；「產學合作」的核心價值在「擴能」，將學校教師的能量與企業組織、中小學及教育行政機關綿密結合，擴大彼此的關係及影響作用，共同提升教育品質與企業組織競爭力，「擴能」讓學校教育的效能銜接到企業實體及中小學；「國際視野」的核心價值為「前瞻」，所謂「他山之石，可以攻玉」，「半開發國家進到已開發國家」，將國民所得二萬美元水準的教育精緻度，發展到國民所得四萬美元以上的精緻機制，這需要學校領導者及施政者具有「前瞻」的「國際視野」。

四、賦予環境資源新的目標價值

　　環境資源包括學校的教室大樓、場館、建築、重要設施配備，以及其

間的長廊牆壁、自然生態、人文環境。配合學校大環境的建設整備進程，或者學年學期的教育活動需求，賦予環境資源新的目標價值，是目標價值創新的一種具體行動表現，也是學校可以經營的作法之一，例如：學校新蓋大樓完工，不但給予新大樓命名，也順勢調整其他大樓的名字，給予系列的呈現，以彰顯環境資源的目標價值（如國立臺北教育大學的新大樓稱為篤行樓，臺北市立教育大學的新大樓稱為公誠樓，都是一種目標價值導向的命名）。

將學校的走廊及學生的出入走道闢建為各領域的學習步道，並以學生核心能力及核心價值的文字，作為步道各節次的名稱。核心能力就是學生新的學習任務，核心價值在回應學生之所以學習的目標價值，都同樣在創新經營學校。班級教室定期的教學情境創新，也是一種環境資源的創新經營，校長及幹部宜提示教師，班級情境布置或專科教室情境布置要適度串聯四大共同需求：(1)延續或銜接學校的 Vision（願景）、Mission（任務）及 Core Value（核心價值）；(2)學生學習單元主題之核心能力或核心知識；(3)班級經營理念或領域學理的圖示或表示；(4)大師名言、經典詩詞、中心德目（核心價值）及其行為規準。四者綜合，按月或按季賦予環境資源新的目標價值。

五、個人化願景領導與創新教育的整合匯通

學校組織需要創新經營，學校的組織成員個人也需要創新經營，個人的創新目標價值與學校組織的目標價值一致時，個人的意願、動力與能量就會結合學校的教育措施，同時展現，對個人來說就是追求自我實現，對學校來說就是組織有效的智慧資本。校長經營學校，要適度地進行個人化願景領導，適時提示教師職工每一個人一輩子的教育志業為何？在這一輩子的生命願景中，要實現的理想抱負是什麼？用什麼方式或作為來實現理

想抱負？想要完成並留下來的教育產品又是什麼？更重要的是，這些理想抱負與想要完成的教育產品，如何配合學校創新經營的教育和新工作而同時完成，在各階段做好學校本業工作的同時，也完成了生命志業想要產出的教育產品。

　　校長經營個人化願景領導及創新教育的整合匯通，可參照下列幾項要領：(1)本位經營：每一個人的教育志業、生命願景的設定，要每一個人自己的本位經營，教育人員共同的方向可以一致，但個殊性向、專長、優勢、能力、意願仍要本位經營；(2)方案管理：每位教師職工都有個人的生涯願景、階段任務與產品規劃，應撰寫成生涯發展計畫，實施方案管理；(3)交互整合：校長要定期（適時）提醒教師，學校這一階段的教育活動或課程內涵，教師可以順勢完成的教育產品是什麼？讓教師覺察努力經營學校的創新作為，就可以為自己想要的教育產品加分，兩者具有交互作用、整合發展的功能；(4)目標價值：無論是教師個人的教育產品或是學校實踐的創新作為，校長均要適時地提示此一教育活動的目標任務及其核心價值，促使價值的創新，真實地串聯學校組織及教師個人。

第四節　人力資源的創新

　　人力資源的創新，最狹義的範圍是指更新學校組織的人力資源系統；較廣義的人力資源創新，則包括人的資源及物的資源創新，也就是學校的人力資源系統加上環境設施的物力資源系統；最廣義的範圍，則讀成「人力‧資源‧創新」，除了前述兩種核心技術資源外，尚包括課程教學資源系統的創新（串聯資源效益的中介核心技術）。本書採最廣義的範圍界定，用「人力」＋「資源」兩大脈絡，來註解學校組織在這兩大脈絡中的創新經營要領。人力創新有三大要領：創新教育人員核心能力、創新教育人員

群組進修，以及分享教育人員創新產品。資源創新則有二大要領：創新學校環境資源設施，以及創新課程教學教材教案。說明如下。

一、創新教育人員核心能力

人的基本素養與核心能力，永遠是組織發展的最重要基石。任何公司行號、企業經營都希望擁有適配其公司產品的核心技術與核心能力之同仁組成，為組織運作產出有競爭力的產品。學校教育是人教人極端專業的行業，教育人員（教師為主）的基本素養與核心能力之訴求更為嚴格，此由當前臺灣中小學教師及大學教師被聘任成功的難度可見一斑。

教育人員的核心能力也是可以創新的。核心能力是一種潛在知識能量外顯化的行為表現，愈符合工作任務目標實踐需求者，就代表愈能掌握此一行業的核心技術，並愈能實現企業組織及其產品目標。核心能力的創新經營得參照下列幾項作為：(1)進用標準條件以上的教育人員：教師聘任及行政人員聘兼，學校均有基本規範，進用符合標準條件以上的人員，得確保相對的核心能力優勢化；(2)定期檢核教師職工的核心能力及核心技術表現水準：教師的核心能力表現在課程與教學的核心技術上，定期的教師評鑑應有合適的比例在檢核教師核心能力與核心技術的表現；(3)激勵教師取得領域教學認證：核心能力及核心技術的實際表現很難客觀觀察論斷，激勵教師配合政策推動，取得自己專長領域（學科）的教學認證，以教學認證有效期間來代表本身的核心能力及核心技術符合時代標準；(4)推動教師第二專長教學領域（學科）認證：學校教師編制有限，學校要教給學生的領域（學科）甚多，但卻無法安排所有科目都由第一專長的教師授課，部分學校供需落差太大，很多學科的授課師資必須運用到教師的第二或第三專長，因此會影響到實際的教學品質；鼓勵教師透過在職進修取得第二專長教學認證，可以協助學校提高教師教學的平均核心能力及核心技術；(5)

激勵教師職工進修碩博士學位：當前臺灣中小學教師的碩士化比例領先所有華人地區，是臺灣教育軟實力亮點之一，碩士化師資的基本素養提升，行動研究、自編教材、國際教育的核心能力增強，就會有更高的能力創新經營教育。

二、創新教育人員群組進修

　　學習型組織理論帶動的企業革命，改變了企業體實質的經營理念與作為，除了有效運用組織人力資源努力生產的同時，並促使組織成員一邊工作一邊進入學習狀態，以提升核心能力及核心技術水準，此是最大的改革脈絡；而在學校組織的應用上，就是經營一所學習型學校。所謂學習型學校，不只是所有的學生要能夠有效學習，更重要的，是指「教師本身」也要有計畫的學習，才能持續提升教師的核心能力與核心技術。目前各級學校教師的進修學習，約略可以化分成下列六種型態：(1)進修碩、博士學位；(2)領域專門學能進修，如二十個輔導學分、特教學分、專門學科知能進修；(3)主題教育工作坊（一週左右）；(4)政策通識知能研習，如性別平等、法治人權教育等；(5)授課領域教學知能進修；(6)行動團隊及行動研究，如各種讀書會及有任務的團隊研究（也視同進修研究）。這些多元在職進修型態，有更為時代性的名詞，稱之為「學習社群」，或者「群組進修」。

　　校長創新教育人員群組進修（學習社群）之經營要領，可參照下列幾項作法：(1)賦予任務：各種學習社群，應配合課程、教學、教育活動主題之需求，賦予群組學習進修之明確目標任務，例如：完成「學校新願景設計」、「領域學生核心能力之條列撰寫」、「行動研究報告」等，用任務目標引導群組進修之方向與內涵；(2)行動計畫：所有的學習社群或群組進修，都不是強迫的，都是由教師自主參與，其意願與性向、興趣、專長、意志等多元因素交織之後，實際運作歷程與結果落差頗大，是以校長應責

由幹部督導，每一學習社群的成立，都要有具體的行動計畫，規範明確的學習時段、學習事項主題、成果評量等；(3)責任召集：學校的學習社群，均應指定資深或專長新秀為學習社群召集人，專業示範學習事務，落實學習效率與效能；(4)績效產品：運用教育的實質產品，如新的教材教具、新的主題教學教案、教學產品成果展示等，來創新學習效果（有實物的學習，比抽象的學習踏實、創新）；(5)智慧交流：多元群組進修機制，同仁進修智慧成果都要適時與同仁分享，公開褒揚創新價值與貢獻，並建置智慧交流資訊平台，流通智慧價值，擴大貢獻能量。

三、分享教育人員創新產品

推陳出新的教育產品，包括：博碩士論文、教授及中小學教師著作、期刊論文、行動研究報告、各種獎助委託研究報告、創新的教育計畫、行動方案、教育影音視聽媒材、教學上新的教材教具與資料軟體、教師的主題教學教案、教材投影片、授課錄音、有聲書、有教育意涵的影片、藝文展演專輯等，這些教育人員創新的教育產品，要公開流通，並且要有半強迫性的分享機制，來激勵提升學校人力資源的素養與核心能力。

領導教育人員分享創新產品的作法，得參照下列幾個方式：(1)多元平台：學校內要佈建多元分享平台，包括：網頁平台、會議平台、成果展示平台、活動融入平台、策略聯盟平台、多元分享平台等，促使大大小小的各類創新教育產品，均有開放流通與被知的機會；(2)定期分享：分享平台建置之後，仍然要真正地辦理創新產品分享，才有實質意涵與價值；各種平台要定期分享，教師或該學習社群成員才能預留時間，定時參與；定期分享的期程規劃，帶有半強迫參與分享之意謂，唯有半強迫分享之執行，才能讓組織成員強化知識螺旋功能，創新分享產品；(3)系統整理：校長要指定幹部及專長符合同仁，定期系統整理各平台分享的創新產品，給予系

統化、結構化、精緻化的整理，使這些產品的總和成為進階智慧，再分享給組織同仁；(4)行銷智慧：同仁之創新教育產品，經系統整理成進階智慧之後，校長要鼓勵教師對外公開行銷此一產品的教育智慧，創新經營學校品牌。

四、創新學校環境資源設施

環境資源設施具有潛在教育的功能，也是人力發揮核心能力與核心技術的舞台。有適量足夠的空間、有豐富的圖儀設備、有先進的資訊教學系統、有運用大自然及牆壁資源佈建的各種學習步道、有各種專科教室的個殊設備儀器等，學校的優質教師職工才得以盡情發揮，在教與學的歷程中，施展其核心技術，教好每一位學生。

創新學校環境資源設施可用下列五大途徑：(1)計畫創新：環境資源的創新要撰寫成具體的執行方案，並按計畫方案創新經營學校；(2)認養創新：學校各種環境設施之整備活動，都需要人力、財力及物力的資源配合，並需要爭取外部資源認養，也要有校內教師同仁認養；有認養的更新計畫，才有責任績效動力，也才能按時完成資源創新；(3)主題步道：學校是學習的主要場域，能將學校的空間資源，創新成各種主題教育學習步道，輔助學生核心知識學習的系統重組；(4)系統重組：環境資源設施本身也需定期系統重組，系統重組就是創新資源支持系統，讓教師的教及學生的學更有效能與效率；(5)彰顯特色：創新環境整備，賦予學校當前的特色經營品牌，聚焦學校經營的真正特質，提高學校教育競爭力。

五、創新課程教學教材教案

教育的核心技術在課程教學，教師核心能力的展現，可以從教材教案觀察。課程教學及教材教案也是人力資源的教育產品，它是教好學生的主

要內容與工具，創新課程教學教材教案是最廣義的人力資源創新，用新的課程教學設計，用新的教材教案進行各種教育活動，才能與時俱進，系統重組核心知識與藝能的呈現方式，帶領學生創新學習，依序學會帶得走的十大基本能力。

創新課程教學教材教案的經營要領，可以參照下列幾項作為：(1)校本經營：校長領導學校課程發展委員會及領域小組，發展學校各領域的校本課程及教學內容，永續創新課程教學；(2)師本經營：配合教師授課專長及領域小組之運作，督責每位教師依據校本課程，自編領域主題教學教材教案，創新自身授課內容及工具，並進行課程統整；(3)定量績效：校長與幹部商定，並提交相關會議討論通過（如課程發展委員會、校發會、校務會議），每學期每位教師應創新二至三個單元主題教學之教材教案，並在寒、暑假之前公告，運用定量績效，激發教師永續創新自己的教育產品，更新教學資源；(4)分享創新：配合寒、暑假結束前之備課時間，公開分享教師創新教材教案成果，流通智慧；(5)拓展創新：每位教師創新的教材教案，在不影響智慧財產的原則下，學校教師得交互參照使用，為學校學生提供系統化的最佳教學內容與過程，創新校本課程及師本教材的最大價值。

第五節　運作方式的創新

狹義的「組織再造」或「創新經營」，專指調配組織員額編制，裁併單位人力或直接改聘，以符合組織需求，只留下具備核心技術素養的人才。廣義的組織創新，兼指學校組織的運作方式創新，所謂運作方式包括學校的行政程序，校長、幹部、一級二級主管及業務承辦同仁的授權幅度，核心業務的「標準作業程序」（S.O.P.），重要慶典及大型教育活動的動員程度與參與者的歷程設計；更廣義的運作方式，還包括「教」與「學」歷程

的精緻化、輔導學生的個別化方案、小團體輔導流程與主題內容設計等。

一、職務編配——順應意願專長

學校組織中的職務編配，約略可劃分為四大項：授課領域（學科）、行政職務、課程教學研究，以及社團指導或社區服務工作。活絡興旺的學校，在這四方面的職務編配，大多能尊重教師意願及配合專長順位，使人盡其才，才盡其用，教師、幹部、同仁都能充分自我實現，同時也是學校組織有效的智慧資本。

學校的四大職務編配，亦有其重要性與順序性。依教師專長排課，每一個班級的每一門課，均由最專長的教師授課，因其最能掌握核心知識的教學，最能引領學生創新學習；其次在於行政幹部的聘兼，校長要均衡幹部個人的意願、學校行政的任務性質，以及專業能力的適配度，才能找到「可用」且能「發揮」的人才，創新處室校務經營。第三個順位，再考量所有教師參與課程領域教學研發的群組配置，期待每位教師每學年都能參與一至二個專業學習社群，創新課程教學教材教案之研發。第四個順位再考量社團指導與社區服務業務，校長要提出誘因（附加價值），激勵教師承擔社團指導及參與社區（社會）服務性質的工作，以擴大教育能量，創新經營服務學習及學習服務。

二、賦權增能——精簡行政流程

擴大授權，賦予單位主管分擔行政決策權力，增進核心幹部的經營能量，是當前企業組織最推崇的作法，尤其是組織規模愈大，愈需要賦權增能（empowerment）。就學校的組織規模而言，中大型的中小學及大學都需要賦權增能，校長可以擴大對一級幹部的授權，處室的公文通常上呈到校長判行者，不應超過總量的 10%；核支經費的額度，中小學要萬元以上，

大學要十萬元以上，才有必要經校長親自核定。賦權增能同時也是責任績效的承擔，是創新經營的技術法寶。

精簡行政流程也是「賦權增能」的實際創新作為。研究者對於前行政院院長孫運璿先生主持台電期間，曾要求台電職工，每一張公文不能超過三個章，即應結案，印象深刻，這是精簡行政流程最經典的代表。孫先生主持台電期間，佈建完成了全台的電路輸配網絡系統，為臺灣的經濟奇蹟奠定了厚實的基礎，其貢獻價值功不可沒。當代的學校行政組織運作，一張公文的核章與會章超過二十個的約有 10%，超過十個的約有 50%；如此的經營效率，品質並未提高，卻會嚴重地影響教育的競爭力（行政人員的能量多花在價值不大的會章與登錄，缺乏創新與產出）。因此，研究者認為，中小學公文的核章數可以在三個以下，大學公文的核章數可以在五個以下，中小學校長親核的公文至多 10%，大學校長親核的公文至多 5%。適度精簡行政流程，就是賦權增能、績效責任的運用，同時也是創新運作方式的著力焦點。

三、創新目標——帶動階段產能

教育經營缺乏競爭力，其中的一個因素在於教育行政事物具有年度循環性，一年大都只辦一次，而且是唯一的一次，例如：開學典禮、校慶運動會、年度成果展、每學期的第一次段考、第二次段考等；若該次工作沒有做到理想，不太符合「顧客滿意」的標準，就只能等下一年度再調整改進，然而下一年度往往有新人新氣象，重新主持其事務（而接續的人，也容易忘了上年度的事情），具體的傳承、創新、改進不一定銜接，此一因素常發生在一般學校中，周而復始地循環。

校長應創新學校經營的階段目標，賦予組織同仁近期工作的任務價值，責由單位主管提出每月的處室工作目標，以及每週配合完成的任務工作事

項，逐週逐月在行政會議中檢視討論，帶動同仁辦好當前任務工作，完成
階段產品或標準品質，賦予同仁當下工作的意義與價值，讓大家知道每一
階段工作的重點，為什麼要做這些事，做這些事背後的意義價值是什麼，
並帶領大家實踐力行，做好每一件教育事務，共同帶好每一位學生。在全
年度的辦學歷程中，階段產能明確化及階段服務品質標準化，才能累積綜
效，達成全年度的辦學績效，創新教育歷程的階段目標，是從運作方式的
創新帶動，來實踐學校組織的創新經營。

四、品質績效──創新標準程序

在臺灣的餐飲業經營中，「王品」與「陶板屋」的經營，一直是大家
所稱讚樂道的。王品是高級套餐，每客一千三百元，陶板屋也是套餐，每
客四百九十九元。看它們的到客率，幾乎每天客滿，有的店面每餐還分前
後兩個時段供客人預定，加上每次看到現場排隊等待的客人為數眾多，大
家都要問，到底它好在哪裡？從大家的傳說交流中，研究者歸納為以下三
點：(1)套餐的食材量足質精，讓客人有物超所值的感覺；(2)服務生嚴守標
準程序服務顧客，讓大家有賓至如歸、受到尊重的感受；(3)臨行前，進行
問卷調查，用筆當小禮物，蒐集顧客滿意程度，以作為品質保證與持續改
善的依據。第一個因素是餐飲業的命脈，夠好吃的東西，顧客才會上門，
才願意不辭辛苦的訂位或排隊；第二及第三個因素則是經營要領，是現代
管理學的實踐應用。王品與陶板屋經營運用得爐火純青，十分成功，足當
樣板。

學校組織的創新經營，也可以學習王品和陶板屋，重視提供「標準程
序」的服務品質，以及「立即回饋」的持續改善機制。目前已有多數的大
學要求處室核心業務需建立「標準作業程序」（S.O.P.），提示同仁依據
「標準作業程序」為學校師生服務，也有不少學校配合迎接校務評鑑、系

所評鑑，針對學校大型教育活動及即將畢業之學生，實施「參與滿意度調查」，分析課程、講座、行政配套的立即回饋意見，以作為品質保證及持續改善之機制，這同時也是自我評鑑的重要內容。

校長經營組織運作方式的創新，在這一層面上要考量學校本身的發展進程，審慎採行以下幾項漸進式作為：(1)還沒有任何「標準作業程序」者，優先責由各單位建置發展核心校務之「標準作業程序」；(2)已經有「標準作業程序」者，責由單位主管透過處室群組學習，依據「標準作業程序」為學校師生及家長提供標準品質服務；(3)已進入標準品質服務之學校，要有配套蒐集被服務師生當事人的滿意度回饋，以作為精簡「標準作業程序」及創新標準服務的依據；(4)持續追求高品質的服務歷程與高滿意度回饋，活化組織運作型態。

五、激勵創新——定期競賽展演

電腦與手機的發展日新月異，每年都會看到政府結合民間廠商辦理資訊月、電腦展、手機展；每隔一段時間就會看到微軟、蘋果、三星、宏達電、宏碁、華碩等知名品牌廠商舉辦「創新產品」發表會，行銷創新產品的功能價值，增加新產品的市場競爭力，期待為企業公司創新更高利潤。學校的組織經營也可以學習企業的作法，定期辦理各項創新競賽及創新成果展示活動，為教師們行銷其創新教育產品的價值與榮譽，活化創新意願與學習，形成創新組織文化，拓展學校整體創新能量。

學校激勵創新的具體作法，得參照下列幾項規劃：(1)將創新作為學校願景的文字之一，任何教育活動事務，均強調其應符合創新之核心價值；(2)按月辦理一項班級創新競賽活動，例如：教學情境布置創新競賽、語文創新競賽、班級網頁創新競賽、玩具遊戲創意競賽、才藝表演競賽、教師教案創新成果展、教師行動研究創新發表會等；(3)定期舉辦多元社團學習

成果發表會，激勵師生發表階段性創新成果；(4)激勵師生積極參與校際競賽活動，例如：教學卓越獎、優質教學教案選拔、學校創新經營獎（Innos-chool 及 Greateach）、年度的鄉（區）賽、縣賽及全國性的競賽活動，從參與準備歷程，精緻創新主題教育的核心能力與核心技術；(5)公開表揚參與成果展演及各類競賽團隊師生，並將其實際演出之歷程數位典藏，並進行知識及智慧管理，傳承創新，永續經營。

第七章　領導服務論

＜創化專業示範模式＞

　　校長的法定職能在「綜理校務」，綜理校務是一種「領導行為」，同時也是一種「服務行為」，因此本書強調系統思考的領導服務、專業示範的領導服務，以及實踐篤行的領導服務。系統思考的領導服務，說明校長的領導服務行為如何實踐「關照全面，掌握關鍵」的要領。專業示範的領導服務，闡述校長如何藉由核心能力及核心技術專業，示範帶動學校的校務發展。實踐篤行的領導服務，論述校長運用賦權增能、順性揚才、績效責任、知識管理等要領，領導服務學校教師同仁，實踐學校的教育目標。

　　以「領導」與「服務」交織來論述校長領導行為的應然表現，其理由有四：(1)「服務」已成為當代人類通用的核心價值（Core Value）之一，政府官員及各行業專業領導人，都強調為人民服務，學校領導人也應當示範實踐服務的核心價值；(2)受到「服務領導」〔僕人領導（servant leader-ship）〕理念與研究的影響；(3)「系統思考」與「專業示範」是從領導行為到服務行為之間，具有銜接作用的核心能力與核心技術，是社會大眾對校長最深層的「角色期望」；(4)當代的新興領導理念，例如：「轉型領導」、「正向領導」、「向上領導」、「知識領導」、「教學領導」、「圓通的領導」等，其綜合在校長本身的專業行為表現（實踐篤行訴求），最適合稱之為「領導服務論」。

　　本章分為五節論述：第一節「服務的教育意涵」，說明「服務」的核心價值及其在教育領域實踐上的意涵；第二節「教育領導的特質」，分析領導學的發展脈絡及教育領導主張在臺灣實踐的特質；第三節「專業示範的領導服務」，闡述校長針對核心校務，展現核心知識、核心能力、核心

技術的專業示範，加速帶動校務發展；第四節「系統思考的領導服務」，說明校長如何從「系統思考」的經營要領，領導服務學校校務；第五節「實踐篤行的領導服務」，強調校長專業示範領導服務行為的堅持，及其激發教師職工認同承諾、力行的意願，增進教育執行力，實踐教育目標的領導服務行為。

第一節　服務的教育意涵

「領導服務論」與「服務領導」仍有不同。服務領導的原文為 servant leadership，原本應翻譯成僕人領導，最經典的代表人物為 Robert K. Greenleaf（1904-1990），係由輔仁大學教育領導與發展研究所的師生引進臺灣，並進行一系列本土化研究。其基本主張是：服務領導者首先必須是服務他人的僕人；仍有僕人的意謂，強調先服務，再領導。本書的主張則為：領導者要為組織同仁，提供「專業示範」、「系統思考」、「實踐篤行」的標竿楷模，以帶動組織行為積極發展，是一種服務、一種領導服務，先領導再講究服務內涵與品質，而不只是僕人導向的服務領導。

「服務」已成為當代人類的共同需求，以及各行業組織的任務目標之一，具有「核心價值」的實質意涵，是以人民期待政府為人民服務，政府的政策要為人民帶來更高的價值與生活品質，例如：汽車業強調售後「保養服務」的機制與品質，餐飲業重視客人進場到出店之間的「標準服務品質」，讓客人有賓至如歸的感覺，各行業都要建立服務的「標準作業程序」（S.O.P.），強調「以客為尊，服務至上」。在大學的教育中，已將「服務學習」列為學生的正式課程，沒有修畢服務學習課程者，不能畢業；教育上期待大學學生都能在服務中學習，從學習服務助人中增益生命價值。另外，更在多元社團中，開設各類服務性社團，成立各種學生服務梯隊，利

用寒暑假期間，服務中小學學生或偏鄉社區服務。

　　「服務」確已成為當代「教育」及「領導」上的核心價值之一，在教育措施及學校領導者的行為表現上，「服務」具有更為深層的意涵，研究者認為，服務的教育意涵以下列五者最為重要：專業示範的服務、系統思考的服務、本位經營的服務、實踐篤行的服務，以及價值目標的服務。概要闡明如下。

一、專業示範的服務

　　教育組織最關鍵且重要的服務特質是「專業示範」。教師教導學生學習時，需要專業示範：講授的內容要能夠將核心知識呈現在教材中，這是一種專業示範的服務；講授的說明要能夠有效連結學生的已有知能及當下正要學習的知識技能，連結銜接的縝密，學生才能當下學會，此教學技術的呈現也是一種專業示範的服務；教師在講授歷程之中要舉實例說明，實例內容與學習內容具有畫龍點睛的效果，也是一種專業示範的服務；教師要提供學生行為楷模與品德風格楷模，更是一種專業示範的服務。

　　從校長帶領幹部及教師同仁共同經營學校之立場與視角而言，校長的領導行為，更是一種專業示範的服務。校長專業示範擬定計畫，專業示範校本及特色課程之發展，專業示範認輔學生，專業示範願景領導及價值行銷，專業示範的要領掌握得愈好，愈能獲致同仁的價值認同，進而承諾力行，願意本位經營，結合教育志業與生命願景，共同帶好每一位學生。因此，專業示範的服務是校長領導服務的重要法門，本章將闢第三節加以說明闡述。

二、系統思考的服務

　　服務的第二個教育意涵是「系統思考」。從師生之間的教學服務觀摩，

教師要很會教學，教學是一種需要系統思考的專業服務行為；學生要學會教師提供的教材，學會核心知識與技能，也是需要「系統思考」才能夠學會；學校辦理各項教育活動，每一項活動能夠順利成功地造福師生，這都需要系統思考，提供「關照全面→掌握關鍵→形優輔弱→實踐目標」的服務行為，也才能彰顯活動本身的教育效能與效率。

從校長經營學校、服務學校師生的立場觀察，校長的服務行為更需要系統思考校務的經緯萬端，哪些才是核心關鍵事務，需要校長系統思考；學校教師及幹部個個都是優秀教育人才，如何編配職務，使其專長優勢得到充分發揮，需要系統思考；學校要發展校本課程及特色課程，也需要校長帶著教師與幹部共同系統思考；學校的主題式教育計畫、中長程校務發展計畫，計畫的撰擬、實施、績效管理，都需要系統思考。系統思考是一種理念、一種習慣、一種態度與能力，校長的領導服務系統思考愈強，就愈能夠善盡經營學校暢旺校務的重責大任。是以本章用第四節加以介紹校長「系統思考的領導服務」。

三、本位經營的服務

服務的第三個教育意涵是「本位經營」。本位經營含有「自己善用自己的資源，經營好自己的學校」之意，服務工作要從服務自己的學生做起，也要從善用自己的社區資源著力，更要先從自己的優勢專長發揮開始；教師要服務好學生，即是要從學生的本位經營設計。「本位經營」來自「本位管理」的學理與主張，採用「經營」的意涵導向，更能符合教育的本質；從本位開頭，積極投入，服務每一位師生，經營師生的優勢亮點，順性揚才，邁向普遍卓越。本位經營的服務更能夠彰顯教育組織的特質。

從學校教育的「課程統整」及「競賽活動」中，也可以觀察到「本位經營的服務」軌跡。學校的課程統整有下列三個層次：「領域統整分科」、

「學校本位課程」，以及「教師主題教學教案」，這些都是一種「本位經營的服務」訴求。領域統整分科的實踐，要考量教師專長統整的幅度與學校班級數的規模，經由系統思考與本位經營的服務，才能排定課程統整的全校課表。學校本位課程發展及主題教學教案的實踐，都是本位經營服務的成果，統整在地資源與校本教師專長後，才能發展出校本課程、特色課程與主題教學教案，實踐真正的課程統整，是以「本位經營的服務」是課程統整的必要手段與方法。

若再從學校的各種「教育競賽活動」說明「本位經營的服務」，班級中分組的群組學習，老師在課堂教學歷程中，常給予「記點激勵」，這是一種班級本位經營的競賽服務活動，教師使用愈多、愈靈活、愈能活化學生學習氣氛與動力，學生的學習效果更佳。校內各種球類運動競賽及藝文學藝競賽活動，多以年級、班級為單位，推派代表或組隊參與，是一種「班級本位經營」加上「學校本位經營」的教育服務。「本位經營的服務」也是各種教育競賽活動必要的手段與方法。

四、實踐篤行的服務

服務的第四個教育意涵是「實踐篤行」。「實踐說」與「實踐篤行策略」是《教育經營學：六說、七略、八要》一書中的兩章，研究者大約用了二萬五千字，說明了「實踐的教育意涵」及「實踐篤行的具體操作事項」是經營教育重要的原理學說，也是經營教育的七大有效策略之一。實踐能結合生活化複製、制度化傳承，以及教育化創新，傳承創新人類的文化與文明；實踐具有「執行」、「融入」、「完成」，以及「實現」之教育意涵。「實踐篤行策略」將「實踐」與「篤行」融合，強調教育的執行力及領導人帶頭實踐的重要性。實踐篤行的操作事項，包括：政策理念、方案課程、輔導學生，以及師道責任的實踐篤行。尤其是師道責任的實踐篤行，

還包括：「教育愛的傳承與實踐」、「關照能的培育與篤行」、「執行力的開展與實現」，以及「責任心的傳播與傳揚」。因此，教育服務工作是一種實踐篤行的服務。

本書將校長領導界定為「服務性質」的工作，校長的領導服務事實上也是一種實踐篤行的服務，能示範擬訂計畫、帶頭認輔學生、領導發展學校本位課程及主題教學方案、示範觀摩教學及行動研究、運用教育理念闡述教育工作、留存重要的資料知識和智慧檔案範例等，都是一種實踐篤行的服務，本章將在第五節再以專節詳加論述闡明。

五、價值目標的服務

服務的第五個教育意涵是「價值目標」的服務。教育服務工作是一種「愛與希望」的工程，愛在傳承教育之愛，教育之愛來自價值的體認，具有無私、無求、包容、超越「等差之愛」的性質；教育之愛，讓順性揚才、普遍卓越，成為可能的。希望是指，教育服務工作永遠用正面積極的面向註解天下事務，永遠帶給人類希望，是以教師教學時，都在適時的提醒學生，當下學習的活動價值與行為目標，讓學生充分了解學習的方向與應然行為。校長在經營校務服務師生時，都要結合各種慶典會議，適時論述教育活動的價值及教育目標，實施價值目標領導及願景領導策略，帶給教師同仁希望與凝聚力，做好當下的教育服務工作。因此，教育服務工作是一種價值目標的服務。

價值目標的服務對於弱勢族群學生、適應困難學生、學習落後學生、偏差行為學生，以及陷在困境的學生等，具有較為深層的教育意涵。這些學生大都迷失了生活與學習的方向，成為教育的邊緣，到學校學習所獲得的教育功能相對薄弱。學校的輔導工作與支持資源系統，事實上是在提供一種共鳴性的了解，以協助其找到生活、學習的價值目標，知道當下如何

向前走下去，重新找回常態教育對其個人產生的教育功能。因此，教育服務工作是一種價值目標的服務。

第二節　教育領導的特質

領導學的發展，在臺灣多由教育行政學者研究探討，例如：黃昆輝（1986）、羅虞村（1986）、謝文全（2004）、蔡培村（2004）、秦夢群（2000，2007）、林新發（2011）等學者，有較為顯著的貢獻。領導學的研究分為四個時期：1930 年以前為特質論研究時期，1930～1960 年為行為論研究時期，1960～2000 年前後，稱為情境論研究時期，2000 年以後則為新興領導理論時期。

在特質論研究時期中，Stogdill（1974）曾探討 1904～1947 年完成的有關領導人特質之研究，將領導人的特性歸納為五大類：能力（ability）、成就（achievement）、責任（responsibility）、參與（participation），以及地位（status）（引自謝文全，2004）。

在行為論研究時期，以美國俄亥俄州立大學發展的「領導者行為描述問卷」（Leader Behavior Description Questionnaire, LBDQ）為經典代表。該問卷將領導者的領導行為分為兩大類：「關懷行為」（consideration behavior）和「倡導行為」（initiation of structure）。關懷行為是指，重視部屬工作、滿意度、人際關係、雙向溝通及心理需求面向；倡導行為則是指，關切組織及個人的工作績效、目標的達成，以及效能與效率的追求。強調「高倡導、高關懷」是領導行為的最高藝術，然而在教育領域，學校情境中僅有少數領導人能夠做到。

情境論研究時期的領導理論頗為精彩，內容分為：「單層面領導行為」（例如：將領導分為獨裁式、放任式，以及民主式等三種單一領導行為型

態）、「雙層面領導行為」〔例如：Fiedler 將領導行為分為工作導向（task-oriented）及關係導向（human-relation oriented）等兩層面行為，且可同時存在〕，以及「三層面領導行為」（例如：Reddin 在工作導向及關係導向之外，再加上效能導向，而成為三層面同時存在；Hersey 與 Blanchard 在工作導向及關係導向之外，再加上部屬的成熟度，也成為三層面同時存在的領導行為）。情境領導的核心論點，強調高明的領導人會以情境的最需要與最大價值，採行不同的領導方式，例如：民主式或放任式；關係導向 30%，工作導向 70%；三層面的不同比重等。在進行「順應情境→掌握情境→發展情境→創新情境」的不同階段時，要採取不一樣的領導行為，其中 Fiedler 的權變領導及 Burns 的轉型領導最為著名。

新興領導理論是從僕人（服務）領導（servant leadership）及轉型領導（tranformational leadership）開始，有「主題式領導行為」的名詞出現，並且逐漸結合校長職能的需求，例如：道德領導、變革領導、價值領導、知識領導、課程領導、教學領導、學習領導、創意領導、正向領導、空間領導，以及延續領導等。這些新興主題式領導理論有如百花齊放，多采多姿，不但能活化學校領導的策略與方法，也使教育領導人容易掌握核心論點及操作行為。新興領導理論能夠在教育領域逐漸流行，被研究與運用，與其能夠回應教育領導的特質有關。

教育組織（以學校為主）的特質，本書第六章已有專節說明，包括：(1)人教人的群組系統；(2)非營利事業單位；(3)專業示範的實踐歷程；(4)核心價值及知識技能的傳承場域；(5)百業興隆的上游工廠。參照這五大組織特質，再以校長領導學校組織的立場，校長教育領導行為具有下列五大特質。

一、具備教育的專業素養與核心能力

　　教育領導最需要提供專業示範的服務，校長的領導行為能否達到預期效果，要看校長本身的教育專業素養與核心能力。研究者長期研究探討校長核心能力的成因與主要內涵，並在《教育經營學導論：理念、策略、實踐》一書（鄭崇趁，2011a：22-37）、《教育經營學：六說、七略、八要》一書第二章「能力說」（鄭崇趁，2012b：21-43），以及本書第二章「智慧資本論」的第二節強化智慧資本的基礎（核心能力），均有系統而深入的說明，讀者可自行參閱。校長應具備的四大基本素養（內隱）與八大核心能力（外顯），如圖 7-1 所示。

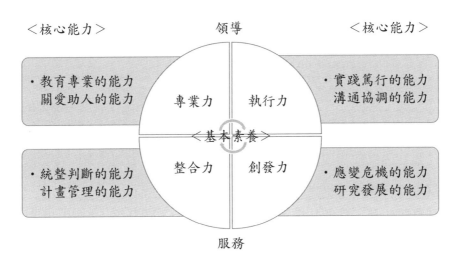

圖 7-1　校長領導服務的基本素養與核心能力

二、了解教育組織機制與核心技術

　　學校教育組織的運作機制，包括六大系統的交互作用、整合發展，這六大系統為：(1)行政組織系統：處室單位，分組辦事；(2)課程教學系統：

排定課表，教學實踐；(3)計畫活動系統：主題教育、慶典賽會；(4)輔助學生系統：輔導網絡，關照弱勢；(5)群組學習系統：學習社群，專業成長；(6)資源整合系統：統整資源，創新情境。校長領導服務學校同仁，要充分了解學校六大組織系統的運作機制，促其交互作用，整合發展；這六大系統能縝密串聯，交互為用，在於學校教育「核心技術」的中介銜接作用。核心技術是指教育組織運作需要的關鍵技術，是「核心能力」結合「組織任務」表現出來的技術群組。學校教育的核心技術，就教師而言，是在「課程設計」、「班級經營」、「有效教學」，以及「輔導學生」；就領導幹部而言，是在「統整判斷」、「計畫管理」、「實踐篤行」，以及「溝通協調」；從個人講是「核心能力」，從組織看是「核心技術」。

三、掌握學校的發展脈絡及師生需求

校長經營學校，要扮演好領導服務的角色並不容易，不但要做到「民之所欲，長在我心」，也要做到「計畫工作，是當前學校發展最需要的」。前者意謂著，稱職的校長永遠把師生需求放在心上，無時無刻地推出具體的「作為」，以回應或滿足師生的心願與需求。後者意謂著，校長應以主題式教育計畫經營學校，例如：每年推動十大主題式計畫，帶動學校從點到面到整體校務，都能夠精緻發展，而這十大主題計畫不但要回應師生的心願與需求，還要是學校當前組織發展的最需要，足以創新經營學校，帶領學校突破發展瓶頸。校長要掌握學校的發展脈絡及師生需求，可以經由SWOT分析、分組行動研究、系列焦點團體、扁平化領導、願景形塑策略而獲得，資料愈精準，計畫方案愈符合組織及同仁需求，領導服務的角色就會愈成功。

四、善用學校師生的專長與優勢學習

校長經營學校，提供領導服務，也要善用學校師生的專長與優勢學習，師生專長得到發揮，有如點亮師生亮點，一方面能滿足個人的自我實現與需求意願，另一方面更能增加組織的亮點績效，讓師生有感教育的產能，大家看得見。經營學校的特色、推動學校的主題式計畫，必須要從既有的優勢著力，進行優勢學習、形優輔弱，帶動均優，也就是符合師生專長、優勢背景，將容易的、不費力的先做，先做出一些效果出來，再提供給大家全面跟進，自然水到渠成。優勢學習則是一種符合興趣性向的學習、順應相對專長的學習、發展特色風格的學習、善用環境配備的學習，以及統整資源的學習（鄭崇趁，2012b：299-315）。

五、形塑教育的核心價值與願景領導

教育工作具有年度週期性，學生會是新的，教師職工卻都是延續的。每年同一季節，多數會進行相類似的教學或事務，年復一年，日復一日，容易形式化，也容易被形容為「和尚敲鐘，且每天愈敲愈小聲」，與社會期待的「鐘鳴大地」，喚醒沉睡中的學子，迎接「朝陽東昇」，進而「春風化雨」，有很大的落差。是以校長提供領導服務，很需要深入了解校務發展脈絡，為學校找到階段經營之任務目標，再依階段任務目標，進行領導服務，領導同仁形塑教育核心價值，並實施願景領導策略，運用 Vision（願景）、Mission（任務）及 Core Value（核心價值）的註解，行銷、凝聚學校同仁的向心力與經營方向，對外爭取教育資源的認同與匯聚，才能實質提高教育品質與組織競爭力。

第三節　專業示範的領導服務

　　教育組織是專業示範的實踐場域，教師教導學生學習，要專業示範，要能提示核心知識及其與學生現有知識的連結，學生才能學會。施教者要提供優良的行為楷模，帶領學習者模仿學習，更是一種專業示範；學校經營教育事務，領導者與幹部之間，核心幹部與教師職工之間，也要提供專業示範的領導服務，因此校長專業示範的有無與強度，將影響校務發展的效能與效率。專業示範具有以下三大功能：(1)好的開始：校務經營都具一定的專業難度，校長若能夠帶頭示範，各事務責任幹部能即時接手開展，便有好的開始；(2)價值認同：領導人的專業示範、帶頭耕耘，兼談為什麼要做這事，這件事如何做，才能為學校帶來價值，跟隨的教師職工才會認同，才會增加實踐篤行的意願；(3)揭示標準：教育事務的實施若沒有制式的品質標準，不同教師職工執行同樣的事務（如課程設計及自編主題教學教案），其成品的品質差異會極大；校長或幹部的專業示範，可以揭示品質標準，帶領大家研發夠水準的教育產品，執行達到標準品質的教育活動。

　　校長是學校的領導人，到校上班的公務行為都具有專業示範的功能，甚至於個人的食、衣、住、行、育、樂之行為模式，只要讓師生看到了，多多少少都有示範效果，但不一定是專業的示範。也有部分的校長，沒有覺察專業示範的重要，用管理、督導、考評來經營學校，長期沒有參與核心業務的研發，自己的專業也日漸脫離時代脈絡，學校文化轉趨消極被動，此時校務容易陷入積弱不振，身為校長者宜予避免。

　　校長專業示範的領導服務，仍要以學校教育的核心技術為主，尤其是示範會議主持技巧、示範計畫策訂技術、示範校本課程設計、示範有效群組學習、示範認輔弱勢學生、示範應變危機程序，以及示範發表研究成果等七者較為重要，逐次說明如下。

一、示範會議主持技巧

校長經營校務，有很大的比例時間在主持會議，包括：校務會議、校務發展委員會議、每月或每週的行政會議、課程發展委員會議、教師評議委員會議、教師座談會、導師會議、開學典禮、畢業典禮、校慶運動會、大型教育活動、競賽活動等，中小學還有教師朝會、夕會、學生的週會或升旗典禮、接待外賓、主持交流會議，大大小小的會都要校長主持，同時也是校長的法定職權。因此研究者認為，校長能夠善用會議領導服務同仁，專業示範會議主持技巧，是經營學校的首要工作。

示範會議主持技巧，其目的在提升開會的品質與效率，運用會議來進行有效溝通，運用會議來尋求共識，也運用會議來經營學校發展。校長的會議主持技巧，以下列六個技巧的運用最為重要：(1)準時開會、準時結束：每週召開的會議以一小時為限，每月召開或各種委員會以一至二小時為限，準時開會、準時結束，參與者不至於被會議綁住；(2)論述目的及核心價值：開會之始的主席致詞，要用一至三分鐘，說明開會的目的及議案核心價值，引導同仁掌握議程，聚焦發言方向與內涵；(3)規範民主討論程序：充分討論同時，避免會議為少數朋黨把持；(4)適時介入、統合成果：任何議案均請提案單位預擬具體建議方案，針對建議的可行性與更好的方案進行發言討論；(5)具有爭議或需長遠規劃的問題或議題，應指定責任幹部或具有專長的教師，以類似行動研究之專案報告方式在會中報告，聽取大家的意見後，再做必要決定或「處理程序」（此也是決定的一種）；(6)規劃整併各種委員會，聯合召開，儘量縮減開會次數。

二、示範計畫策訂技術

當前的學校教育是完全計畫的教育時代，學制是國家的計畫教育，課

程標準、設備基準、師資條件等都是廣義的計畫教育，學校的日課表、每節授課時間長度更是計畫教育的實踐。校長主持校務經營學校，也是透過年度工作計畫、年度經費預算配置、校務發展計畫、主題式教育計畫、教育活動計畫等，發展學校本位課程及特色課程計畫，以各種大大小小的方案計畫的實施來經營主要校務。

學校計畫滿天飛，校長、幹部、教師、職工每天都在擬訂計畫方案，都在執行計畫，但好似有計畫、沒計畫並沒有明顯區隔，每天都按照學校的行事曆及課程表在做事教學，不覺得有無計畫的必要存在，其主要原因有三：(1)教育同仁沒有辨識優質（好的）計畫與不夠優質的計畫，大家混著用；(2)計畫性施政在學校中流於形式，大家認為按行事曆辦事就是計畫施政；(3)教育計畫的教學與研究欠缺學者專家投入研發，其重要性沒有得到行政當局的重視。

事實上，教育計畫是可以教學的，優質的教育計畫是有核心技術的，校長本身要學會優質教育計畫的觀念與策訂優質教育計畫的技術要領，再示範計畫擬定的技術要領，領導服務同仁，計畫經營學校，帶動學校精緻發展。優質教育計畫的要件包括下列幾項：(1)計畫本身具有系統結構，其目標、策略、項目環環相扣，能夠用圖或表來呈現；(2)計畫的內涵能夠依循教育理念、理論，回應教育的核心價值；(3)計畫的實施項目、內容，是可行的、可以操作的，也是當前學校發展最需要的；(4)計畫的執行設定了固定的期程、項目與經費，資源投入的量與質均有明確規範；(5)計畫本身有執行運作的「配套措施」，有組織運作、考評回饋、品質保證機制之設定。相關的技術要領與操作範例，請參閱《教育經營學：六說、七略、八要》一書第九章「計畫管理策略」（鄭崇趁，2012b：157-176），以及本書第五章「計畫經營論」。

三、示範校本課程設計

　　學校教育的核心技術，以課程教學為主軸，是以部分的學者主張，校長主持學校要做好行政領導、課程領導、教學領導，以及學習領導。行政領導的主要對象是處室主任及組長；課程教學領導的對象是授課教師；教學及學習領導的對象則是所有的教師及學生。目前，教育界流行教學領導，並且是以學生學習為主體的教學領導。教學領導包括課程領導？抑或是課程領導包括教學領導？不同立場的學者往往有不同看法。研究者在本書第三章「角色責任論」主張，校長的角色責任有五：教育理論的實踐家、行政效能的經理人、課程教學的規劃師、輔導學生的示範者，以及資源統整的工程師。「課程教學」是複合性名詞，並且以「規劃師」的角色提供專業示範。

　　示範學校的本位課程、特色課程，以及教師主題教學教案的發展、設計、編撰、實踐，已成為校長專業示範的第三大重點，經營要領得參照下列幾個步驟與流程：(1)確定學校總體課程願景與核心價值：要能充分回應學校的 Vision（願景）、Mission（任務）及 Core Value（核心價值），避免教師同仁有兩套的感覺；(2)主持課程發展委員會，協助各領域小組發展領域（學科）學生應備之核心能力；(3)各領域（學科）應備核心能力參照課程綱要及本校在地資源（教師專長及社區文物生態），分析選擇本校得以研發的優勢主題名稱；(4)串聯各領域研發之優勢主題名稱，再結合學校既有的文化傳承，創新為校本課程系列主題，並賦予共同名稱，例如：閱讀教育、生態教育、海洋教育、社團教育、多元智能教育、順性揚才教育等；(5)責由各領域小組召集人結合專長教師，針對各領域系列主題，編撰完備的主題教學教案，發展學校本位課程產品，實踐課程統整。

四、示範有效群組學習

日本學者佐藤學之「學習共同體」受到臺灣教育界空前的重視，在臺北市及新北市兩位教育局局長的推動下，臺灣教育最領先的兩個縣市，校長們都在「觀課走察」，都在佈建班級教學實施「學習共同體」的教育。這兩個縣市由於佐藤學理念的實踐，讓校長的教學領導，由教師的如何做，轉到了學生的如何學，是一種以學習為主軸的教學領導，部分教育人員乾脆將此領導服務重心的轉移，稱之為學習領導。讓教育領導的內涵，又多出了一個新興領導議題。

班級教學「學習共同體」的運作機制，雖是新的名詞，其與傳統的分組教學、團體動力學、小團體輔導、行動團隊，企業界採行的「品管圈」有很多異曲同工的學理與相似的運作型態，只是直接運作在「未成熟」、「差異化個殊」的中小學生之學習上，更需要精密的設計，才能真正習得核心知識技能，帶好每位學生。

有效群組學習的要領，以下列五點最為重要：(1)學生編組以三至六人為一群組最佳；(2)將單元教材的核心知識改編成學習討論主題；(3)教導學生「團體動力學」的基本原理與素養態度，例如：自我坦露、服務助人、共鳴性了解與助長作用、自我成長；(4)賦予單元學習的任務目標，並激勵服務助人的行為，要求群組成員都要達成學習目標；(5)教師適時協助團體討論運作困難的群組，並以尾端管控，確認每一位學生的學習成果。

群組學習或學習共同體的教學型態受到空前的重視，但並不足以證明它就是最好的教學方法。在師資培育的課程中，有教學原理及各科教材教法，如果在學習的過程中，學的很有心得，就應該靈活運用教學八大原則及學習三律等，針對班級學生不同的背景與基礎知能，選用各種不同的教學方法，順性揚才，帶好每一位學生，而不一定非用群組學習，也不一定

要用「學習共同體」的名稱，因為達成教育目標才是我們的共同願景。

五、示範認輔弱勢學生

在學校教育中，輔助學生之作為，包括教育、輔導，以及部分的諮商工作；常態的學生需要生活輔導、生涯輔導以及學習輔導，行為偏差及適應困難的學生則需要輔導諮商及部分的心理治療協助。學校除了一般教師之外，設有輔導室（或諮商中心）置輔導教師或諮商心理師，以運作雙層系統（教師＋輔導人員），支持協助所有的學生。目前教育的困境是，大多數的教師已主張「有效教學」才是教師的職責，「輔導學生」已超過了一位教師應盡的職責。更困難的處境是，領有心理師或諮商師證照的專業人員，也跟著主張輔導諮商是專業工作，一般教師不適合參與，也沒有能力參與。是以形成學生一違規犯過，需要輔導時，教師就是交代班長帶他們去找學務處及輔導室處理，而學校的輔導教師及心理師們大多數都是兼職的，能夠處理的個案十分有限，因此學校的輔導諮商工作長期未如預期理想。

面對此一困境，校長應激勵動員所有教師，參與認輔弱勢族群學生。「認輔制度實施要點」是教育部頒布的學校輔導政策之一，鼓勵每一位教師都能夠自願認輔一至二位適應困難或偏差行為的學生（後來擴大對象，統稱為弱勢族群學生）。認輔的實際內容，界定為「個別關懷，愛心陪伴」，仍屬於初級預防輔導工作。認輔教師要做下列四件事：(1)約兩週左右，找學生晤談一次；(2)約一個月左右，電話關懷一次；(3)家庭訪問或以電話和家長討論學生的教育事宜；(4)將前述工作的實際執行情形，簡要摘記「認輔紀錄冊」。因此，校長與處室主任如能帶頭示範認輔一至二位學生，並定期與教師同仁分享成果，必能帶動教師全面參與，建構學校綿密的網絡支持系統。

六、示範應變危機處理

一般學校會責由學生事務處，針對學校可能發生的危機事件，例如：車禍受傷、食物中毒、運動傷害、宿舍火警、地震、學生腸病毒缺課、集體缺課、發生霸凌事件，以及嚴重偏差行為等，訂定學校處理危機之「標準作業程序」（S.O.P.），並成立各種類型的應變小組處理重大危機事件，例如：九二一災區學校以及SARS期間，責由學校必須擬定應變危機計畫、召開小組會議、議定全校師生配套作為與工作時程，並公告宣導全校師生了解配合，且定期實施危機應變演練，練習活化應變機制。

校長示範應變危機處理的要領有四：(1)排定會議期程，責由學務主任及相關主管，報告重點危機事務之「標準作業程序」（S.O.P.）及危機小組成員之編配，並以書面化整理，分送給每位小組成員熟讀；(2)請危機應變專家到校專題演講，校長則帶領所有危機小組成員參與；(3)定期舉辦重要的防災（危機）演練，適時激勵小組成員並檢視調整最佳的作業程序；(4)與核心幹部模擬危機事件的決策事務，熟悉各類應變程序的關鍵決策要領。

七、示範發表研究成果

大學教授需要深耕研究、創新教學；中小學教師也需要研究，創新主題教學教案，教學、研究、輔導、服務等四者，皆是所有專任教師最重要的職能。校長領導服務學校，要專業示範這四項職能的實踐，而最直接的方法是適時公開發表自己的研究成果，向全體教師分享自己撰寫而被刊登出來的文章，或分享自己出版的書籍，分享直接參與的行動研究成果，分享自己教授學生的教材或教案。校長示範發表研究成果，在學校經營上可以帶動下列幾項正向發展：(1)了解校長辦學理念：校長多元發表研究成果，學校教師職工方能直接了解校長的辦校理念，同軌配合；(2)楷模標竿：校

長肯發表研究成果，代表校長努力深耕校務，並有具體產品產出，是教育人員的楷模標竿；(3)重視實踐力行：公開發表研究成果，代表校長的作品禁得起考驗，是實踐力行的領導者，是以專業示範服務大家的領航者；(4)有效知識管理：知識經濟時代的學校經營，學校核心技術的知識管理，教師個人需要自主的知識管理；公開發表文章、著作、書籍，就是最佳的知識管理，全校教師職工適度跟進，學校總體的知識能量與教育效能最能攀上高峰。

第四節　系統思考的領導服務

　　在校長的領導服務中，專業示範教育核心技術，可以確保學校經營（辦學）主軸，回歸教育本業，深耕帶好每位學生。校長的領導服務，注重「系統思考」的經營，且能「整合」學校的「鉅觀」與「微觀」需求，實施最佳經營策略，全面提升教育品質，提高學校組織競爭力。系統思考的領導服務，要從統整判斷的決定、SWOT 分析技術、計畫的系統結構、掌握關鍵的要領，以及形優輔弱的操作等進行。

一、系統思考的教育決策

　　校長隨時都在做教育決策，主持會議的結論決議是教育決策，批公文的如擬或批示也是教育決策，與幹部或教師的談話，引導大家如何做好大大小小的事都是教育決策，帶著大家解析當前的教育政策，依計畫方案共同執行應辦教育事務，都在執行教育決策。教育決策的妥適性與品質，決定在系統思考，決定在校長本身系統思考的能力強弱，決定在校長是否具有系統思考的觀念、態度與習慣。系統思考的整合愈深，學校運作的教育決策就愈有妥適性及品質，也必能有效帶動校務發展，暢旺學校。

系統思考的教育決策來自價值選擇優先次序的考量（以五項修煉的順序為例），如下說明：(1)幫助教師進入學習狀態最優先，有學習就能自我超越，有利於教育品質的提升；(2)激勵幹部及教師進行團隊學習，建立共同願景，邊學習中，一併完成教育任務（學習目標與教育產品）；(3)分析學校的課程目標及教育目標，並設法分配商請各學習社群或處室幹部認養，在學習中執行校務；(4)配合主題式方案計畫的推動執行，形優輔弱，運作學習共同體，逐次完成計畫任務；(5)系統整合個人及組織目標，兩者一致，促使教師職工個人的生命願景及教育志業在學校中實踐，同時也實現學校的教育目標。

二、系統思考的經營策略

狹義的經營策略是指，學校經由 SWOT 分析，為各分析層面所下的「因應行動策略」；廣義的經營策略是指，《教育經營學：六說、七略、八要》（原理學說、經營策略、實踐要領）一書中的七大經營策略，是針對整個學校系統思考之後，選定對學校組織發展最具價值的經營策略，包括：願景領導策略、組織學習策略、計畫管理策略、實踐篤行策略、資源統整策略、創新經營策略，以及價值行銷策略等，此超越了傳統 SWOT 分析後的行動策略。

過去的 SWOT 分析有四大迷思：(1)分析的篇幅太大，動輒十至二十頁之間，讀者或評審不容易看完；(2)分析的層面太廣，一個學校或主題方案的主題分成數十個層面，相對降低了關鍵重要層面的份量；(3)每個空間欄位分析的點太多，廣度夠，沒聚焦；(4)每一層面的 SWOT 分析後常加註了「行動策略」，意謂著此一行動策略可解決這一層面分析的「優良處方」，有的學者大加讚揚，有的學者卻批判「頭痛醫頭、腳痛醫腳」、「見樹不見林」。

SWOT 分析本身是一種系統思考的操作，而整體學校的經營策略，要超越 SWOT 分析的資料與階層，要擴大系統思考整體面與關鍵事務，為學校的總體發展找到上位的經營策略，並要運用「策略分析」的要領來選定學校的經營策略。就學校組織而言，經營策略分析要領得參照下列幾項作法：(1)教學七略：經營策略的意涵、價值與操作事項，需要適度的教與學，幹部及教師職工可透過各種型態的在職進修，學習七大經營策略；(2)連結核心技術：教育的核心技術在課程設計、班級經營、有效教學、輔導學生，七大經營策略對於學校教育核心技術的連結與經營進行個別的分析，尋繹脈絡；(3)連結共同需求：學校的教師、學生、幹部、家長均有個別需求及心願，哪一種策略能夠連結需求最多，就最值得採行實踐；(4)討論策定經營策略：校長與核心幹部必須適時討論策定三至四個經營策略，可以直接使用七略中的名稱，也可以自訂經營策略名稱，例如：本位經營策略、知識管理策略、定期溝通策略、同儕輔導策略、目標管理策略，以及回饋省思策略等。

三、系統思考的方案設計

學校是人的組織，教師教學與學生學習，都成立了各種群組系統在進行；班級是一個群組，領域也是一個群組，年級或年級的師生、處室的同仁都是一個群組，群組系統的人要共同把群組系統的教育工作做好，這是從人的組織系統來看。但若從事的組織系統來看，教師職工要把學校教育工作做好，也要將同一性質的事或任務相近的事編配成群組方案設計。處室的工作任務本身就是一個事的群組系統，領域（學科）的課程與教學也是一個事的群組系統，班級經營計畫、教育活動的實施計畫，也可以稱之為主題式教育的群組系統。這些教育事務群組系統，都可以廣義的方案計畫來稱之；方案設計的系統思考是辦好教育工作，經營學校的領導服務表

現。

系統思考的方案設計，領導服務要領得參照下列幾項作為：(1)一處一計畫：重要的行政事務分由各主管權責單位，策定一個主題式計畫方案，精緻而周延地執行處室主要業務；(2)一系（領域）一方案：大學中的系所、中小學中的領域課程各發展一個特色方案，結合師資專長優勢，經營教育亮點；(3)選定年度十大計畫方案：依學校當前最需要，每年選定十大計畫方案，列管執行；十大計畫方案包括：學校主軸的計畫二至三案，如中長程校務發展計畫、特色學校經營計畫；處室課程主軸的計畫方案四至六案；教師群組主軸的方案設計二至三案；(4)方案計畫的實踐篤行：定期匯報十大計畫及單位計畫的執行績效成果，調配計畫方案間的資源流動與交互整合，貫徹實現方案目標；(5)系統思考方案的優先順序：哪些工作成為主題的方案設計，是系統思考的第一步，重要而核心的事務才有形成方案計畫的價值；哪些方案應該先做，哪些後做，哪些得以併同執行，是系統思考的第二步，唯有對的、精準的邏輯順序，才會為學校帶來更高的教育價值與實質競爭力。

四、系統思考的資源統整

校長領導服務、經營學校，也是一種資源統整的歷程。學校能夠從校外引進教育資源，並與校內的既有資源整合，增進辦學能量，全面提升教育品質，實乃暢旺校務的重要策略，是以教育經營學將「資源統整策略」列為七大經營策略之一，並以專章討論。教育資源已經多元化，引進不足或不必要的資源，都會增加經營整合的困難，且不能為學校創新教育價值，因此，系統思考的資源統整，至為重要。

系統思考的資源統整，領導服務要領得參照下列幾項作為：(1)推估資源需求：除了校內既有的教師員額編制、學校環境設施、年度經費預算之

外，學校尚須引進多元教育資源需求總量，分項類別與數量，做明確推估、條列陳示（觀照全面）；(2)計畫爭取資源：將學校年度需用的教育資源，擬定為各種計畫方案，向主管機關、民間公益團體及個人，爭取資源；(3)轉化資源價值：校外引進的多元教育資源，有部分不能直接使用，如人力資源、自然文史資源，必須要有轉化創價的投資、投資人員培訓或闢建學習步道，轉化資源能為教育所用，創新資源融合運作價值；(4)統整資源效益：校內外資源的有效統整，落實在課程教學及學校最需要，才能創化最大效益；(5)傳承智慧資源：由於校外資源所產生的教育成果，屬於活動、資料、知識、技能、智慧者，多元並存，學校亦應進行智慧傳承與創新，永續經營資源統整（系統思考）。

五、系統思考的績效責任

績效責任的辦學逐漸被強調與重視，教育經營學已將其列為「實踐要領」之一。校長領導服務學校同仁，若能將同仁的「績效」與「責任」平衡操作，平衡地賦予同仁績效責任，均衡地要求「責任績效」，績效表現優異的同仁，給予等值的激勵，績效長期積弱的同仁，適度地增加替代性任務或降低酬勞。讓學校組織同仁，「產值」與「尊榮」適配，「績效」與「責任」平衡，才能營造學校最佳的組織氣氛與最大的產值。

教育組織是人教人的專業工作，無法靠「產品品質」與「實質產量」作為績效責任之依據。教育專業的績效責任，要能兼重 C（context）、I（input）、P（process）、P（product）模式的系統思考，從背景、輸入、執行、產出的完整教育歷程，賦予教師同仁系統的績效責任，下列幾項經營要領得以參照：(1)明確分工—職務編配系統化：讓每位教師職工都清楚自己工作任務的完成標準，也作為日後績效考評的參照基準；(2)承擔責任—工作任務責任制：賦予責任績效，維護基本教育品質，激勵優秀教師擴能

表現；(3)績效評鑑—成果考評標準化：使用「標準作業程序」（S.O.P.）、滿意度調查，以及自主檢討報告，明確登錄效能與效率；(4)獎勵績優—薪資待遇績效制：給予超越標準績效的教師同仁，有等值的尊榮，激勵持續深耕奉獻；(5)負責到底—責任承擔法制化：定期評鑑為法定責任負責到底，績效未達法定標準者薪資不得晉級，並須參與進修研究，補強核心能力與經營教育事業要領（參考鄭崇趁，2012b：335-340）。

第五節　實踐篤行的領導服務

　　領導服務是一種藝術，更是一種科學。在藝術的層面上，領導者（校長）要面對他的幹部同仁，要面對他的「專業自主教師」，要面對他服務的真正顧客——學生及其家長；錯綜複雜的人際關係及需求，是校長要運作「人際技巧」經營要領的藝術素養與人際行為表現，其挑戰相當嚴峻。在科學的層面上，校長要追求教育的整體績效，達成教育目標，要依據經營教育的原理學說、經營策略、專業示範、計畫擬定、主持會議、課程設計、有效教學、輔導學生，帶動幹部及教師們，逐步完成階段教育目標，再累積實現總體目標。藝術及科學交織，讓校長的領導服務，展現了專業示範、系統思考，以及實踐篤行的新需求，本節即針對實踐篤行的核心意涵，結合教育領導的新興議題與創新經營的發展趨勢，論述價值領導（思維）、經營領導（鉅觀）、學習領導（微觀）、方案領導（實踐），以及特色領導（品牌）的實踐篤行，並逐一闡述說明其操作要領如下。

一、價值領導的實踐篤行（時代思維）

　　「價值領導」將是二十一世紀校長學的最重要趨勢。校長領導服務學校教育同仁，必須建構教育的核心價值，必須會運用「願景領導策略」，

揭示學校的 Vision（願景）、Mission（任務）及 Core Value（核心價值），並要帶著教師們體認教育的價值，解析為什麼要辦教育，為什麼要如此這般地「經營教育」，也要啟發教育人員的生命願景與教育志業，使其在學校組織中自我實現，且要連結每一個人的生命價值與學校教育價值的同步成長與發展，此之謂「價值領導」。

價值領導的實踐篤行可從下列幾個事項來經營：(1)價值論述：校長主持會議，主持教育慶典活動之致詞，接待外賓、教師、學生時，任何公開場合的講話，都要論述說明此一會議、活動、事務、慶典之教育核心價值，讓價值取向的教育，從師生內在底層被喚醒；(2)價值研究：每一個學校教育的核心價值不盡然相同，每一個學校階段性的教育核心價值之需求也會不一樣，校長得親自主持或責由幹部同仁，籌組行動團隊，進行行動研究、焦點團體會議，研究學校教育的核心價值（現有的），以及核心價值需求（未來的、發展的）；(3)價值分享：從事教育的核心價值，存在每一個人的內在底層，是一種內隱知識，校長要佈建各種分享平台，讓教師們（甚至學生們）都有發表其核心價值的機會，而成為外顯知識，俾便匯聚分析研究；(4)價值實踐：激勵教師們依據自己的理念（核心價值）及學校公告的教育核心價值，編寫可以操作執行的教學教案，擬定班級經營計畫，策定主題式教育計畫及中長程校務發展計畫，並依計畫實踐篤行，且在教學教育歷程中，也增加論述教學主題核心價值的時間及篇幅；(5)價值傳承：學校階段的教育核心價值，凡是被師生揭露使用者，都是教育人員的珍貴智慧，校長及核心幹部、教師均要進行智慧管理，傳承創新價值領導。

二、經營領導的實踐篤行（鉅觀視角）

過去的校長領導被分類為「行政領導」、「課程領導」，以及「教學領導」。在行政領導方面，由於「行政學」與「管理學」的交織融合，在

《教育經營學：六說、七略、八要》一書出版之後，「經營」似乎比「行政」及「管理」更符合「把教育辦好」的本義，「經營領導」亦將成為二十一世紀校長學的新趨勢之一。所謂「經營領導」指的是校長的領導服務行為，能夠從學校整體的組織運作立場，依循經營教育的原理學說（如六說），選擇自己學校最適合的經營策略（如七略），並且掌握核心的實踐要領（如八要），經營帶動學校的發展之謂。

經營領導的實踐篤行，得參照《教育經營學：六說、七略、八要》一書的系統架構，針對自己學校的背景需求與發展層次，各採行二至三個原理學說、二至三個經營策略、三至四個實踐要領，依循章節標題之提示，實際操作，實踐篤行，半年至一年即會有明顯效果。「原理學說」（六說），尋根探源，立經營知識之真；「經營策略」（七略），行動舖軌，達經營育才之善；「實踐要領」（八要），著力焦點，臻經營教育之美。「六說、七略、八要」開啟了校長學「經營領導」的新世代。

◤ 三、學習領導的實踐篤行（微觀精緻）

校長的課程領導、教學領導在二十世紀末即開始被關注，不少校長學的研究者都強調課程領導與教學領導的重要性。早期主張課程領導包括教學領導，亦有人主張課程領導是教學領導的一部分，但迄無定論。臺灣的基層教育中，臺北市及新北市共同重視學生學習為主體的「學習共同體」（佐藤學），將校長的教室走察（教學視導）、教育視察、教學領導等名詞結合為校長的教學領導，課程領導開展了新的研議內涵，教學領導逐漸成為校長領導的核心，而最廣義的教學領導，包括：課程領導、教學視察，以及學習領導。

研究者主張，「學習領導」是以學生學習為主體的領導服務行為，雖然與教學有關，但因為主體在學生，「學習領導」仍有脫離教學領導而獨

立使用的必要；就像教師的「教」與學生的「學」，主體在教師時稱為「教學」，主體在學生時，則稱為「學習」。在校長的領導服務行為中，「教學領導」與「學習領導」應該同時並存，並且由於「教」與「學」主體性的轉移，「學習領導」將成為校長學第三個發展趨勢。學習領導的定義是：校長經營學校及教師執行教學任務，均能以學生學習為主體，考量包括環境資源整備、課程教材設計、教學方法運用、分組同儕共學、學習成果展示，以及學習成績評量，充分滿足學生的學習需求，實現學習目標之謂。

學習領導的實踐篤行，得參照下列幾項作法：(1)閱讀學生學習專業書籍：學校選定如佐藤學的三至五本學生學習專業書籍，由教務處分送給所有教師閱讀，並定期討論閱讀心得三次以上；(2)推動學生學習行動研究：責由課程發展委員會各領域小組，進行一項以學生學習為主體的領域教學方法研究；(3)申請學生學習優質學校：比照臺北市學校，優先申請學生學習優質標竿學校；(4)辦理學生學習教學觀摩：讓各領域教師的研發成果，均有分享交流機會，深化教師以學生學習為主的教學素養與態度。校長應親自主持閱讀心得研討會，帶領教師深入了解學生的學習原理與技術，參與行動研究並示範自己專長領域的教學觀摩，深耕學生學習的課程教學，實踐篤行學習領導。

四、方案領導的實踐篤行（計畫帶動）

在教育領域裡，大家常使用「計畫方案」（plan & program）一詞，並以大小及精密度稍作區隔，通常範圍較大、較廣，內容格式較為精密者，稱為「計畫」；偏向單一教育主題，基本格式與內涵有較大彈性者，稱為「方案」，然而混用的情況亦多。很多重要的教育計畫，又以行動方案名之，不少課程教學方案又結合「班級經營計畫」、「學校本位課程實施計畫」、「發展學校特色實施計畫」在執行。在教育評鑑的推動上，先進國

家（如英國、美國）多將課程評鑑及教學評鑑列為方案評鑑之一。是以，「計畫方案的策定與實施」、「主題方案的規劃與決定」、「方案評鑑的落實與回饋」等，已逐漸成為校長領導服務的核心業務，研究者名之曰「方案領導」，且將其列為新世紀校長學的第四個領導趨勢，會成為新興永續的議題。

校長實踐方案領導的要領，除了參照《教育經營學：六說、七略、八要》一書之第九章「計畫管理策略」（鄭崇趁，2012b：157-176）及本書第五章「計畫經營論」之外，尚須關切下列幾項作為：(1)整合方案：學校的大大小小方案應予以系統整合，分為全校性的計畫方案、處室層級的計畫方案、學年班級的執行方案、教師個別的主題方案，交織整合，共創學校教育新境界；(2)教學方案：學校需要各種優質的計畫方案，優質的計畫方案是可以教學的；校長應連結核心幹部，經由在職進修系統，讓教師職工都會擬定優質的計畫方案；(3)實踐方案：串聯學校優質的計畫方案，運用方案實踐經營學校，促進校務局部精緻化，累積成整體組織的實質進步，提升學校的競爭動能；(4)管理方案：融入學校知識管理、智慧管理的次級系統，建立計畫方案管理系統，作為傳承創新的基石；(5)行銷方案：價值行銷是當代學校經營重點之一，行銷的方法策略，以運用有價值的方案直接向外或對內進行行銷，是最為便捷，且具有實效的作為，亦可開展學校新舞台，擴大動能貢獻。

五、特色領導的實踐篤行（品牌形塑）

臺灣的中小學教育流行發展特色學校，在臺北市有優質學校、「教育111」標竿學校認證，新北市原來有「卓越學校」，現在調整為「特色學校」，有山林之星、海洋之星、生態之星、都市之星、國際之星，多類特色學校，桃園縣有多元學校特色，澎湖縣規劃發展特色楷模學校，宜蘭縣

規劃發展噶瑪蘭金質學校，新北市、澎湖縣及宜蘭縣從 2013 年起也同時試辦推動「教育 111」標竿學校認證。這些縣市的作法不盡相同，都可稱之為廣義的「特色學校」，象徵著當代的學校校長，要有能力經營發展自己的學校成為「有特色品牌的學校」，從領導服務的視角看此一任務職能，研究者名之曰「特色領導」。特色領導的定義是：學校經營者（校長），能夠匯聚學校資源優勢，發展學生學習攸關的特色主題教育，激勵師生普遍化參與及課程化深耕，菁英團隊卓越表現的歷程，形塑學校特色品牌教育之謂。

校長特色領導之實踐篤行要領，得參照下列幾項作法：(1)掌握特色規準與指標：特色學校要符合五大規準及指標內容，即教育性（特色主題是學生核心學習項目）、普及化（特色教育活動最好全校師生認同參與）、課程化（有實際的教與學系列單元教育活動設計）、卓越化（菁英團隊有卓越表現），以及方案化（將前四大規準用系統結構的方案計畫呈現及實施）；(2)會商特色主題與內涵：學校特色主題是會商出來的，有多元參與的民主化歷程，是經過大多數師生認同，也是學校師生的專長，具有資源優勢之所在；(3)策定執行方案與項目：特色是經營來的，校長的領導服務十分重要，校長要領導核心幹部策定特色教育的具體執行方案與項目，作為實踐耕耘的藍本；(4)深化特色課程與教學：學生表現有特色才是教育的特色，學生的特色表現是教來的，也是學來的，校長要領導深耕特色課程的領域系列主題研發及教師的特色主題教學，教會有特色學生；(5)參與特色競賽與展演：特色教育也是累積階段成果而來的，校長應帶領特色教育師生，自辦競賽展演活動，並參與校際教育競賽展演，累積階段教育成果，匯聚豐厚資源，形成名副其實的特色學校。

本節闡述校長實踐篤行的領導服務，配合教育新興議題之發展，以及校長領導職能之時代變遷及社會期望因素，研究者認為「價值領導」、「經

營領導」、「學習領導」、「方案領導」，以及「特色領導」是校長學的新興議題，也是發展趨勢，需要校長實踐篤行的領導服務。每一個領導取向的操作要領各提列四至五點，或可以提供校長經營學校的參照基礎，也作為領導服務論實踐上的註解。校長領導服務的發展趨勢如圖 7-2 所示。

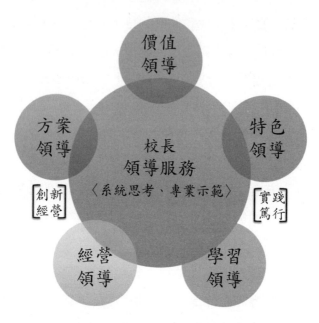

· 校長在領導「人」做好「教育人──人之所以為人」的工作。
· 校長領導服務論的特質有四：內隱的「系統思考」及「專業示範」；外顯的「創新經營」及「實踐篤行」。
· 以人做隱喻，「價值領導」為頭，是領導服務的總樞杻。
　「經營領導」及「學習領導」為雙腳，是邁向精緻教育的領導服務。
　「方案領導」及「特色領導」為雙手，是彩繪學校品牌特色的領導服務。

圖 7-2　校長領導服務的發展趨勢（新興議題）

第八章　溝通價值論
＜深化多元參與脈絡＞

　　溝通者，清渠也，暢通水溝中的障礙物，使之通達也。水溝未通，雨大時容易致災，平時未通也容易積水，孳生蚊蟲，產生惡臭，都不利於人的生活。人的溝通是指，在組織群體中，人與人的意見交流通達程度；溝通良好的組織，成員彼此了解熟悉，上下觀念態度一致，組織凝聚力強，生產力自然暢旺；溝通不良的組織，成員彼此疏離，各做各的，主管幹部的創新作為，基層不容易了解，落實貫徹困難，常有負面組織文化。溝通的定義是：組織中成員的意見表達及交流通暢無礙，能夠形成共識，採取一致行動，或彼此尊重，包容不同的立場與意見，和平共處，不再反對抗衡。

　　本章章名的決定，曾有兩大轉折。研究者原先的想法是想用「溝通專業論」，認為專業溝通係以知識的深層專業做為折衝不同意見的利器，應該可以解決大部分的問題，但眼見國內「二代健保」及「證所稅」立法的過程，覺得「專業」並非溝通成敗最重要、最根本的因素。其次，研究者想用「溝通同理論」，認為輔導諮商「共鳴性的了解」，似乎是有效溝通的最基本元素，可以解決大部分的教育溝通問題，後來又感覺教育是要有作為的、要有決定向前走的，「大家彼此了解，相安無事」並不符合教育要「發展成長」的積極本義。是以在撰寫完《教育經營學：六說、七略、八要》一書的第一章「價值說」及第二十一章「圓融有度」之後，本章章名才正式使用「溝通價值論」，倡導教育領導人要專業示範，以「價值溝通」來凝聚共識，經營校務，暢旺學校。

　　本章分為五節論述：第一節「價值的教育意涵」，分析價值論在教育

溝通的意涵與運用；第二節「教育溝通的特質」，解析教育組織人際系統以及溝通需求的共同性與個殊性；第三節「政策理念的價值溝通」，運用近期的重要政策為例，說明政策理念的價值溝通要領；第四節「課程教學的價值溝通」，列舉學校本位課程及特色課程、主題教學的案例，解析校長對幹部及教師對家長，進行價值溝通的要領；第五節「策略技術的價值溝通」，從學校的經營策略及教育經營的專業技術為例，說明價值溝通的要領。

第一節　價值的教育意涵

談及溝通價值論，應先討論「價值」得以用在教育溝通的性質與功能，從人與組織的「價值說」出發，參照「價值行銷策略」及「圓融有度」的實踐要領為軸心，分析價值在溝通上積極的角色功能。研究者認為，價值具有引導溝通的方向、賦予溝通的內涵、釐清溝通的輕重、開展溝通的脈絡，以及實現溝通的目標等意涵，分別說明如下。

一、價值引導溝通的方向

溝通的需求來自不同的層次緣由，政策的形成需要溝通，政策的作為選擇（措施）需要溝通，不同的意見表達需要溝通，衝突的問題更需要溝通，就如研究者在決定本章章名標題時，用了「專業」、「同理」或「價值」這三個名詞，最能夠引導大家溝通的方向，願意參與溝通，願意共謀大家可以接受的「共識」或「最低限度」，運用「價值分析與彼此立場的討論」，確為大家願意溝通的核心因素，也能引導溝通的方向。

就以 2014 年啟動的「延長十二年國民基本教育」之政策溝通為例，該政策在 2011 年的元旦由總統宣布延長國民基本教育年限，並計畫自 2014

年實施，其間有三年的準備接軌時間。之後，教育部主政同仁隨即邀集專家學者與學校校長、教師會代表、家長會代表，密集溝通，先公告二十九個執行配套方案，再逐一地密合銜接、規劃與執行，歷程縝密精緻。以研究者長期參與教育政策規劃、長期觀察教育政策推動，以及長期教學「教育政策分析」課程的經驗來綜合評述，臺灣的十二年國民基本教育政策，是一個具有優質內涵的政策，具有時代價值的政策，也是一個配套方案最周延的政策，理當獲致全民的支持與菁英的共識，且能通行無礙，為政府的整體施政績效加分。

　　然就 2012～2013 年間的整體表現觀察，民間及所謂媒體名嘴皆圍繞著「特色招生」與「分發比序」的問題大加討論，大有唱衰十二年國教之趨勢。研究者認為，這是政府對外說明溝通時，採用「專業溝通」與「同理溝通」的比重過高，而「價值溝通」比重太少所致，以致大家似乎忘記了延長十二年國民基本教育之精神及核心價值，只抓住枝微末節的問題而大作文章，若政府宣導時擴大「價值溝通」的比值，強力宣示延長十二年國民基本教育在優先照顧中學最後段的四分之一學生，讓他們也有均等公義的機會讀完中小學精緻教育，且《教育經費編列與管理法》由 21.5% 提高至 22.5%，多出來的約二百億元經費，足以全面提升當前中小學的教育品質。十二年國民基本教育的核心價值在：「公義」、「精緻」、「創新」與「品質」，增加投資，一起帶好最弱勢的學生，讓原本就優質的前段學生也會更加出色而有亮點，可以為臺灣的第二次經濟奇蹟奠基。運作核心價值引導溝通的方向，較能得到預期的績效成果。

二、價值賦予溝通的內涵

　　價值溝通在「協調價值最大化」，也就是讓參與的人之價值得到最大保障，也不會因為部分的人產生更大價值而排擠造成另一部分人的價值降

低。個人價值最大化，也匯聚組織價值擴能，更能夠彰顯績效成果，創發組織更大價值。就以學校是否要申請「優質學校」或「特色學校」、「教育111」標竿學校認證為例，價值溝通的內容是：優質特色學校的申請與經營會帶給學校的教育價值是什麼？會帶給參與的教師什麼價值？他們的付出與辛苦值得嗎？優質特色學校的經營又會帶給參與的學生什麼教育價值？他們會因為參與了這些教育歷程而損失了其他的價值嗎？

當教育價值、學生價值、學校價值、國家社會價值成為溝通的主要內容時，共識最容易達成，因為大家都朝向積極面、正向的，用教育最原始的本質與價值來討論事務，來折衷應然的作為，只要是好的政策，沒有負面影響的政策，都會得到認同支持，也至少沒有反對的理由。價值賦予溝通的內容，溝通的內容以「人」與「組織」價值作依歸時，政策的可行性檢驗最深層，推出以後的貫徹落實也將獲致最大的共鳴。

三、價值釐清溝通的輕重

很多大企業公司每年都會召開股東會議，大大小小的股東們齊聚一堂，共同討論溝通年度大事，但是大小股東之間，身價是不同的，擁有股份愈多的股東，身價愈高，因為股份的總價值並不等值，所以重大政策的決定權都在擁有「高價值」的人身上，這是形式上的「權力價值」。小股東的權力（影響力）則有賴「智慧價值」，如果議案討論時，小股東的發言意見，可以為公司創發更大價值，並且被大股東認同支持，一樣可以行使價值溝通、價值政策。

在教育領域裡，沒有大小股東之分，但有職務階層之別。教育領導人（行政首長及校長），負有政策決定及實踐政策之重責大任，政策決定時，需要價值溝通，釐清各種不同方案的價值輕重，做最高價值之決策；實踐政策時，更需要價值溝通，釐清政策價值的優先性與重要性，大家才會價

值認同，進而實踐力行。

四、價值開展溝通的脈絡

在溝通歷程中，有時意見相左或多元分歧的最大難題是，議題脈絡難以掌控，各說各話、莫衷一是，尤其是高級知識分子的溝通，有時會堅持己見，不易協商，常會出現「專業迷思」、「不願融合」，例如：延長十二年國民基本教育，「有教無類」、「因材施教」哪個優先？研究者曾參與2011年國家教育研究院主辦的國際學術研討會，兩位國內知名的學者，一個主張「有教無類」優先，一個主張「因材施教」優先，兩個都講得非常好。其中，一個是人文主義教育的忠實信徒，認為延長十二年國教之後不必有特色招生，當前的明星高中職會因為學區重劃，像國中一樣，產生新的明星高中職，建中與北一女的師生如果自己真的夠優秀，他們與其他的教師和學生重組之後，照樣出類拔萃，照樣會考上台清交成大。另一個是國策顧問，他強調「因材施教」的重要，更要徹底的特色招生，當前的明星高中職更應當全數保留，此陷入了2003年「全國教育發展會議」——延長國教，菁英高中保留10～20%，而不為家長與人文主義學者接受的泥沼。

此一問題，各有學理，一經知識分子的主張與堅持之後，有溝通而難通，因為官大學問大（決策影響力大），「專業競合」讓人無所適從，2003年及2011年的盛會，研究者都在現場聽講，感慨良深，也才了解為何延長基本教育年限問題，從國民所得超過一萬美元時開始討論，一直到國民所得超過二萬美元時，才真正有具體的「政策」，期間超過二十年。

研究者認為，此一議題若能從價值溝通著力，從「人的教育價值」及「教育的普世價值」論述。當就讀高中職的學生（在學率）超過90%以上時，高中職教育的需求與價值就已呈現了「普世價值」，它是民之所欲，

政府即當設法延長基本教育年限；真正優秀菁英的學生不是靠補習來的，他們都經歷了小學、國中的教育，常態學習中的優質傑出，更容易彰顯個殊的亮點，更容易實施「適性、適時、適量」的教育（何福田，2011），順性揚才，邁向普遍卓越（帶好每一個學生，大家都有優勢亮點）。「價值」可以開展溝通的脈絡，把議題或問題聚焦在「核心價值」的趨勢，而不要旁生枝節，彰顯政策「普世價值」的強度，支持決策者的信心，讓優質、有價值的政策，早日到位。

五、價值實現溝通的目標

就以臺灣的立法院審查法案為例，各種法案層出不窮，立法、修法、施政報告答詢，都是溝通的行為表現。各地選出的立法委員，代表各地的民意與不同地區的民意，共同與政府官員溝通，審議立法，用法律規範人民的生活機制，建立實質的文化，也尋求文明的定位。從立法溝通的過程與現象，我們可以看到國家實際發展的水準，因為民選總統與國會議員就是民意的基礎，代表人民「溝通」而後決定政策，而立法的成果，各種法案的整體規範就是人民的生活文化機制，是逐步形成的，也是溝通而來的。有時文化的發展趕不上文明的腳步，需要修法、立法的工作就變得十分繁重，例如：當前知識經濟時代的衝擊，手機、電腦等資訊科技已實質改變了人民的生活，智慧財產權法、資訊通訊法規，以及相關法規的修訂（包括教育法規），就會形成沉重的時代壓力，立法院一方面審議政府總預算，替人民看緊荷包，另一方面又要政府有所作為，依法行政；每一個會期，都應該要有溝通的成果，整體運作，實非容易。

受到立委本身的「區域利益」及「政黨意識」影響，溝通的成果常不理想，尤其是「政黨協商」歷程中，往往只談立場與黨意，而忽略了「價值」的深層分析，是以溝通成果遠不及預期，令全民失望。研究者認為，

立法院的每一個階層之溝通，若能擴大「價值溝通」的比例，價值的交互作用可以實現溝通的目標，只要正面價值大於負面價值的法案與政策都能夠早日取得共識，實現溝通目標。

第二節 教育溝通的特質

教育領域的溝通，約略可劃分成四大類型：(1)教師與學生的溝通：主要是在教學及教育活動；(2)教師與教師的溝通：主要是在課程發展及學習社群，各種專業群組的互動；(3)校長（含行政幹部）與教師職工間的溝通：主要是在各種會議及行政文書的處理；(4)校內教育人員與校外家長、社區代表及長官外賓的溝通：主要是在引進外部資源參與校務，以及行銷學校特色。因此，教育組織的溝通呈現下列特質：知識傳遞的溝通、價值智慧的溝通、情意共鳴的溝通、專業示範的溝通，以及經營本位的溝通。逐次闡述說明如下。

一、知識傳遞的溝通

教育領域內的溝通，絕大多數與知識的傳遞有關，「教」與「學」的溝通都在為了知識傳遞；溝通良好有效，代表教師教得好、學生學得多、知識傳遞暢通豐富。教育政策的溝通、教育活動舉辦上的溝通，也在為知識傳遞作規劃與準備，知識傳遞的溝通是教育領域組織的最特殊特質。教師本身專業進修的實踐，是為了知識傳遞；專業社群運作機制的溝通行為，也是為了知識傳遞；校長領導幹部及教師策訂計畫、執行方案，舉辦各種教育活動、計畫、方案、活動的本身，也是一種知識傳遞。教育的大大小小工作、計畫、課程、教學學習、會議、活動、正式的溝通、非正式的溝通等，都是知識傳遞的溝通。

　　知識傳遞的溝通是有要領技術的，也是可以學習的，校長的經營要領得參照下列幾項作為：(1)掌握核心知識：每一個單元教學都有核心知識，每一次會議討論都有核心知識，每一次教育活動也都有核心知識，每一次正式的、非正式的溝通，若都能聚焦核心知識，直接進行溝通配套程序，就最能收到溝通效果；(2)解析知識基模：傳遞知識的溝通要能有「完形知識」的傳遞（學生學會），才算達成溝通目的，學生要一次學會是有困難的，教師必須在課前解析知識基模（schema），將完形的知識解析為三、四個或五、六個可以獨立又得以銜接的知識基模，才有利於溝通學習；(3)編序基模系統：知識基模的因果關係與銜接邏輯構成了基模系統，依據基模系統進行溝通討論，其學習效果最佳，溝通效果也最順暢；(4)改變心智模式：參與溝通的人，因為前三個階段的溝通歷程，內在「知識基模系統重組」，改變了心智模式（學習型組織理論的第二項修煉），邁向溝通目標；(5)達成溝通任務：教學的溝通任務是讓學生學會單元的核心知識與情意發展，教育活動的溝通任務是為了滿足學生展演上的自我實現，會議計畫的溝通任務是決定學生更好的課程設計與教育活動，達成帶好每一位學生的神聖使命，因此，教育的實境需要知識傳遞的溝通暢達豐沛。

二、智慧價值的溝通

　　教育溝通的第二個特質在「智慧價值」的溝通。有價值的人際知識稱為智慧，教育溝通的首要特質是知識傳遞，次要特質即是人際智慧的溝通。人與人相處不易，既要維持和諧關係，亦要共同完成組織任務。學校組織中的人際，以師生關係、師師關係與生生關係為脈絡，有價值的人際知識，從學生出發，包括：尊師敬學、助人共學；從教師出發，包括：教育愛、關照能、支持網及責任心；從學校組織主體出發，包括：扁平化領導、啟動經營策略、提高教育品質及競爭力、帶好每位學生。這些都是「價值智

慧溝通」的本質元素。

增進智慧溝通的要領在經營人際價值，要創新人際關係的新價值，得參照下列幾項作為：(1)價值的共鳴：共鳴性的了解是所有人際溝通的起點，有價值或同方向價值的共鳴支持則是智慧溝通的發揮；(2)厚德的包容：人際溝通的對手，若有堅持相對性價值，難以妥協折衷時，即需要經營者厚德的包容，暫時停損，靜待時機；(3)圓融的人際：找到共原則、找到平衡點、找到接受度、找到新途徑、找到舊軌跡（鄭崇趁，2012b：335）；(4)有度的處世：有深度（深層結構）、有廣度（多元融通）、有高度（前瞻視野）、有角度（原則規範）、有限度（最低標準）（鄭崇趁，2012b：356-357）；(5)福慧的公義：教育溝通也具有傳播福慧的價值，人際的福慧因人的背景條件差異，具有多元相對性；運用福慧在普世人類的公義價值，得以經營價值智慧的溝通。

三、情意共鳴的溝通

教育溝通的第三個特質在「情意共鳴」需求濃烈，尤其是在學生輔導與諮商團體進行時，都是以情意共鳴的溝通作基礎，它是一種「情境設計→自我坦露→共鳴了解→交互支持→助長作用→自我成長」的溝通歷程。情意共鳴的溝通是專業溝通，是輔導教師（人員）的基本態度與諮商技術的發揮運用，在適應困難學生、偏差行為學生、學習落後學生、弱勢族群學生的溝通上猶為重要。

情意共鳴的溝通雖為專業溝通技術，但仍然可以透過進修學習與組織文化營造，提高教師及一般教育人員的基本態度與諮商初階技術，其經營作為得參照下列幾項作法：(1)宣導教育正義論：正義論運用在教育上，有兩大核心主張：「人人要有均等的教育機會」以及「弱勢族群學生，應優先提供其標準以上的教育」；(2)增進教師關照能：教師關懷、照顧、支持、

協助、共鳴了解學生是一種態度，也是一種能力，此稱之為「關照能」；教師們透過輔導知能研習及輔導學分班進修，可以增進關照能，對學生提供情意共鳴的溝通；(3)示範認輔弱勢族群學生：藉由見面晤談、電話關懷，以及家庭訪問練習情意共鳴的溝通；(4)佈建學校輔導網絡：綿密的支持網絡系統是實踐情意共鳴溝通的專業系統，由「教師→認輔教師→輔導教師→諮商師→小團體諮商」等層次，漸進地提供專業溝通服務；(5)發展品格教育團隊：策動學校幹部帶領教師成立品格教育團隊，推動學生品格教育，並從「情緒處理」→「情感表達」→「情操培育」，鋪建情意共鳴溝通的施教軌道。

四、專業示範的溝通

「做給大家看」就是最好的溝通，大家都看到了、做得到、可以這樣做，做完後的品質、意義、價值都看得到，做的過程要投入多少心力、勞力，要運用的「核心能力」及「核心技術」，大家都看到了，這些就是「能不能做」、「要不要做」、「有沒有價值做」最好的溝通基礎。尤其在教育領域，教與學是專業技術，計畫擬定要專業技術，教育活動的規劃與執行也要專業技術，校長要領導學校發展，必須要和幹部、教師進行溝通，決定要做哪些事、重要的教育任務怎麼做，專業示範做給大家看，看了再進行實質溝通，此時往往能順暢通達，即時決定。

專業示範的溝通，其經營要領得參照下列幾項作為：(1)講道理：專業示範包括能夠講出最好的道理，這個道理足夠說服大家，獲得認同，講得出教育事務最深層的道理，就是專業示範；(2)找理由：事情可做可不做，事情怎麼做，做到什麼程度，總要有理由，專業示範包括找到做事的最佳理由，而這個理由能夠激勵大家方向一致，積極投入；(3)論價值：專業示範就是能分析事務不同作為的價值成分，讓大家有明確的價值判斷，共同

創發新價值；(4)看作法：如何做，怎麼做，做到什麼程度，真的做給大家看，專業示範就是引導大家跟進促成的橋樑（溝通便捷）；(5)談技術：在做給大家看的同時，也分析核心技術的要領及如何使力焦點，分解示範，讓大家都能掌握事務的核心技術，就能大家一起來，大家都做得到，幫助溝通暢行通達。

五、經營本位的溝通

教育溝通的第五個特質是「經營本位」的溝通，就像我國於 2000 年頒布的「國民中小學九年一貫課程綱要」一樣，為了教給學生帶得走的十大基本能力，而實施課程統整，每一個學校必須在七大領域的架構下，發展學校本位課程及特色課程，從課程及教學上「經營本位」，為自己學校的學生創發最大價值。為何要本位管理，如何經營本位，變成教育溝通的核心議題與特質之一。

經營本位的溝通，其運作要領得參照下列幾項作為：(1)在地優先：學校是社區的學校，是辦給在地人接受教育的學校，是以在地資源為教育的本位經營學校，在地優先包括資源、人才、學生、設施，可以化解溝通的價值選擇衝突；(2)專長優先：學校的經營需要依教師的「專長授課」，「形優輔弱」營造學校特色，也需要匯聚資源的最大專長，促成優勢亮點，將專長串聯，匯聚能量，再計畫性系統深耕；(3)心願優先：在地的師生、家長往往有著共同的心願，如能優先促成，就是教育溝通的靈藥，在地資源會傾全力的持續投入；(4)弱勢優先：受到正義論的帶動，學校的本位經營要能優先爭取外部資源，全面照護弱勢族群學生，一個都不少；教育溝通、弱勢優先，實現教育的公平正義，也是重要的經營力點；(5)亮點優先：從學校師生的專長優勢出發，經營學校特色教育主題，擦亮學校教育的特色品牌，成為一個有特色、有亮點、有品牌的學校，此將是師生及社區家長

共同的心願；亮點優先，也是教育溝通經營本位的著力焦點。

第三節　政策理念的價值溝通

政策是經營國家的發動機，教育政策是經營學校的指導方針，政府必須依法行政，依據法規擬定政策，帶領行政及事業單位執行。教育事業是人教人的高度專業行為，教育政策的規劃、形成、法制化、計畫化，以及執行面，都需要價值溝通，讓政策規劃者與執行者都有明確的核心價值及整合理論與實務的體認，也讓教育政策參與者與實施對象（受教者及其家長），了解當前政策之價值所在。教育政策理念的價值溝通，應該強調「實現教育目標的價值」、「實踐教育理論的價值」、「達成階段任務的價值」、「突破學校瓶頸的價值」，以及「創新學校特色的價值」，茲各列舉當前教育政策為例，闡述說明如下。

一、實現教育目標的價值

重要的教育政策，因為攸關大多數人的權益，事先皆需和人民溝通，使其了解、認同、支持。以「高中高職優質化工程方案」為例，要花政府百億元經費，當然要和官員、立委（國會議員）、學校主管，以及執行學校的師生、家長溝通。官員及立委要了解為什麼要編列此預算？學校主管、師生、家長、人民要知道政策的主要目的何在？「高中高職優質化工程方案」是延長十二年國民基本教育的先鋒計畫，是實現國民教育目標的價值方案，唯有優質化工程的徹底貫徹，國立、縣立的所有高中高職才能全面達到精緻化教育資源與環境的整備，才可以在 2014 年時提供均等的十二年國民基本教育，也才能保障所有國民接受中學後三年的「受教過程」之教育機會均等，實現延長十二年國民基本教育的教育目標。

　　目前，「高中高職優質化工程方案」的執行，均由學校申請，教育部或教育局（處）核定執行，有時會形成「優者愈優」、「劣者恆劣」的困境，但事實上政府可採行「設施基準普及化」以及「特色資源申請制」雙軌執行。「設施基準普及化」是指，每一個學校都應該達成「學校設施基準」提供的教育資源，維護辦學條件的均等；執行方法應採「調查」→「檢核」→「主動補足」的程序，免要求學校提報實施計畫爭取資源，而是由教育行政當局直接「撥補落差」，再要求策定妥適的實踐計畫，報局（處）備查（計畫方案完成時，檢核使用）。「特色資源申請制」是指，各級學校在設施基準上，為發展學校特色，擬定計畫方案，向教育局（處）申請必要的資源，來支持學校發展特色。

二、實踐教育理論的價值

　　溝通政策理念的第二個價值取向在「實踐教育理論的價值」。有理論支持的政策就是有根的政策，有所本的政策，理論是教育前輩留給我們的資產，政策有依循的理論理念通常都是優質的政策，具有反映人民潛在需求的政策。就以「建立學生輔導新體制——教學、訓導、輔導三合一整合實驗方案」為例，鄭崇趁（2006a）分析其實踐的教育理論，包括：學習型組織理論、多元智能理論、鷹架理論、知識管理理論，以及漸進決策模式等五個，這五個理論與整體政策的關係，如圖 8-1 所示。

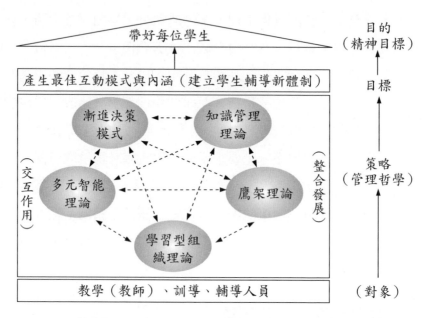

圖 8-1 「教訓輔三合一方案」政策的理論基礎

資料來源：修改自鄭崇趁（2006a：180）

「教訓輔三合一方案」是1998年教育部公布的方案，是為了實踐「教育改革總諮議報告」所推定的「教育改革十二行動方案」之一，與「邁向學習社會白皮書」被譽為績效最佳的兩個方案之一；兩個方案的共同點，都在於有紮實的理論作為政策規劃的基礎。所謂「政策的理論基礎」，並非將整個理論放入政策之中，而是政策的執行項目能夠反映及實踐教育理論的核心論點。就以「教訓輔三合一方案」為例，我們可將三合一方案的執行項目，調整為較目標性的用語，就可以對照這些項目實踐哪一個教育理論的核心主張，如表8-1所示。

表 8-1 「教訓輔三合一方案」的執行項目與實踐理論對照表

目標	策略		項目（理論應用）
建立教訓輔三合一最佳互動模式與內涵，實現帶好每位學生的教改願景。	交互作用、整合發展	成立規劃執行組織	・試辦推廣（逐步漸進） ・討論最佳作法（系統思考、知識螺旋）
		落實教師輔導職責	・了解系統職責（系統思考） ・增益輔導知能（自我超越） ・交互支援功能（共同願景、知識螺旋） ・認輔支持學生（充實鷹架）
		增進有效教學措施	・觀摩研討教學（自我超越、知識螺旋、團隊學習） ・提供適性滿意學習（多元智能） ・教師及教學評鑑（知識外部化）
		整合訓輔行政組織	・整合調整（系統思考） ・彈性定名（漸進發展）
		建立學校輔導網絡	・結合資源（豐厚鷹架） ・交互支援（共同願景、知識螺旋）

資料來源：修改自鄭崇趁（2006a：180）

　　例如：增益教師輔導知能，就是在實踐學習型組織理論的「自我超越」及「改變心智模式」，也是「團隊學習」的一種行動；實施「認輔制度」增加學生的支持力量（有認輔教師個別關懷、愛心陪伴），就是實踐「鷹架理論」；在教師對學生的系統職責中，要求教師教學時，應關注學生的學習歷程，提供滿意的學習（不一定是成功的學習），順性揚才，這就是在實踐「多元智能理論」；整個方案的推動，先規劃志願試辦的學校，在推廣四分之一學校後，再逐步擴大至二分之一學校，一年後才全面實施，這就是依據「漸進決策模式」的理念加以規劃實踐。整個三合一方案的作為都可以看到五大理論的核心主張，並具有「交互作用、整合發展」的理

論實踐功能。「教訓輔三合一方案」及「邁向學習社會白皮書」之所以獲致肯定，且在教育界產生實質的帶動效果，究其原因，政策規劃與執行歷程有加強「價值溝通」，尤其是實踐教育理論的價值，應為重要因素。

三、達成階段任務的價值

政策理論的價值溝通，第三個要領可從政策本身的「階段任務」著力，賦予政策達成國家建設階段任務的價值論述，例如：臺灣教育當局曾經試辦「國民中學自願就讀高級中等學校方案」（簡稱自願就學方案），讓國中學生參與自願就學班，依學區常態編班，升高中時免試入學，一律以班級成績的 T 分數及個人志願分發高中職直接升學，其特色有三：依學區就學；常態編班施教；免試升高中職（採計國中在校成績的 T 分數）。此一方案原來係實施十二年國民基本教育的先期計畫，具有達成主要政策的「階段任務價值」，但是部分教育部及行政長官並未強調此一訴求，讓國人將「全面試辦」改變為「局部選擇試辦三年」，最後此一原本優質的「教育政策」並沒有產生預期功能，而消逝在「升學主義洪流中」，也沒有些許漣漪。

研究者認為，「採計國中在校成績」、「適性輔導」是延長十二年國民基本教育的階段任務，如果在延長十二年國民基本教育年限前，有適度的落實實踐，一定可以避免「學區就學比序」及「特色招生」上的爭議與困擾，「達成階段任務的價值」亦應是政策理念價值溝通的焦點，政策規劃者應妥善運用。再以前述三合一方案的推動為例，「產生師生最佳互動模式與內涵」是「帶好每位學生」的階段目標任務，三合一方案帶動教學（教師）、訓導人員及輔導人員「產生最佳互動模式與內涵」，才能完成階段任務價值——建立學生輔導新體制，促成「帶好每位學生」的目的（精神目標）。

四、突破學校發展瓶頸的價值

學校的教育工作，常有年度循環性質，每一年度的某一季節，學校的師生大都在做類似的教與學，也都在辦相似的教育活動，這些類似的教育工作，由各學校不同的師生「本位經營」，都不會完全一樣，但也容易「周而復始」、「變不出新花樣」、「降低意義與價值」、「形成例行公事」、「做過就好」、「師生沒感受到新奇」、「學校組織文化日益消極」、「學校教育看不到競爭力」，以及「形成教師與學生的苦差事」。教育政策理念的價值溝通之第四個著力點，在賦予這些例行公事新的價值意涵，或結合時事與學生發展階段，以及學校當下的處境，賦予活動的永續意涵與價值論述，給予學生當下尊嚴，充滿希望。

就以每年學期開始的「開學典禮」及「親職教育日」為例，它是學校教師、學生與家長面對學校教育的新起點，如果師生把它當作苦差事來辦，能閃則閃，則開學之際即有氣無力，學校教育馬上陷入窘境，在瓶頸中日益沉淪。如果校長能先對全校師生進行價值溝通，論述開學典禮對學生而言，是新年度的開始，也是新計畫的起點，不論過去是否順遂成功，新年度是新希望的實踐。在開學典禮與親職教育日，每位教師要有「最新的準備」，也要有「充滿希望的準備」，更要告訴學生「新年度的新計畫」是什麼，要帶著所有學生以「新計畫」與「新希望」迎向未來，突破自己的發展瓶頸，也突破學校的發展瓶頸。

五、創新學校特色的價值

「有特色品牌的學校才能存活，才能永續經營」是二十一世紀臺灣學校教育必須面對的挑戰，臺灣的中小學教育領先的縣市都推出了優質特色學校認證政策，大學教育則由教育部運用競爭型計畫補助，推動各種「卓

越計畫」，例如：臺北市的優質學校與「教育111」標竿學校認證；新北市2008～2011年的卓越學校，2012年以後的特色學校；桃園縣的學校特色認證；澎湖縣的特色學校；宜蘭縣的噶瑪蘭金質學校等。創新學校特色的價值，在擦亮學校本身教育上的亮點，讓社區民眾及家長看得到，爭取認同，把孩子送到學校就讀，生員不缺才能永續經營。創新學校教育特色的另一個價值，也在經營學校教育的「智慧傳承」，讓長官及行政當局看得到，支持學校、擴大學校的既有專長優勢，形成「優勢亮點教育」的中心學校，傳承創發更多「智慧資源」。

創新學校特色具有上述的兩大「價值」，目前教育行政單位及學校領導人在向「教師」及「家長」進行價值溝通時，除了前述的兩大價值論述外，還要溝通確定學校特色的「教育主題」是什麼？發展此一特色教育主題的課程與活動、計畫執行方案又是什麼？特色主題教育帶給學生的直接價值在哪裡？帶給學校的潛在價值為何？因此，政策理念的價值溝通之第五個要領，在創新學校特色的價值。

目前，「創新學校特色」的實際經營作為，大約有以下三個較明顯的方法：(1)申請主管機關的特色標竿學校認證：如臺北市、新北市、桃園縣、彰化縣、澎湖縣都有特色標竿學校認證；(2)配合學校本位課程及特色課程發展成特色教育：如2013年研究者參與馬祖九個國民中小學的校務評鑑，發現每一個學校都在發展學校特色，而多數的學校只將學校本位課程發展出的特色課程就當作學校特色，研究者都指導他們以此作為基點，再精緻其「教育化、普及化、課程化、卓越化」等四大指標，足以成為學校真正的特色；(3)從學校菁英團隊的卓越表現開始：學校藝文及運動或民俗技藝菁英團隊的卓越表現，即代表學校具有潛在資源優勢，若能將其培育歷程課程化及普及化，也能逐漸成為學校師生共識與認同的特色，學校就成為具有特色教育的學校，成為大家看得到的亮點學校，有亮點的學校通常會

得到更多的關注與肯定，亮點的價值會為學校帶來更豐沛的價值。

第四節　課程教學的價值溝通

教育部在 2000 年頒行「國民中小學九年一貫課程綱要」，運作「課程統整」的精神，實施「領域統整分科」、「學校本位課程」、「教師自編主題教學教案」，教給學生「帶得走」的「十大基本能力」。十多年來，由於「中小學教師碩士化的比例提高」，促成了課程統整實踐的明顯效果，「領域統整分科」的教學與課程設計已不再困難，學校本位課程的達成率超過 80% 的學校可通過校務評鑑「校本課程」的指標檢核。「教師自編主題教學教案」也有 80% 以上的教師做到（從教學檔案中觀察），其中約有 25% 以上的教師能有系列主題教學單元教案，成為學校特色課程的一部分。

課程是教育內容，教學是教育方法，教育內容與方法的調整改變，最需要價值溝通，能直接告訴教師及家長課程統整的教育價值、校本課程的教育價值、自編教材的教育價值、教育產品的教育價值，以及核心知識與核心能力的教育價值；最能夠讓教師們認同接受教師的實踐力行，有好的教育品質，教好自己的學生，也才能爭取家長的認同支持，讓新課程綱要「課程統整」的亮點，擦亮臺灣新世紀的教育。

◣ 一、課程統整（2000 年「新課程綱要」）的教育價值

課程統整的教育價值，在「核心知識」學習的「量身訂做」。「量身訂做」的價值在於充分滿足學校（在地）學生的「客製化」需求，量學生「興趣性向」之需求，量學生「起點行為」的基礎，量在地「資源」的趨勢，量教師「專長」的脈絡，量學校「優勢」的跡象，量家長對教育「心願」的註解。能夠實施「量身訂做」的課程內容與方法，才能真正教給學

生「帶得走」的「基本能力」。教師的價值，在於能夠以學生學習為主體，設計學生最適合的課程內容與教學方法，是以教師必須將單元的「核心知識」剖析後重新編製，用該班學生「客製化」的教材教案實施教學，帶領學生有效學習。「量身訂做」教給學生帶得走的能力（核心知識），是課程統整的最高教育價值。

二、學校本位課程的教育價值

本書對於學校推動學校本位課程的功能、方法、要領已多所論述，本節即針對其「教育價值」再予以統整描繪，期望能夠更為符合「教育價值說」的本義，以及「價值溝通」的操作力點。學校本位課程的教育價值，可以從學生、教師、資源、組織、教材等五個層面加以註解：(1)學生享有最高價值的教育內容與施教方法：校本課程以學生的起點行為、背景資源及興趣性向等脈絡統整設計，對學生而言，具有最高價值；(2)教師擁有自編教材授課的價值：學校本位課程在各領域實施時，系列單元主題須由授課教師依據自己的專業，統整在地資源與核心知識，編製成可以操作的主題單元教學教案；教師用自編的教材教學是最高的榮譽，也具有教學上「自我實現」的最高價值（實現自己理想中的專業自主教學）；(3)在地教育資源創發教育實踐價值：學校本位課程就是使用在地資源為教材的課程設計，在地資源能夠成為教材內容之一，可創發物盡其用的價值，也可創發資源有價的實踐價值；(4)學校組織擁有自主產品的價值：學校本位課程是自主產製的課程成果，自主課程是學校組織的具體產品，學校成為一所有自主產品的學校，其存在價值倍增；(5)教材賦予教育資源的意義化與價值化：在資源未被使用前，其價值只有「存在」，成為學校本位課程後，就變成「有意義」、「有價值」的存在，校本課程愈豐富，賦予原本存在的資源愈有意義、愈有價值。學校本位課程能帶給學生、教師、學校、資源、教

材本身，創新存在的價值。

三、自編教材的教育價值

　　課程統整的真正實踐在老師能夠使用統整之後的「自編教材」，尤其是自己依據多年的教學經驗及學生的需求發展而編著的教材，例如：大學教授使用自己的著作為主軸，進行授課教學，是最深層的課程統整；中小學教師使用自編的主題教學教案，也是為了實踐課程統整。自編教材的教育價值，在使課程統整有具體的操作事項，也是教師「自我實現」最大價值的一部分。每一個教師都希望按照自己的理想，專業自主教學，每一位教師以自己的學生為主體，思考的「課程統整」都希望它是獨特的、個殊化的，自編教材、使用自己的著作，能完整的達成雙方面的價值訴求。教師自編教材的另一教育價值是「增益智慧資本的傳承」，每一位教育人員都是學校的靜態智慧資本，其動能貢獻程度不一，有了自編教材，自編教材或著作就是具體的智慧資本，尤其是經過正式的出版印行，可與大家分享的自編教材及教師著作，可以增益智慧傳承的價值。

四、教育產品的教育價值

　　廣義的教育產品，包括：研究論文、研究報告、教學教材、教具、著作資訊軟體、學習單、作業單、參考書，以及延伸閱讀書籍，也包括教師自己的教學檔案。在課程教學層面，校長應鼓勵教師研發多元教育產品，最好的價值溝通，在於直接論述這些教育產品的教育價值。教育產品的教育價值有四：(1)實物：產品就是看得見的東西，是一種知識運作的實物，具有可操作性，是連結抽象知識到具體實像的重要媒介；教育產品的實物價值，是教學現場不可或缺的；(2)實用：教育產品能幫助學習者直接學習知識、技能、情意，具有實用的價值，教師教學及學生學習使用好的教育

產品輔助，其教與學的績效可以突飛猛進；實用的潛在價值雖因人而異，但大家都期待更多、更好的教育產品持續出現，為教育擴大實用的教育價值；(3)實踐：教育產品是實踐知識的媒介與產物，產品本身就是知識的系統重組；產品的實物作用，能幫助人直接接觸知識、解析知識、探索知識與實踐知識，愈能夠實踐知識的產品，就愈受到師生的歡迎，而成為各種學習課堂不可或缺的需求價值；(4)實質：教育產品愈受歡迎，其反映的核心價值愈受到彰顯，並能夠讓教育產生實質的績效，例如：蘋果的智慧型手機，是劃時代的教育產品，它不但能增進人類生活的便利性，更讓教育領域教與學的實質關係產生了劃時代的轉變，創發了實質的時代教育價值。

五、核心知識（能力）的教育價值

　　課程教學的主要目的在有效地傳遞核心知識與能力，無論學校安排何種校本課程，教師編製何種主題單元教學教案，都必須要教給學生單元核心知識，都必須要引導學生學會應備的核心能力，學生就能夠在最短的時間內，在最合適的成長階段內學會核心知識與核心能力，並能夠充分而豐富地多元展能，這才是推動課程統整之主要目的。因此，學校的校本課程、特色課程、教師自編的系列單元主題教學教案，以及課堂上採用的教科書（含大學教授的著作），均應適度地標示「教」與「學」的核心知識或核心能力，以核心知識或核心能力的傳遞，回饋檢核課程設計、教材內容以及教學方法的妥適性。

　　核心知識與核心能力的教育價值有四：(1)知識實體：課程是一門課、一個單元，知識浩瀚無涯，每個單元的教學都要有二至四個時段，每一個時段教給學生的核心知識與核心能力，才是真正的知識實體；學生學會了這些知識實體，才是有效的學習；(2)邏輯系統：核心知識或是核心能力，除了具有知識的實體性質之外，它本身也是一種邏輯系統，可以串聯整合

相關知識或相關能力，互為基礎建構各種相屬的知識系統或能力系統。以《教育經營學：六說、七略、八要》一書為例，二十一章中的每一說、每一略、每一要，本身的章節均是一種邏輯系統：六說建構了原理學說篇（尋根探源，立知識之真）；七略建構了經營策略篇（行動鋪軌，達育才之善）；八要建構了實踐要領篇（著力焦點，臻教育之美）。六說、七略、八要的系統連結，建構了完整的「教育經營學」，因此邏輯系統（知識的系統結構）是核心知識或核心能力的最深層教育價值；(3)編序學習：核心知識與核心能力都是可以細部系統解析的，例如：要教會學生游泳，就要將游泳的能力（知識）解析為漂浮、打水、浮板前進（打水、划水）、憋氣潛水、潛水前進、換氣、換氣前進、調整姿勢，最終學會游泳；編序學習具有核心知識（能力）傳遞的重要教育價值；(4)評量存有：有了知識實體的教與學活動，在教學段落完成之後，才能評量學生學到什麼，學生內在是否存在這些核心知識或核心能力；「評量存有」才具有教育價值，「評量形式」有為評量而評量之迷思，教育價值的厚薄要看其內容而定。

第五節　策略技術的價值溝通

校長經營學校教育事務，需要溝通的對象概分為二：「對外」與「對內」。對外的溝通包括上級主管機關人員的溝通，以及教育對象——學生家長與社區人士的溝通；對內的溝通，主要對象在與學校所有教師及學生的溝通。對外溝通主要在行銷學校的特色與亮點，爭取教育資源及學生選校就學；對內溝通則在凝聚教師職工的能量士氣，朝向一致的經營方向，認同學校的計畫措施，實踐力行帶好每一位學生。

因此，策略技術的價值溝通屬於對校內幹部及教師職工的價值溝通，研究者在《教育經營學：六說、七略、八要》一書中的七大經營策略（願

景領導策略、組織學習策略、計畫管理策略、實踐篤行策略、資源統整策略、創新經營策略，以及價值行銷策略）都是具體的範例，都可賦予教育上的價值意涵，爭取教師職工認同，進而實踐深耕。《教育經營學：六說、七略、八要》一書中的八個實踐要領（系統思考、本位經營、賦權增能、知識管理、優勢學習、順性揚才、績效責任，以及圓融有度）也都是明確的技術範例，都可以用來提升教師品質的效能與效率。本節摘述二略三要（組織學習策略、實踐篤行策略、知識管理、順性揚才，以及圓融有度），分析其教育價值，提供校長對內價值溝通的參照。

■ 一、組織學習活絡知識螺旋的價值

《教育經營學：六說、七略、八要》一書中的「組織學習策略」（鄭崇趁，2012b：141-156），係以鉅觀的視角論述教育人員（尤其是教師）如何透過組織（群組）學習，增進其核心能力，俾以發揮功能，人盡其才，永續經營教育事業。是以整章分成四節分析：「組織條件標準的學習」、「組織核心技術的學習」、「組織團隊動能的學習」，以及「組織知識管理的學習」。就微觀的視角而言，應該回答「組織學習與自主學習最大的不同何在？」「組織學習的最大價值是什麼？」

組織學習策略的最大價值在觸發團體動力、活絡知識螺旋（knowledge spiral）、增進個人及團體增能、提高組織競爭力。知識螺旋作用係指，人的內隱知識外部化及外顯知識內部化之交互作用，是一個人「知識基模系統重組」的必要歷程（鄭崇趁，2012b：285-286）。為了促發每個人的知識螺旋效應，學校教師職工要積極參與各種專業社群或行動團隊，讓群組成員分享其專業學習成果（內隱知識外部化），也讓群組成員吸收同伴的學習成果（外顯知識內部化），持續討論研議（內隱、外顯知識交互作用），促成成員「知識基模系統重組」，改變心智模式，自我超越，讓團

隊學習帶動五項修煉（學習型組織理論），完備實踐。組織學習策略的運用，最大價值在於活絡知識螺旋的效應。

二、實踐篤行創發專業示範的價值

《教育經營學：六說、七略、八要》一書中的實踐篤行策略（鄭崇趁，2012b：177-190），係承續實踐說（鄭崇趁，2012b：73-90），研究者自行研發的新名詞。「實踐」加「篤行」成為一種經營校務的積極策略，其用意在強調「專業示範」在教育事務中，帶動組織（學校）「執行力」的價值。學校組織是極度專業自主的行業：教師自主決定教材，自主決定評量方式，自主評核學生成績，教育績效多元分歧，責任歸屬模糊難斷，教育的執行力向來不佳，但絕大多數的教師都會說：「我已經盡力了，教育的成果不理想，責任不在我。」每一位教師的年度考績，只要請事假未超過兩週，一律甲等，但全部都是甲等的教師，為何沒有教出全部都是優質的學生，教育的組織運作充滿著專業自主中的弔詭，教育人員極需了解「實踐說的教育意涵」，教育經營者極需採行「實踐篤行策略」，運作「專業示範」的價值，提升教育執行力（專業示範的溝通已在本章第二節中說明，請讀者參照）。

三、知識管理傳承核心技術的價值

知識管理是一種觀念，也是一種業務操作技術。當代的企業體（含學校組織），由於資訊科技的發達與普及，知識管理已是簡而易行的工作，然而，也由於大家對「知識管理」的價值意涵解讀不一，大家所進行的「知識管理內容」差異頗大。有的學校將自己學校及其他學校的相關資訊都進行蒐集管理，建置了龐大豐沛之資料庫，經營者（校長及幹部）常對外誇耀，學校的知識管理最為徹底，應有盡有，好似擁有一所漫無邊際的資訊

圖書館，但是學校教育的效能與效率並未因此而提升，不知原因何在。也有的學校沒有專人負責知識管理，系統整理，鼓勵大家把資料上傳，雖資料不少但可用者不多，有意義者也不多，只停留在資訊管理而非知識管理，更談不上智慧管理。

知識管理的最大價值在傳承學校教育的核心技術，學校教育的核心技術表現在「課程設計」、「班級經營」、「有效教學」、「輔導學生」，以及與其有關的「計畫方案」、「競賽活動」、「成果展演」，學校的知識管理應優先建置前述的知識系統，傳承核心技術，再搭配教師研發核心技術需求的次級知識系統，讓教師職工方便使用。由於知識管理的系統結構，能增益教師與幹部核心技術的傳承創新，提升校務經營的效能與效率。

四、順性揚才回歸學生主體的價值

「順性揚才」一詞的來源、意涵、經營操作事項、實踐要領，已在《教育經營學：六說、七略、八要》一書第十九章中詳予說明論述（鄭崇趁，2012b：317-333），是研究者受〈道德經〉「上善若水」啟發的重要教育經營理念，自 2009 年使用以來，漸受關注轉用。然而，博士生與校長培育班學員最常問的問題是，「順性揚才」與教育部網頁強調的「適性育才」有何不同？兩個詞不都是「有教無類，因材施教」與「多元智能理論」的發揮嗎？研究者的回答大致如下：「適性」的詮釋多為家長與教師對於學生的綜合判斷，是以大人為主體的判讀結果，「順性」則相對地回歸到以學生為主體，揚其可揚之材，不培育父母或教師認為學生的可育之材。目前的教育都強調回歸以「學生學習」為主體，因此更適合使用「順性揚才」一詞。

「順性揚才」的教育是學生本位的教育，是多元智能的教育，是形優輔弱的教育，是永不放棄的教育；我們要順應學生的背景習性、要順應學

生的喜好興趣、要順應學生的優勢專長、要順應學生的潛在性向，也要順應學生的理想抱負。順性揚才的經營要領在「了解環境，順勢推移」、「掌握專長，提供舞台」、「經營亮點，匯聚能量」，以及「順勢而為，日有所進」（鄭崇趁，2012b：317-333）。順性揚才教育的最大價值在真正地回歸以學生為主體，以學生自己的秉性存在為基點的教育。

五、圓融有度彰顯價值溝通的價值

　　圓融有度是人際處世哲學，列為《教育經營學：六說、七略、八要》一書中的一章且為最後一章，研究者認為教育是可以經營的，經營教育需要依據教育的「原理學說」，也需要選對「經營策略」與「實踐要領」。教育的經營充滿著希望，永遠是積極正向的，教育的歷程，對於學生、家長、教師及學校都會產生意義與價值，都會是一種圓滿的成果，能帶給人知識、健康、快樂及幸福，用圓融有度作為結尾，可收教育之美。圓融有度的經營要義在：包容對立意見、積極價值溝通、尋覓共同原則，以及實踐基本規範（鄭崇趁，2012b：354）。是以圓融的操作指標在：找到共原則、找到平衡點、找到接受度、找到新途徑、找到舊軌跡（鄭崇趁，2012b：355）。有度的操作指標在：有深度（深層結構）、有廣度（多元融通）、有高度（前瞻視野）、有角度（原則典範）、有限度（最低標準）（鄭崇趁，2012b：356-357）。

　　圓融有度是價值溝通的歷程與成果，圓融有度經營教育的成果，大多與價值溝通同時並進，其最大價值在：(1)教育人員充分自我實現；(2)教育政策彰顯核心價值；(3)教育組織承擔富國強民；(4)教育績效行銷國際舞台。圓融有度的實踐要領，貫徹並彰顯了價值溝通的價值，圓融有度是經，價值溝通是緯，經緯建構地球，經緯建構教育，兩者交互依存，匯通教育價值之美。

第九章 評鑑品質論

＜優化歷程績效品質＞

評鑑的時代　悄悄地來臨

大學到小學　都在規劃辦理各種評鑑

　　　校務評鑑　教師評鑑　課程與教學評鑑

　　　校長辦學績效評鑑　以及　各類型主題式方案評鑑

評鑑　成了

　　當代教育的顯學

～鄭崇趁（2006.2.20）

　　計畫、組織、領導、溝通、評鑑係教育經營的五大核心歷程，也是校長學探討的焦點議題。本書運用五章的篇幅，論述其經營實踐要領：計畫經營論，帶動學校精緻發展；組織創新論，活化組織運作型態；領導服務論，創化專業示範模式；溝通價值論，深化多元參與脈絡；評鑑品質論，優化歷程績效品質。教育評鑑的本質與功能，已從「目標的檢核」及「績效的評估」，發展到「品質的提升」與「價值的追求」，也是教育經營學中「品質說」與「價值說」的知識匯流脈絡之一。

　　將「品質」與「評鑑」並稱列為章名，深受「全面品質管理理論」的影響，也符應當代整體教育環境中教育評鑑的主流趨勢。全面品質管理理論的特質，包括：「以客為尊」、「策略規劃」、「團隊合作」、「教育訓練」、「事前預防」、「持續改進」等，其將與智慧資本理論、績效責任理念、CIPP 模式、PDCA 模式、形成性評量、認可制評鑑，整合引導二十一世紀教育評鑑及教育品質管理的發展趨勢。

　　本章分為五節論述：第一節「品質的教育意涵」，闡述教育品質的重要性，以及觀察教育品質的指標分類；第二節「教育評鑑的特質」，從教育評鑑的歷史脈絡，探討當代教育評鑑的特質及發展趨勢；第三節「受教者的品質評鑑」，依據學生教育品質的評量指標，分析可行的學生評鑑方法與技術；第四節「施教者的品質評鑑」，探討教師評鑑及校長評鑑的品質指標與實施方式；第五節「教育組織的品質評鑑」，介紹校務評鑑、課程教學評鑑，以及方案計畫評鑑的可行作法與核心技術。

第一節　品質的教育意涵

　　品質的定義是：「凡是人、事、物組成的元素或條件達到既定的標準，並能夠完成本身任務的目標功能，且讓參與的人具有滿意及美的感受者，稱為品質」（鄭崇趁，2011a：110）。教育評鑑是手段，能了解教育的人、事、物之品質現況，設法提升教育品質才是評鑑的目的。評鑑品質論，係以品質評鑑的方法策略，來探討提高教育品質的經營要領。教育品質與評鑑的關係，如圖 9-1 所示。品質研究在教育領域的運用，特別強調下列六大意涵。說明如下。

圖 9-1　教育品質與評鑑的關係

一、品質實現教育目標

教育是人教人的專業事業，「人之所以為人」是教育品質最崇高的描繪。各級的學校教育法，將「人之所以為人」規範為教育目標，接受各階段學校教育的學生，是否接受良好的教育品質，應從學生是否實現教育目標來進行觀察，有實現教育目標的學校，代表學校（組織）的教育總體品質，達到政府法定的規範要求。以國民中小學為例，《國民教育法》揭示的教育目標是：「以養成德、智、體、群、美五育均衡發展之健全國民為宗旨。」學生從小學或國中畢業時，學生的德、智、體、群、美五育均得到適度的激發培育、順性揚才，這個學校就可評鑑為有品質的學校（總體績效）。

再以《大學法》所揭示的教育目標觀察：「大學以研究學術，培育人才，提升文化，服務社會，促進國家發展為宗旨。大學應受學術自由之保障，並在法律規定範圍內，享有自治權」，大學的教育品質至少要對「研究學術」、「培育人才」、「提升文化」、「服務社會」，以及「促進國家發展」有所貢獻，五方面均有具體績效，才是品質的起評點。因此，品質的第一個教育意涵，即在實現教育目標。

二、品質代表優質課程

教育的內容稱為課程，課程設計符合學生最需要，讓學生學習到最核心的知識技能，其基本能力符合年級年齡標準，就是有品質的教育，因此品質代表優質課程。有品質的優質課程，通常是學校本位的課程設計，其中，特色課程約有 20% 以上。因為學校本位的課程設計，才能系統思考「學生起點行為」、「學生主流需求」、「教師專長配置」、「社區多元資源」、「家長教育心願」、「校長辦學理念」，以及「課程綱要規範」，

發展成大家認為最妥適的學校總體課程設計；在總體課程的實踐下，部分教師的專長及學生優勢深耕的主題教育會成為特色課程，也將成為發展學校特色教育的基石。

優質課程也包括潛在課程及半正式課程（如社團）的優質。部分學校的正式課程表現在常態水準，例如環境整備、空間教育化、開闢各種學習步道、學生學習成果展示、輔助正式課程等功能奇佳。多元社團的教育百花齊放、繁星爭輝，一生一專長、一人一技藝、一個都不少在半正式課程中補足，也彰顯了個殊化的教育品質。品質代表優質課程，優質課程是學校本位課程，是學校特色課程，也包括了潛在課程及半正式課程（社團）的優質。

三、品質執行有效教學

教師的「教」與學生的「學」是教育的主要型態，有品質的教育，指的是成功的有效教與學：教師很會教學，學生學會該學到的核心知識與核心能力。成功有品質的教與學須符合下列幾項指標：(1)教師在預定期間內教完預定的單元教材；(2)教師的教學過程採用合宜的教學方法，有效引導學生關注學習；(3)學生學會單元核心知識或情意技能；(4)教與學的過程能夠帶動群組合作、同儕互助，共同完成單元教學目標。

有效教學的範圍也包括執行教育活動或計畫方案。學校大型的教育活動，例如：運動會、園遊會、各種慶典等，也都具有「教」與「學」的性質。計畫方案都是以主題的方式，設計如何做好「教育事務」，所有的教育事務之主軸都在教師的「教」與學生的「學」。有效教學的廣義意涵包括這些活動與計畫方案，「核心技術」或「核心知識」的教學。品質的第三個教育意涵，在執行有效教學、有品質的教學，泛指課堂上的教學，以及活動計畫核心知能的傳承。

四、品質達成學習標準

從學生的立場看教育品質，品質的第四個教育意涵是學生的學習都達到公定的標準，最客觀的說法是，每一個年級至少80%以上的學生都通過了各領域學科的基本能力檢測，而尚未通過的10%至20%之學生也都有適度的補強學習，直到除了智能障礙特教學生及極度適應困難學生外，都能夠通過全國標準的基本能力檢測。

學習標準的設定，也可以採用區域常模作為對照，例如：縣市、鄉鎮市區的平均數，學校學生主要學習或科目檢測的平均數高於縣市、鄉鎮市區的平均數，就代表學校教育品質至少在平均水準以上，高出平均值愈多，代表相對品質愈好。若區域內所有學校的總平均值，超越了全國平均值，則代表這一區域的所有學校其教育品質都能達成學習標準。

五、品質實踐滿意歷程

品質要讓當事人感覺到滿意，就教育的歷程而言，學生在學習的過程中感受到滿意、快樂中學習，並且有真的學到東西。老師在教學的過程中也感受到滿意，自己有盡力準備，用最好的方法教給學生最重要的知識技能，有善待學生，循循善誘，促使學生潛能得到最大的發揮。學校對整體的教育成果也是滿意的，課程及活動設計讓大多數的教師都能大展長才，讓學生的學習總量得到最充足的激發，教育績效明顯地成長累增，實質地提高學校的教育品質與競爭力。教育間接的對象——家長，對學校也感到滿意，將孩子送到學校就學，以孩子能夠就讀該校為榮，也認同學校的教育作為。學生、教師、學校及家長對於教育歷程的滿意表現，就是好的教育品質保證。

歷程滿意，在教育的實踐中要符合「適性、適時、適量」（何福田，2011）的三適連環教育之精神：適性重在因材施教，優勢智能明朗化；適

時強調配合身心發展，掌握其關鍵學習時段，教導適合其程度的教材；適量注意學生的最佳「學習規模」，不多不少，避免揠苗助長，也不致於浪費青春。品質是當事人的主觀感受，施教者及受教者都對教育實施的歷程感到滿意，就是良好的品質教育；歷程滿意也要符合適性、適時、適量的實質，符合教育學理的優良品質教育。

六、品質創發教育價值

品質的躍升為價值，有品質的教育，不但能夠有效傳承知識技能，永續經營人類的教育事業，也才能夠創發教育價值，更新人類的知識、技能，開創新的文明，逐漸形成人類新的文化。當代資訊科技、交通科技快速發展，捷運、飛機、高速鐵路、公路、電腦軟體、雲端資料、手機及可攜式電腦，實質地改變了人類生活，形成了新的文明與文化，其直接因素來自於好品質的教育，來自於高品質有創意的教學；高品質的教育投資，創發了教育的新成果績效，開展了新人類的文明及文化。

高品質教育創發的教育價值，也包括人類生活品味、幸福指數及專業風格的調整改變，資訊科技、交通移動力的大幅提升，教育的型態與品質標準的重新建構，時時可學習，處處可學習，教育的機制也時時存在，處處存在，高品質的教育設施，創發了新的學習途徑與方法，也實質改變了學校教育中班級教學的主流方式，目前現代化教育品質領先的國家（例如：芬蘭）百業興隆，其創發的教育價值，已影響了國民的生活品味、幸福指數及專業風格，有品質的教育可創新人的生活文化價值。

第二節　教育評鑑的特質

　　教育評鑑的發展具有時代性，不同時代的教育評鑑學者對於評鑑的本質、模式與作法，都有不同的觀點與貢獻，而形成了今日評鑑的樣貌。其中，Tyler（1950）的目標獲得模式（Goal-Attainment Model）、Stufflebeam（1983）的背景、輸入、過程及成果模式（Context, Input, Process and Product Evaluation Model，即 CIPP 模式）、Scriven（1967, 1972）的形成性評鑑模式（Formative Evaluation Model）、Anderson（1975）的認可模式（Accreditation Model），以及陳惠次（Chen, 1990）的理論導向模式（Theory-Driven Model）之貢獻最為具體，當前先進國家的教育評鑑政策與運作，都以之為藍本，整合國情背景，規劃運用。

　　Guba 與 Lincoln 從教育評鑑觀念的發展角度切入，參酌不同典範的主張，提出「世代」（generations）的發展歷程，形成教育評鑑歷史發展的另一種註解，頗值得參考：

1. 第一代評鑑（1910～1930 年）：視評鑑為測驗（measurement）。
2. 第二代評鑑（1930～1967 年）：視評鑑為客觀事實的陳述（description）。
3. 第三代評鑑（1967～1981 年）：視評鑑為判斷（judgment）。
4. 第四代評鑑（1981 年以後）：視評鑑為協商與溝通的歷程（responsive）。

　　第四代評鑑主張，將評鑑的主角由評鑑者轉移到受評者（利害關係人），評鑑的方法與指標是經兩者溝通協商決定的。此一見解反映了 Scriven 「消費者導向模式」（受評者—顧客需求的達成，不一定是方案目標）評鑑哲學的實踐，也符應了陳惠次「理論導向模式」的部分觀點。盧增緒（1995）則推崇「理論導向模式」和第四代評鑑是今後教育評鑑的最重要

發展趨勢，值得觀察。

鄭崇趁（2006b：18）將教育評鑑定義為：「教育評鑑係為增進教育事務決策合理性，持續提升教育品質，經由系統化及專業化標準程序蒐集、分析資料，並針對教育事務之目標、內容、設計、過程、結果做出價值判斷的歷程。」此一定義重視下列六項重要意涵：(1)教育評鑑是評鑑原理在教育領域的運用，教育評鑑即為教育事務價值判斷的歷程；(2)教育事務包括以學校為主的正式教育活動及社會環境內的非正式教育活動；(3)教育評鑑的對象含括教育活動中的人與事，因此學校評鑑、校務評鑑、課程評鑑、教師評鑑、方案評鑑等均為教育評鑑的範圍；(4)教育事物價值判斷的歷程，必須透過系統的方法與過程蒐集資料及分析資料；(5)教育評鑑的結果必須提供教育決策的依據，有「做決定」的需求，始有「實施評鑑」的作為；(6)評鑑的作為必須回歸教育本質，對於教育人員（以教師、學生為主）產生價值意涵的評鑑，始稱之為教育評鑑。

教育評鑑的特質（基本原理），包括：「統整的觀察」、「化約的指標」、「系統的結構」、「客觀的歷程」、「評價的比較」，以及「理念的實踐」，逐一說明如下。

一、統整的觀察

評鑑是要了解全貌，校務評鑑就是要觀察了解學校事務的全貌，對於學校全面性的了解，才是校務評鑑；課程評鑑也是要了解受評主體全部的課程設計，全面性的了解包括事務的項次、內容及歷程的全面。以教師評鑑為例，要觀察教師的核心能力、教學績效、輔導學生成果、教育服務事蹟，以及教育產品的質與量，全面的了解與觀察，才能具體客觀的評鑑老師，並給予合宜的判斷與評價。

統整的觀察是教育評鑑的第一個特質，統整的意涵除了「全面」與「整

體」之外，更具有「統合」與「交互作用」之意。因為學校的教育事務繁雜，全面與整體的細部了解、觀察、評估，有其時間上及專業上的限制，無法完全到位，必須要有「統合」及「交互作用」之後的全面或整體，例如：CIPP 模式，從背景（context）、輸入（input）、過程（process）、結果（product）來進行，這就是交互整合後的最佳範例。統整的觀察是全面的了解，是從「統合」、「交互作用」之後的整合模式，來評估教育的人或教育的事務。

二、化約的指標

「統整的觀察」在企圖了解全貌，但全面鉅細靡遺，不可能全面觀察，必須透過「指標」來引導觀察，而指標數也不可能太多，上千或上萬的指標，任何評鑑委員都會難以消受，不知從何評估，從何下手。是以教育評鑑的第二個特質，均須透過「化約的指標」來了解觀察指標敘述的核心事務，以這些核心事務表現的優劣程度，來評估一個學校或任何教育主題（方案）的好與不夠好，例如：宜蘭縣校務評鑑大型學校有一百二十個指標，中型學校有九十六個指標，小型學校有七十二個指標，都是化約的指標。

化約的指標要注意下列幾個要件：(1)指標係依據學校核心事務及主要層面規劃設定，能夠反映學校的重要工作；(2)指標的敘述要有明確的工作點及價值取向，不是中性的陳述語句；(3)指標的內涵具有引導辦學方向及作好事務的積極正向作用；(4)每一指標以二句至三句完成最佳，避免單句名詞或冗長模糊；(5)指標與指標之間具有邏輯秩序，能區隔且不重複；(6)指標本身亦能質量兼顧，符合適度化約、有效整合之要求。

三、系統的結構

教育評鑑的第三個特質在評鑑指標必須呈現「系統的結構」。「化約

的指標」是重點的觀察，除了應符合前述的要件外，更要具有「系統的結構」。所謂「系統的結構」含有五大意涵：(1)層面系統：如宜蘭縣的校務評鑑，一百二十個指標形成六個層面（行政效能、課程發展、師資教學、輔導學生、資源整合，以及環境設施）和二十四個分項，每一個分項及層面自成五個（二十個）指標群組，這些指標群組具有系統的結構；(2)品質（價值）系統：每一個指標群組（五個）可以系統檢核分項的教育品質，並判讀其價值，五個指標自成一個品質（價值）的系統結構；(3)操作系統：評鑑手冊本身，由自評到委員訪評，報告撰述與總評判斷成一簡便的操作系統結構；學校容易呈現自評資料，訪評委員容易檢核並下筆評論，操作系統的結構讓教育評鑑容易實施，「要務不繁」；(4)詮釋系統：在評鑑手冊中，指標系統、自評資料系統以及委員評論系統，合稱為「詮釋系統」，其要有明確的系統結構，銜接且交互依存，精緻、可行並有簡便統合的系統價值；(5)運用系統：迎接評鑑、運用評鑑，足以暢旺校務，全面提高教育品質，指標系統能引導辦學方向及作好事務指標；撰寫自評成果，一併建置學校辦學成果資料；接受訪評，順勢行銷學校優勢亮點；評鑑報告激勵辛勤耕耘同仁，持續精緻改善校務，評鑑的實施及運用自成一提高教育品質的系統結構。

四、客觀的歷程

　　教育評鑑的第四個特質在「客觀的歷程」，無論是學校自我評鑑或外部委員到校訪評，都應嚴守「標準作業程序」（S.O.P.），依據評鑑實施要點設定的固定流程，客觀而精準的執行，包含：聽取簡報、參訪校園、審閱資料、多元座談、教室觀摩（教學觀摩），每一個學校都要使用一致的時間長度與作業內容，蒐集到的資料、訊息，才得以跨校分析與比較。

　　客觀的歷程中之「客觀」有四種意涵：(1)程序客觀：嚴守「標準作業

程序」，依既定的流程執行；(2)樣本客觀：尤其是訪談時，教師、學生、家長及行政人員參與者，要依一致而客觀的抽樣方法，確保樣本的客觀；(3)內容客觀：訪談的主要問題及審閱資料重點，環境參訪必看的地方都要客觀一致，互動歷程客觀，評鑑成果才能比較分析，也才能跨校評比，賦予價值意涵；(4)方法客觀：訪評委員到不同的學校訪評，所採的方法也要客觀，大家都使用相同的評鑑方法，其評鑑結果也才能比對創價，也才能獎勵相對績優的學校及人員。

五、評價的比較

教育評鑑在協助做決定，在提供客觀的價值判斷與評價。協助教育行政當局做決定，這一客觀的價值評斷與評價，具有相互比較的事實，在同一批受評學校中，採用同一指標、同一群評委、同一種流程、同一種方法，認可的程度與基準也要禁得起比較上的考驗，是以教育評鑑的第五個特質在「評價的比較」，同一年度受評的學校能提供交互比較的基準。

評價的比較與下列幾個條件有關：(1)學校教育精緻度：同一縣市、同一地區教育的大致取向及精緻化程度會有個別差異，要用合適的水準進行評比；(2)政府個殊政策規範：如目前各縣市都推展優質特色學校及「教育111」標竿學校認證，每一個縣市頒布的指標系統與首長認定的重點事項及程度基準均有個殊規範，認證時應以政策規範作為評價的比較；(3)多數學校可達水準：評鑑認證的旨趣在協助學校通過標準認證，激勵師生經營士氣，其難度標準宜訂在「參與申請者有一半之機會」最佳；(4)獎金與榮典均衡：無論是基礎性評鑑（如校務評鑑、教師評鑑、校長評鑑）或標竿性評鑑（如優質學校、特色學校評鑑），在給予榮典、公開表揚的同時，能核發獎金給予個人實際價值的肯定同樣重要（例如：通過教師評鑑，薪資才能晉級，且作為升等的基礎；取得標竿學校認證有十萬元以上獎金）。

六、理念的實踐

教育評鑑的第六個特質，在於教育理念價值在學校教育中的實踐。運用理念實踐程度的檢核，提高學校的教育品質，創發教育新價值，幫助所有的師生自我實現，帶動校長、幹部、教師職工都成為學校的有效智慧資本，也藉由評鑑歷程，檢核全面品質管理理論、績效責任理念、CIPP 模式、PDCA 模式、顧客導向模式等，在教育評鑑運作機制中的妥適性，並整合研發評鑑本土化後的最佳實施模式。

理念的實踐包括以下四個部分的實踐：(1)教育理論：學校是教育的場域，教育理論是教育前輩留給我們的智慧資產，教育評鑑就是在檢核各種教育理論在學校實踐的程度；(2)辦學理念：校長、幹部及教師都有自己的辦學理念，教育評鑑即在檢核個人的辦學理念在學校中發揮的程度及其妥適性；(3)經營要領：「經營策略」及「實踐要領」是一種廣義的理論理念，教育評鑑即在檢核學校同仁經營校務，是否用對策略與要領；(4)評鑑理論：教育評鑑愈做愈精緻，各種評鑑的目的與功能隨著時代調整、進化，但每一次使用評鑑時，其理論、理念觀點要有妥適性與價值性。

教育評鑑　註解　經營教育

　　「本然」到「應然」的具體內涵

評鑑指標標準化　實施方式專業化

　　是當前教育界同仁最深切的期待

研究者強調

　　以理念化　增益　標準化專業化深度

　　以品質化　開展　教育新價值新趨勢

圖 9-2　大鵬展翅的教育評鑑

得使教育評鑑

恰似　大鵬展翅（如圖 9-2 所示）

飛向　寬廣的藍天

第三節　受教者的品質評鑑

受教者指的是學生，也包括成年之後進入各種研習進修管道的學習者，學生及各種學習者的學習成果如何、品質如何，本即教育評鑑的最大對象，例如：單元教學中的作業單、學習單、形成性評量、總結性評量、段考、學期考試等，都是受教者品質評鑑的具體作法。有學習而沒有評量學習結果或評定學習成果（含分數）並不是完整的教育，完整的教育是提供學生多元學習機制，但也有相對的，明確了解學習成果作為的各種評鑑，用最通俗的話來描述，就是有教、有學、有結果檢核的才是教育。學校辦學，經營教育，要重視計畫、組織、領導、溝通、評鑑等五大核心歷程的深耕，其來有自。

受教者品質評鑑的經營，要從下列五大面向深耕：(1)成績考查與多元評量；(2)形成性評量與補救教學；(3)核心能力與品質保證；(4)品德風格與服務助人；(5)目標管理與全人教育。逐次闡述說明如下。

一、成績考查與多元評量

對於學生學習的品質評鑑，最常用的名詞是「成績考查」或「成績評量」。目前在各級學校中，最常用的成績考查，有入學考試（選擇學校要的學生），大學有期中考及期末考，統一評定學科學習成績；中小學有段考及學期考試，評定領域（或學科）學習成績，並用分數或等第，通知學生本人及家長每一學期的學習成果，不但給予學分（學科）分數，並核算學期所修學分（學科）的總平均分數，有的學校還提供成績排名或高標、中標、低標的參照分數，讓學生及家長知道自己學習成績的相對地位。

目前的成績考查理論有下列四大趨勢：(1)觀察表現與口試對話漸被重視：如大學入學考試發展多元入學方案，推甄入學成為另一重要管道，推

甄方式多採教授對學生的直接觀察與口試對話方式進行成績考查；(2)學科評量與標準測驗兼重：各級學校分領域或學科由不同的教師開班授課，教學與學習品質存有潛在差異，以前較強調教師專業自主，由授課教師自主教學、自主評量，當前的趨勢則鼓勵學生參與基本學科的「標準測驗」，例如：國語文、英文、數學、科學的分級基本能力測驗；(3)操作評量與多元評量：鼓勵教師對於學生的評定，要超越紙筆測驗，運用操作評量與多元評量，從多元角度，更客觀地觀察學生的學習成果與品質；(4)五育均優到多元智能的調整：過去在中、小學，每學期都頒發學生五育均優獎，賦予學生莫大榮譽，似乎強調德、智、體、群、美等五育都傑出的學生，才是教育的崇高目標；而目前受到多元智能理論的影響，重視學生的優勢智能明朗化，個別知識藝能的傑出表現就是教育的亮點，就給予學習護照上認證，達到卓越等級者就頒獎激勵，期待學生人人有亮點，一個都不少，教育學生「順性評量」、「普遍卓越」。

在多元順性評量的發展上，呈現多元繽紛的方式，常用的有測驗評量、標準評量、多次評量、觀察評量、表演評量、實作評量、實物評量、研究評量、競賽評量，以及服務評量。以學生學習的性質為主體，以核心知識及核心能力（技術）學生最擅長的表達方式為前提，選擇學生最有價值的評量方式，讓學生的教育品質評鑑，回饋給學生本人最大價值。

二、形成性評量與補救教學

學期結束前對於學生的評量，稱為總結性評量，總結性評量是學科成績的主要依據。在學期之中，教學階段期間對於學生的評量，稱為形成性評量，每一個學科合理的形成性評量約四至六次；也有人主張每一單元授課結束即進行單元評量，以單元評量作為形成性評量。形成性評量的主要功能，在了解學生階段性的學習情形或單元主題的學習成果。如果大部分

學生都未完整學習，即應設法複習，摘要重教；如果大部分學生在某一題目上皆未通過，則表示該主題的核心知識沒有被學生掌握，應重點式改變教法，讓學生超越迷思概念；如果僅有少部分學生的成績異常或低落，則應針對此少部分學生進行補救教學，直至其通過可以接受的評量基準。

　　形成性評量與補救教學都在維護學生的教育品質。形成性評量在適時了解學生的學習情形，補救教學在提高落後學生的教育品質，帶好每位學生，兩者必須同時執行，才能實踐評鑑品質論的精神。有多次的形成性評量，沒有配合的補救教學或調整授課方法進程，形成性評量的意義功能頓失；每天在作補救教學而沒有以形成性評量為參照依據，補救教學的意義價值亦不完整。形成性評量也具有「歷程檢核」（全面品質管理）的功能，亦應以多元形態實施；補救教學期待齊一的教學品質，一個都不少，實施時亦應改變另一種方法或採用銜接式中介教材，要跳脫僅僅重教一遍的補救迷思。

三、核心能力與品質保證

　　評鑑學生的教育品質，要直接了解學生學到哪些知識？哪些技能？哪些「情意」的滋長？所以當代的教育評鑑，無論是「校務評鑑」或是「系所評鑑」，在評鑑指標中都要求學校敘寫學生的「基本素養」與「核心能力」及其達成程度，就中小學而言，「基本素養」就應該是「國民中小學課程綱要」中的「十大基本能力」，而核心能力就應是各領域的「課程教學」目標及學生理應學會的行為目標，以達成政府部門設定的「基本素養」及學校為自己學生設定的核心能力學習，這才是有品質保證的學習。

　　當前教育評鑑的實施，對於學生核心能力的檢核與品質保證機制並未科學化，存有太大的模糊性，是以授課教師及學校主管，沒有「績效責任」的榮譽感與責任心。研究者認為，政府應早日實施 K～十二年級的領域基

本能力檢測制度，每年實施一次，由國家教育研究院研發各領域年級的「核心能力」題庫，提供各級學校使用，班級學生通過率要 80% 以上，才是品質保證，也可做為教師評鑑「績效責任」的基礎。大學教育專業自主程度更高，然學士、碩士、博士的領域學門「核心知識」及「核心能力」層級，亦應由大學研發「定位基準」，交由大學參照使用，使大學相關系所的畢業生之「核心能力」，都能達到公認的「品質」基準。

四、品德風格與服務助人

在中國的教育史上，「才智與品德」及「君子與小人」常做為「教育品質」的判準基礎。中國人的教育，期待我們教出來的學生（人才）是「才智與品德兼備」，如果教出來的學生都是「謙謙君子」，那教育是成功的，是一種有品質的教育；教出來的學生若流為「小人」者眾，則教育是失敗的，也就是沒有品質的教育。「才德兼備，君子淑世」是中華民國教育史中，對於學生教育成果的「共同願景」。

因此，在各級學校教育評鑑的學生評鑑指標中，也都適度地反映此一「才德兼備，君子淑世」的傳承訴求，並化做具體的評鑑指標，檢核學生品德風格與服務助人的具體實踐程度。評鑑指標中會有品德教育實施的檢核內容，例如：如何宣導品德的核心價值（中心德目），行為規準的產出與實踐，品德風格環境的營造，閱讀書籍的搭配與助人服務事實的登錄，如何輔導情緒、表達情感，培育情操、品德、秩序、整潔等競賽的具體作法與妥適度、價值度。了解學生的品德風格與服務助人的力行實踐，也是品質評鑑的重點內涵。

五、目標管理與全人教育

「品質實現教育目標」是本章之始，研究者對於品質教育意涵的重要

詮釋，以學生為主體的教育評鑑，應注重教育目標實現程度的檢核，運用目標管理的方式參照目標導向評鑑模式的作為，了解學生本人與各級學校教育法揭示的教育目標，並分層面及參照指標逐一檢核其達成程度，才是系統思考的品質評鑑。就學生主體而言，「情緒處理」→「情感表達」→「情操培育」等三者妥適發展，人際關係與品格情操兼容並蓄，此稱為全人格教育（如圖 9-3 所示），全人教育與目標管理實踐學生完整的品質評鑑。

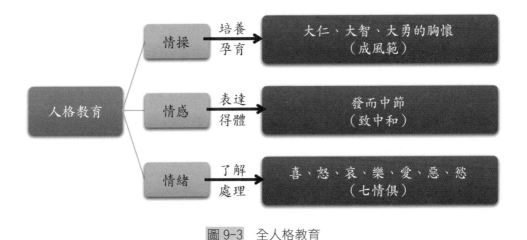

圖 9-3　全人格教育

全人格教育的目標管理需要發展更為精緻的量表，研究者認為，以「好習慣」及「服務心」為理論基礎，分成「自我效能」、「人際關係」、「服務助人」、「優質習慣」、「幸福覺知」，以及「動能貢獻」等諸層面，由心理學家、教育學家共同研發，建立年級常模，學生的全人格教育年級評鑑量表仍可產出，可提供全國學校，配合「學生基本能力檢測機制」全面實施，讓學生的品質評鑑，周延地含括「學習力」、「知識力」、「藝能力」，以及「品格力」（鄭崇趁，2012b：37-43）。

第四節　施教者的品質評鑑

　　受教者是指學生或學習者，施教者概指教師、校長及教育行政人員。本書書名為「校長學」，是以校長本身的角色職能、專業示範，帶頭實踐來經營教育事業，而校長的出身，多為優秀的教師且經過組長主任的歷練，通過校長甄試及遴選後，才有機會當上校長。當前教育界積極規劃「教師評鑑」與「校長評鑑」，本節順應此一趨勢，分四個重點論述施教者的品質評鑑要素與方法。

一、施教者的生涯定位

　　教育事業是一種「人教人」的極度崇高行業，自己教出來的學生有優秀的表現，對國家社會有貢獻，能夠充分自我實現，創發百業興隆的最高價值，是一種無與倫比的成就感，教師、校長、教育行政人員在當年要投入教育事業時，大都有動人的教育初心，它是一種教育價值體認的故事，所有的教育工作者都不會僅將自己的工作當作「養家活口」的職業，會將自身的職涯定位，提高層次，以追求更高的品質與價值。研究者有多次講授「教師生涯輔導」的機緣，在此將施教者的職涯定位以圖 9-4 表達。

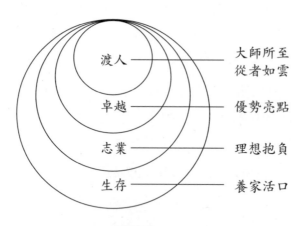

圖 9-4　施教者的職涯定位

第一個層次是把「教師」當作職業，只是為了養家活口，求「生存」；第二個層次則當作一種「志業」，是為了發揮自己對教育的理想抱負，實踐生命願景；第三個層次是追求「卓越」，在整體的國家教育事業中，自己的專長優勢得以充分施展，而有亮麗卓越的表現，為教育創發新價值；第四個層次則在實踐教育最深層的本質──「渡人」，渡與其有緣的師生「自我實現」、「人之所以為人」、「大家都是學校與國家的有效智慧資本」，是以大師所至，從者如雲。施教者本身的生涯定位，是施教者品質評鑑的基礎與起點。

■ 二、施教者的自我品質管理

研究者也有多次教學「生涯輔導」及「教育品質管理」的經驗，主張教育人員可以自訂「生命願景」與「生活目標」，並賦予具體的指標內涵，定期檢核，進行自我品質管理，研究者曾以自身為範例，請參照圖9-5所示。

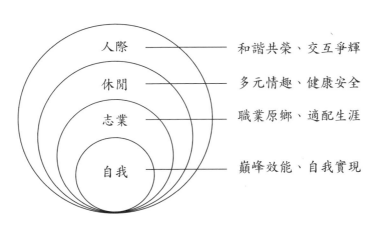

圖 9-5　教育人員的生命願景與目標

依據「自我、志業、休閒、人際」生活的四大層面，設定生命願景與目標之後，再依據願景的理念意涵，以及自身需求、意願、職能需要及社會期望，設定具體指標十六條目，提供定期自我品質管理的基礎，如表9-1所示。

表 9-1　教育人員自我品質管理指標與檢核表（範例）

向度	願景	品質指標	極為符合	大致符合	不太符合	極不符合	反省與實踐
自我	巔峰效能自我實現	1. 我能夠每天運動三十分鐘以上，每週至少五次。					
		2. 我能夠每天讀書三十分鐘以上，每週至少五次。					
		3. 我能夠日行一善，每週反省如何服務別人。					
		4. 我能夠注意身心平衡，動靜分明，以最佳狀態工作，邁向自我實現。					
志業	職業原鄉適配生涯	5. 我找到了職業原鄉，辛勤耕耘。					
		6. 我能夠專注志業，日有所進。					
		7. 我能夠結合志業職務，發揮專長。					
		8. 我能夠累積志業資源，貢獻社會。					
休閒	多元情趣健康安全	9. 我至少有三種以上的運動休閒習慣，每月至少執行二次。					
		10.我有三種以上的靜態休閒活動，每月至少執行二次。					
		11.我能注意到休閒活動的安全、衛生、健康與永續。					
		12.我能以週和月為單位，配合家人規劃合宜的休閒活動。					

表 9-1　教育人員自我品質管理指標與檢核表（範例）（續）

向度	願景	品質指標	極為符合	大致符合	不太符合	極不符合	反省與實踐
人際	和諧共榮交互輝映	13.我能每天快樂地面對自己的生活與職場表現。					
		14.我能與家人分享我每天的心情與重要事項。					
		15.我能欣賞我的同事，激勵大家有更好的表現。					
		16.我能欣賞競爭對手的成就，轉化為志業發展的最大價值。					

三、教師評鑑

　　「教師評鑑」是施教者品質評鑑的核心事務，大學的教師評鑑已於 2005 年《大學法》修正時入法，各大學已全面自主辦理，通行無礙，不但大學教師接受，也務實地提高大學的教育品質。中小學的教師評鑑，因為 2000 年前後試辦「教師專業發展評鑑」（簡稱為「教專評」），以教師的「專業發展」作為評鑑教師的主軸，日漸喧賓奪主，幾乎取代了原來的「教師評鑑」，在臺灣的教育史上掀起了一波不小的漣漪。

　　鄭崇趁（2011b）曾發表〈從智慧資本理論看教師評鑑的內涵〉一文，主張教師評鑑要有理論做基礎，而智慧資本理論及績效責任原理是教師評鑑最重要的理論基礎，是以教師評鑑應包括三大層面：核心能力、認同程度，以及績效表現，其主要內涵與關係結構，如圖 9-6 所示。

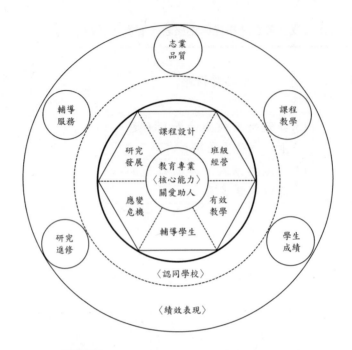

志業
品質

輔導
服務

課程
教學

課程設計

研究
發展

班級
經營

教育專業
〈核心能力〉
關愛助人

應變
危機

有效
教學

輔導學生

研究
進修

學生
成績

〈認同學校〉

〈績效表現〉

圖 9-6　教師評鑑的主要內涵與關係結構

　　教師的核心能力，包括：教育專業的能力、關愛助人的能力、課程設計的能力、班級經營的能力、有效教學的能力、輔導學生的能力、應變危機的能力，以及研究發展的能力。「認同學校」為第二圈，教師願意認同教育、認同學校、認同其所教的班級學生，以及授課領域教材，並願意實踐力行自己的教育責任。「績效表現」為最外圍，主要評鑑項目包括：志業品質、課程教學、輔導服務、研究進修，以及學生成績。教師評鑑的具體指標則以表 9-2 表示。

表 9-2　中小學教師評鑑指標（智慧資本理論觀點）（範例）

向度	評鑑指標
核心能力（含認同程度）	1-1　教師具備「教育專業」以及「關愛助人」的能力，其專業表現行為足以教好學生。 1-2　教師具備「課程設計」以及「班級經營」的能力，能夠為其任教的學生設計最大價值的課程及有效學習模式。 1-3　教師具備「有效教學」以及「輔導學生」的能力，能夠帶領學生充分學習並適應成長。 1-4　教師具備「應變危機」以及「研究發展」的能力，能夠有效處理學生突發事件，並逐年產出研發成果。 1-5　教師喜歡學生，認同教育事業，承諾盡其所能，教好每一位學生，留有實踐篤行的資料。
志業品質	2-1　教師能依規定執勤，教學與教育服務工作能夠達成教育目標，並獲得同仁的認同。 2-2　教師在學校之行為表現，能夠正向引導學生楷模學習，產生潛在課程的功能。 2-3　教師能夠積極參與學校各項教育活動，努力經營學校，創發學生最大價值。 2-4　教師能有生涯願景及志業規劃，逐年進行「實踐與省思」，持續提升教學及教育服務品質。
課程教學	3-1　教師能夠參與學校校本課程之規劃，有效執行任教之領域（科目）教學。 3-2　教師能夠發展任教領域的主題教學方案，豐富領域教學內涵，實踐課程統整功能。 3-3　教師能夠實踐多元學習評量，適時掌握學生的學習進程，增進學生有效學習。 3-4　教師能夠關照學生認知、技能、情意的全人格教育，兼顧情緒處理、情感表達以及情操之培養。

表 9-2　中小學教師評鑑指標（智慧資本理論觀點）（範例）（續）

向度	評鑑指標
輔導服務	4-1 教師能夠參與認輔學生，積極關照弱勢族群學生，提供具有價值的支持行動。 4-2 教師能夠參與學校整體學生支持網絡之佈建，健全學校學生生活支持、學習支持，以及適應支持網絡密度。 4-3 教師能夠主動與學生家長溝通並提供社區教育專業服務，融合社區資源共同教育孩子。 4-4 教師能夠配合社區總體營造方案，開闢社區教育資源，發展社區教育專業服務。
研究進修	5-1 教師能夠積極參與進修，取得任教領域的教學碩士學位或領域教學認證。 5-2 教師能夠積極開發領域主題教學方案，每年至少一案，並能發表教學觀摩後以數位儲存。 5-3 教師能夠參與教師學習社群，每兩年共同完成一個行動研究，發表分享成果之後，由學校進行數位知識管理。 5-4 教師能夠配合學校整體教師進修計畫，積極參與各項研究進修活動，留存研究進修成果及系統檔案資料。
學生成績	6-1 教師任教領域的班級學生，其基本能力檢測成績能維持在全縣市學生平均數以上或有明顯進步。 6-2 教師積極鼓勵任教學生發展才藝技能，並參與藝能檢測，邁向「一生一專長」目標。 6-3 教師能夠帶領班級學生，積極參與各項教育競賽活動，凝聚團體動力，營造學生高峰經驗。 6-4 教師能夠為弱勢族群學生開闢相對機會的表現舞台，均衡關照每位學生。

四、校長評鑑

　　教師迎接教師評鑑時代的來臨，校長也要迎接校長評鑑時代的來臨。校長評鑑的實施，更能夠彰顯教育領導人「專業示範」的效果，證明校長本身是優質的領導人，其各種能力與專業行為表現，都在國家級標準以上，足以領導學校幹部及教師職工，能夠帶領同仁經營學校，永續發展，邁向精緻卓越。鄭崇趁（2011b）運用智慧資本理論，建構了校長評鑑模式，如圖 9-7 所示。

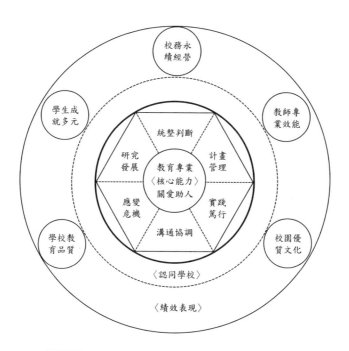

圖 9-7　校長評鑑模式（智慧資本理論觀點）

資料來源：修改自鄭崇趁（2011b：318）

　　最內圈為校長的八大核心能力，包括：教育專業的能力、關愛助人的能力、統整判斷的能力、計畫管理的能力、實踐篤行的能力、溝通協調的

能力、應變危機的能力，以及研究發展的能力；第二圈（虛線圈）為認同學校程度；第三圈（最外圈）則為經營學校的績效表現，包括：帶動校務永續經營、激勵教師專業效能、彰顯學生多元成就、營造校園優質文化，以及提升學校教育品質，共計六個向度。具體的評鑑指標，如表9-3所示。

表9-3　中小學校長評鑑指標（智慧資本理論觀點）（範例）

向度	評鑑指標
具備核心能力（含認同程度）	1-1 校長具備「教育專業」以及「愛人助人」的能力，其專業表現行為足供學校教師楷模。 1-2 校長具備「統整判斷」以及「計畫管理」的能力，能夠有效主持會議，帶領各處室主任策定學校發展計畫及年度重點工作。 1-3 校長具備「實踐篤行」以及「溝通協調」的能力，能夠帶領幹部及學校師生完成學校課程發展、有效教學等教育任務，達成教育目標。 1-4 校長具備「應變危機」以及「研究發展」的能力，能夠有效處理突發事件，並帶領教師進行行動研究。 1-5 校長熱愛學校師生，認同學校，並承諾盡心盡力投入校務，領導學校發展成為優質卓越學校。 佐證資料：(1)校長個人檔案；(2)校長專業成長檔案。
帶動校務永續經營	2-1 校長能夠形塑學校願景與教育目標，並據以發展學校中長程計畫、學校本位課程，以及主題教學活動。 2-2 校長能夠領導幹部及學校教師實施正常教學並規劃多元教育活動，有效結合正式課程與潛在課程，實施符合學生需要（產生最大價值）之教育。 2-3 校長能夠帶領學校教師為學生建構三級預防輔導機制，並實施領域補救教學措施，帶好每位學生。 2-4 校長重視校園環境之整體規劃，適時充實軟硬體設施，並督導物盡其用。 佐證資料：(1)學校中長程計畫；(2)學校願景目標的結構圖示；(3)學校總體課程計畫；(4)學校輔導機制與補救教學措施。

表 9-3　中小學校長評鑑指標（智慧資本理論觀點）（範例）（續）

向度	評鑑指標
激勵教師專業效能	3-1　校長能激勵學校教師建置個人及主題教學檔案，並以數位化儲存、分享，有效進行知識創發與管理。 3-2　校長能激勵學校教師，全面建置班級網頁及領域（分科）教學網頁，陳列聯絡系統、教學計畫、補充教材、學習成果，以及經驗分享等重要資訊。 3-3　校長能激勵教師積極發展行動研究，自編主題教學教材，持續增進教學效能。 3-4　校長能激勵教師組織，策定全校教師系統性在職進修計畫及辦理教師教學評鑑，落實教師專業服務效能。 佐證資料：(1)教師教學檔案範本；(2)班級網頁範例；(3)行動研究成果目錄及範例；(4)學校特色課程及主題教學目錄及範例。
彰顯學生多元成就	4-1　在校長任期中，學生參加全縣性各領域或學科能力測驗，學校成績能在全縣（鄉、鎮）平均數以上，或維持穩定成長。 4-2　在校長任期中，每年均能規劃多元社團，學生參與率達 50% 以上，參與校際競賽社團 30% 以上。 4-3　在校長任期中，鼓勵學生參與各種教育競賽活動，運動表演會應全員參與，藝文社團及主題式競賽活動，校內參與率及校際參與率能呈現穩定成長。 4-4　在校長任期中，能夠鼓舞學生快樂勤學，沒有中輟學生，或中輟率穩定降低；並倡導多元評量，呈現每一位學生至少有一種表現（潛在的智能因子）在班級或學校學生的平均數以上。 佐證資料：(1)學生歷年檢測成績統計表及相關措施；(2)學生社團目錄及參與學生統計分析；(3)中輟生及弱勢族群學生學習成就評量方法。
營造校園優質文化	5-1　校長能夠帶動全校教師職工熱愛學生，善盡有效教學及輔導學生的天職，讓一般學生及弱勢族群學生均得致妥善照顧。 5-2　校長能夠帶動全校教師職工積極任事，力求績效，每一位教師、行政人員、基層職工均有能量最大化的表現。 5-3　校長能夠促進處室人員及教師們交互支援，共同承擔教育活動之規劃與執行，善盡個人職責並提升組織效能。

表 9-3　中小學校長評鑑指標（智慧資本理論觀點）（範例）（續）

向度	評鑑指標
營造校園優質文化	5-4　校長能夠營造和諧共榮氣氛，每位教師職工及學生均能認同學校，以學校為榮，並承諾為學校持續奉獻心力。 佐證資料：(1)學校重點工作計畫及中大型教育活動實施計畫與成果；(2)學校經營計畫分工與實施方式分析。
提升學校教育品質	6-1　校長能夠有效實踐中長程校務發展計畫，即時引進教育資源，得使學校之師資素養、課程設計、環境規劃，以及科技設施等條件均達設備基準以上。 6-2　校長能夠領導全校教師職工，遵循教育機會均等理念及績效管理、全面品質管理等要義，並發揮在教學及教育活動上，具備標準化的教育歷程。 6-3　校長能夠鼓勵全校師生積極參與校內外各項教育競賽活動，其參加校際競賽活動的得獎率，能在全縣市（或鄉鎮市區）學校平均數以上或呈現穩定成長。 6-4　校長能夠帶領全校教師職工，落實「均等」、「適性」的教育，邁向「沒有落後的孩子」及「帶好每位學生」的教育品質（達成率95%以上）。 佐證資料：(1)弱勢族群學生名冊及輔導補救教學措施；(2)校內外競賽活動參賽及得獎統計分析；(3)學校的重要設施使用及維護情形。

資料來源：鄭崇趁（2011b：309-350）

第五節　教育組織的品質評鑑

本章第三節「受教者的品質評鑑」，是以學生（人）的教育品質經營為對象，第四節「施政者的品質評鑑」，也以教育人員（尤其是教師及校長本人）的教育品質經營為對象。本節「教育組織的品質評鑑」，則強調學

校組織中的「事與物」如何評鑑了解，並進行品質管理，以提升實務的教育情境品質。本節介紹教育組織常見的四種評鑑，包括：「校務評鑑——宜蘭模式」、「課程發展評鑑」、「師資教學評鑑」，以及「計畫方案評鑑」，運用研究者參與教育評鑑的實務經驗及研發成果作為範例，闡述四種評鑑的方法結構、理念系統，以及指標群集。

一、校務評鑑——宜蘭模式

研究者曾於 2003～2010 年期間，接受宜蘭縣政府委託，執行該縣校務評鑑工作，並於 2006 年出版《國民小學校務評鑑指標及實施方式研究》一書，係依「品質評鑑」進行系統性深層研究，其結論與建議常能夠反映當前臺灣校務評鑑的實況與發展趨勢，摘述提供參照：(1)教育評鑑的意涵與特質具有時代性；(2)校務評鑑的實施原理已有脈絡可資遵循；(3)方案評鑑的系統模式在校務評鑑中應用最廣；(4)方案評鑑的本土化模式亟待發展；(5)我國各級學校校務評鑑工作均已初具雛形；(6)十五個已實施國民中小學校務評鑑的縣市，均已頒布「評鑑指標」及「實施要點」來辦理校務評鑑；(7)校務評鑑「評鑑指標」之分類，「功能導向」分類多於「組織導向」分類；(8)校務評鑑之「實地訪評」、各縣市多以「聽取簡報」、「檢閱資料」、「多元座談」、「環境參訪」為主要歷程；(9)校務評鑑「實地訪評」中強化「教學評鑑」及使用「網絡資料評鑑」是較新的內涵與方法；(10)國內碩博士論文對於校務評鑑之研究均持肯定之結論；(11)國內碩博士論文對於校務評鑑之發展有不同的建議；(12)發展學校本位的自我評鑑機制是研究論文最深層的建議；(13)質量兼顧的評鑑方式較能發揮校務評鑑的預期功能；(14)評鑑核心議題的持續研究與討論，有助於校務評鑑之穩定發展；(15)校務評鑑的實施方式，應包括「評鑑準備」、「實地訪評」、「訪評結果」及「結果運用」之完整設計；(16)「後設評鑑機制」也列為委員訪評必

要過程之一，最能彰顯校務評鑑的完備性；(17)標準化、專業化及理念化成為我國國民中小學校務評鑑最重要的發展取向；(18)評鑑指標如能實踐校務經營理念，有助於提高校務評鑑的教育價值；(19)宜蘭縣校務評鑑模式具有「質量並重的方法」、「理論導向的指標」、「雙次檢核的歷程」、「即時回饋的報告」及「後設機制的嘗試」五大特色（鄭崇趁，2006b：233-248）。宜蘭縣國民中小學校務評鑑指標的系統結構及權重分配，如圖9-8所示。

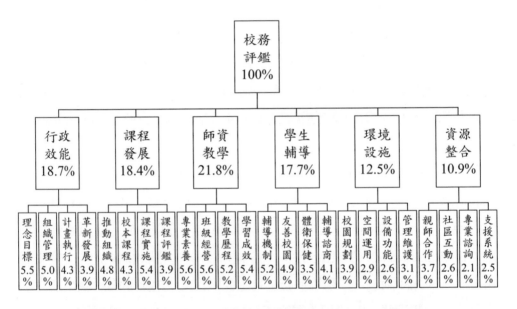

圖 9-8　宜蘭縣國民中小學校務評鑑指標的系統結構及權重分配

資料來源：鄭崇趁（2006b：243）

研究者累積校務評鑑的宜蘭模式、澎湖模式，並參照臺北市、新北市及桃園縣訪評之經驗，曾有下列建議：(1)定額編列學校自我評鑑及訪視評鑑經費；(2)發展縣市本位的學校評鑑指標與實施方式；(3)規範校務評鑑評鑑委員資格；(4)嚴謹執行委員評鑑標準程序；(5)落實追蹤評鑑及後設評

鑑；(6)協助縣市教育局（處）培育校務評鑑人才；(7)倡導校務評鑑委員認證制度；(8)訂頒評鑑委員專業倫理信條（或準則）；(9)建立行政資訊管理系統，留存核心業務計畫及執行成果；(10)強化學校領導人及主要幹部校務經營理念（鄭崇趁，2006b：250-255）。

二、課程發展評鑑

　　課程是教育的內容，教什麼內容給學校的學生是教育上的核心課題。學校的組織品質評鑑要包括學校的課程發展，而學校的總體課程發展，要依據課程綱要的規範以及課程設計有關的教育原理學說，並參酌學校師生之優勢專長與需求來系統思考。是以研究者藉由「校務評鑑──宜蘭模式」的研發機會，將「課程發展評鑑」列為學校評鑑六大項之一，內含四個分項：「推動組織」、「校本課程」、「課程實施」，以及「課程評鑑」，並結合八大校務經營理念，分析研發其品質評鑑指標群集。其結構關係如圖9-9所示；具體的評鑑指標及檢核方式，如表9-4及表9-5所示。

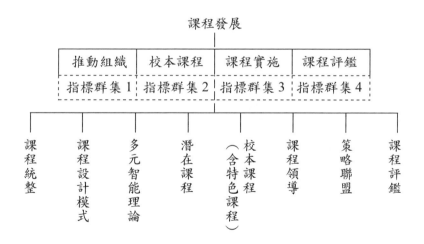

圖9-9　課程發展評鑑指標群集與經營理念關係

資料來源：修改自鄭崇趁（2006b：182）

表 9-4　課程發展評鑑指標及檢核表（範例）

項目	評鑑內容	評鑑指標	學校自評量化分數					小計	委員核分
			5	4	3	2	1		
課程發展	一、推動組織	1. 成立課程發展委員會及領域小組，定期開會研議學校課程設計，留有完備紀錄。	☐	☐	☐	☐	☐		
		2. 課程發展委員會及領域小組召集人具有課程專業素養及課程計畫實踐知能。	☐	☐	☐	☐	☐		
		3. 教師全面參與課程教學組織，熟悉九年一貫課程實施原理與重要事項。	☐	☐	☐	☐	☐		
		4. 課程發展委員會及領域小組均能適時執行學校之總體課程規劃、發展與實施。	☐	☐	☐	☐	☐		
		5. 學校總體課程的各領域課程及年級領域課程之規劃、發展、實施及成效，均有完整之資訊系統檔案。	☐	☐	☐	☐	☐		
	二、校本課程	1. 學校總體課程設計能夠充分考量教師專業、學生需求、社區資源、文化背景、辦學理念，並依課程綱要規範，對於本校學生具有價值最大化的意涵。	☐	☐	☐	☐	☐		
		2. 學校總體課程設計能夠充分邁向學校願景及教育目標之達成。	☐	☐	☐	☐	☐		
		3. 學校推動部分時間班群教學，能夠充分運用教師專長，發展學校特色課程。	☐	☐	☐	☐	☐		
		4. 學校能夠充分結合社區文化資源，發展各領域主題教學課程，形成本校另一特色課程。	☐	☐	☐	☐	☐		
		5. 學校能建置學校本位課程（含特色課程）網頁，供學校教師充分使用及他校觀摩交流。	☐	☐	☐	☐	☐		
	三、課程實施	1. 學校課程總表、領域課程計畫、學年班級日課表簡要明確，環環相扣，能適度彰顯學校主要教育活動之實施。	☐	☐	☐	☐	☐		

表 9-4　課程發展評鑑指標及檢核表（範例）（續）

項目	評鑑內容	評鑑指標	學校自評量化分數					小計	委員核分
			5	4	3	2	1		
課程發展	三、課程實施	2. 每位教師及兼任行政人員授課時數合宜，符合教師專長領域授課比率達80% 以上。	☐	☐	☐	☐	☐		
		3. 能夠有效運用彈性教學時數，兼顧發展學校特色課程及學生補救教學之需要。	☐	☐	☐	☐	☐		
		4. 學校正式課程之實施，能夠結合環境、時令、禮儀、典章制度及大型教育活動統合辦理，兼重潛在課程實施功能。	☐	☐	☐	☐	☐		
		5. 學校課程之實施，能夠提供學生統整學習效果。	☐	☐	☐	☐	☐		
	四、課程評鑑	1. 建立完整的課程評鑑機制，定期檢討改進學校總體課程及各領域課程之組織、規劃、發展、實施及其成效。	☐	☐	☐	☐	☐		
		2. 能發展適當的量表或工具，適時蒐集學生、家長及一般教師對於學校課程設計之意見。	☐	☐	☐	☐	☐		
		3. 能發展簡要課程成果彙編及評鑑手冊，鼓勵同年級教師針對學年領域課程、特色課程及班群教學之實施進行自我評鑑。	☐	☐	☐	☐	☐		
		4. 學校能與鄰近學校策略聯盟，共同發展課程及實施課程評鑑。	☐	☐	☐	☐	☐		
		5. 能夠定期邀請課程專家及領域學者到校，結合課程發展委員會及各領域小組成員，實施課程評鑑及課程改進事宜。	☐	☐	☐	☐	☐		

自評總分：＿＿＿＿＿＿＿＿＿　　校長簽名：＿＿＿＿＿＿＿＿＿＿

核定總分：＿＿＿＿＿＿＿＿＿　　委員簽名：＿＿＿＿＿＿＿＿＿＿

資料來源：鄭崇趁（2006b：275）

表 9-5　課程發展評鑑表一：推動組織（範例）

評鑑內容		評鑑指標	學校自評量化分數					小計
			5	4	3	2	1	
一、推動組織		1. 成立課程發展委員會及領域小組，定期開會研議學校課程設計，留有完備紀錄。	☐	☐	☐	☐	☐	
		2. 課程發展委員會及領域小組召集人員具有課程專業素養及課程計畫實踐知能。	☐	☐	☐	☐	☐	
		3. 教師全面參與課程教學組織，熟悉九年一貫課程實施原理與重要事項。	☐	☐	☐	☐	☐	
		4. 課程發展委員會及領域小組均能適時執行學校之總體課程規劃、發展與實施。	☐	☐	☐	☐	☐	
		5. 學校總體課程的各領域課程及年級領域課程之規劃、發展、實施及成效，均有完整之資訊系統檔案。	☐	☐	☐	☐	☐	
學校自評（質性陳述）	具體成果							
	困難與建議事項							
委員評鑑（綜合考評）	優點與特色							
	改進與建議事項							
	核定分數							
	備註							

評鑑委員簽章：＿＿＿＿　日期：＿年＿月＿日

資料來源：鄭崇趁（2006b：284）

　　評鑑指標的專業化、標準化、品質化，以及價值化是研究者重視的評鑑品質深層意涵，就本範例的內容觀察，專業化與標準化程度，從指標內涵及文字形式表現，即有基本的表面效度與內容效度。品質化及價值化則較不易被覺察，特再加強評述如下：(1)課程發展的四個分項具有系統結構的關鍵事務品質，能夠有效的評斷學校真實的課程發展歷程與成果；(2)指標規劃研究時，研究者引導焦點團體成員充分串聯課程學理有關的八大理論（理念），實際的指標內容具有實踐課程理論的專業意涵；(3)充分回應「課程統整」、「本位經營」之課程精神與價值，尤其是校本課程及特色課程指標群集的檢核；(4)帶給學校最大價值的課程設計與發展為前提的課程評鑑，符合第四代回應性評鑑、顧客導向評鑑之精神價值。

三、師資教學評鑑

　　從學校組織的立場看「師資條件」及「有效教學」的表現，與教師個人的「教師評鑑」並不一致，為有效區隔「人」與「事」的品質評鑑，也為了彰顯立場功能不同的評鑑，就應該有不一樣的評鑑指標系統，其背後所依循的理論理念以及核心價值不盡然相同。

　　師資教學的品質評鑑應包括四個分項：「專業素養」、「班級經營」、「教學歷程」，以及「學習成效」。其依循支撐的教學經營理論較重要者有：教學原理、學習心理學、專業自主、知識管理、行動團隊與行動研究、協同教學與班群教學、團體動力學、激勵策略，以及多元評量與形成性評量等。其評鑑指標與經營理論之關係如圖 9-10 所示，具體指標及檢核方式如表 9-6 及表 9-7 所示。

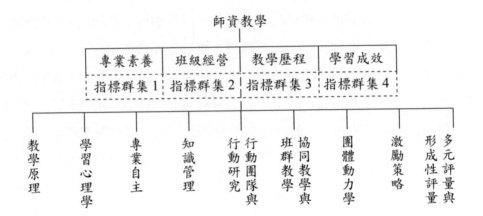

圖 9-10 師資教學評鑑指標群及其與經營理論的關係

資料來源：修改自鄭崇趁（2006b：193）

表 9-6　師資教學評鑑指標及檢核表（範例）

項目	評鑑內容	評鑑指標	學校自評量化分數					小計	委員核分
			5	4	3	2	1		
師資教學	一、專業素養	1. 教師均有合格證書，具備教育專業理念與領域專門知識。	□	□	□	□	□		
		2. 教師能夠熟悉學校願景與重要教育政策，並能主動配合推展執行（融入各領域教學）。	□	□	□	□	□		
		3. 教師均能主動參與在職進修與研究活動，並建置個人學習檔案及知識管理網頁。	□	□	□	□	□		
		4. 鼓勵教師參與教育行動研究，並公開發表學術論著或實務心得。	□	□	□	□	□		
		5. 教師積極參與學習成長團體，透過同儕分享協助專業發展。	□	□	□	□	□		
	二、班級經營	1. 教師均能依據班級特性，策定符合班級需求之經營計畫，導引班級運作發展。	□	□	□	□	□		
		2. 班級環境布置能夠結合領域教學主軸，引發學習心向，展示學習成果。	□	□	□	□	□		
		3. 教師能夠營造溫馨積極的班級氣氛，學生能夠依循生活規範，主動參與學習活動。	□	□	□	□	□		
		4. 班級網頁能夠靈活運作，親師生溝通綿密優質，並能及時妥善處理偶發問題。	□	□	□	□	□		
		5. 教師充分了解學生背景及身心發展特質，能夠結合資源或帶領團體動力，給予個殊需要學生必要的關懷照顧。	□	□	□	□	□		
	三、教學歷程	1. 教師教學準備充分，能依據教學計畫，掌握教材內容，執行有效教學。	□	□	□	□	□		
		2. 教師教學方法多元活潑，能夠結合教材性質與學生興趣，引導學生有效學習。	□	□	□	□	□		

表 9-6　師資教學評鑑指標及檢核表（範例）（續）

項目	評鑑內容	評鑑指標	學校自評量化分數					小計	委員核分
			5	4	3	2	1		
師資教學	三、教學歷程	3. 教師的口語表達、發問技巧、肢體動作能帶動師生雙向溝通或討論，吸引學生專注學習。	☐	☐	☐	☐	☐		
		4. 教師能夠結合資訊媒體，靈活展現教具及補充教材，提升學生學習效果。	☐	☐	☐	☐	☐		
		5. 教師能夠提供統整教學，學生具有主學習、副學習及輔學習之統整學習效果。	☐	☐	☐	☐	☐		
	四、學習成效	1. 評量方法能依據科學化、多元化及目標化原則，兼顧學生學習歷程及多元能力表現。	☐	☐	☐	☐	☐		
		2. 評量內容能兼顧認知、情意、技能的教學目標，以及主學習、副學習、輔學習的成果。	☐	☐	☐	☐	☐		
		3. 學校與教師均能建立學生學習評量檔案，依據多元智能理論解讀成績，適時鼓勵學生順應個別差異，持續追求成長發展。	☐	☐	☐	☐	☐		
		4. 學生定期參加全縣（市）性或全國性各領域學習成就評量，成績達平均水準以上或具有穩定進步，彰顯教學成效與學校特色。	☐	☐	☐	☐	☐		
		5. 教師對於任教領域，負有績效責任，對於部分學習成效未臻理想學生，能夠安排補救教學或選替性教育措施。	☐	☐	☐	☐	☐		

自評總分：＿＿＿＿＿＿＿＿＿　　校長簽名：＿＿＿＿＿＿＿＿＿＿

核定總分：＿＿＿＿＿＿＿＿＿　　委員簽名：＿＿＿＿＿＿＿＿＿＿

資料來源：鄭崇趁（2006b：276）

表 9-7 師資教學評鑑表一：專業素養（範例）

評鑑內容		評鑑指標	學校自評量化分數					小計
			5	4	3	2	1	
一、專業素養		1. 教師均有合格證書，具備教育專業理念與領域專門知識。	☐	☐	☐	☐	☐	
		2. 教師能夠熟悉學校願景與重要教育政策，並能主動配合推展執行（融入各領域教學）。	☐	☐	☐	☐	☐	
		3. 教師均能主動參與在職進修與研習活動，並建置個人學習檔案及知識管理網頁。	☐	☐	☐	☐	☐	
		4. 鼓勵教師參與教育行動研究，並公開發表學術論著或實務心得。	☐	☐	☐	☐	☐	
		5. 教師積極參與學習成長團體，透過同儕分享協助專業發展。	☐	☐	☐	☐	☐	
學校自評（質性陳述）	具體成果							
	困難與建議事項							
委員評鑑（綜合考評）	優點與特色							
	改進與建議事項							
	核定分數							
	備註							

評鑑委員簽章：_____ 日期：__年__月__日

資料來源：鄭崇趁（2006b：288）

　　從上述範例「師資教學評鑑指標」觀察，彰顯下列四大價值：(1)串聯「師培條件」、「有效教學」、「學習成效」三者之價值，具有輸入、歷程、結果之整合品質評鑑；(2)配合一整節課的「教學評鑑」，並與六位委員的「教室觀察紀錄表」統整評斷「有效教學」程度，具有均衡了解教師教學的品質與價值；(3)學習成效指標群集之檢核，具有實踐「績效責任」及「智慧資本」之價值意涵；(4)從績效指標意涵分析，仍具有「本位經營」及「循序漸進」的品質層次，有因地制宜之價值。

■ 四、計畫方案評鑑

　　政府的政策多靠計畫方案來實施，計畫方案往往代表教育政策，看到政府當前有什麼計畫或行動方案在執行，就代表國家目前重視什麼政策，而學校也靠各種計畫方案來執行各種校務，包括：中長程校務發展計畫、處室年度工作計畫、學校本位課程發展計畫、閱讀教育實施計畫、品格教育實施計畫、資訊科技融入教學實施計畫、增進師生體適能實施計畫、年度校慶運動會實施計畫等，有時也承辦全縣（市）校際的活動，例如：校長會議實施計畫、各領域國教輔導團年度工作計畫、全國中學運動會實施計畫，以及全國國語文競賽活動實施計畫等，為了做好學校中的各種主題教育事務，做好校際之間的核心教育事務或競賽活動，或者為了有效執行重點政策，政府及學校多以計畫方案的型態來辦理這些核心教育事務，這些計畫方案的優劣與成敗，也代表教育品質與教育績效，是以學校與行政部門，也要實施「計畫方案」的品質評鑑。

　　本章第二節已對「方案評鑑系統模式」之歷史脈絡稍加敘述，本節以鄭崇趁（1998）研發之「整合導向模式」為範例，說明方案評鑑指標系統及使用方法，提供參照。「整合導向評鑑模式」包括五大層面、二十個向度，共七十二個指標，其系統結構如表 9-8 所示。

表 9-8　整合導向評鑑模式（評鑑層面、向度與指標結構）

壹、規劃作業層面	貳、計畫內容層面	參、計畫策略層面	肆、執行過程層面	伍、執行績效層面
一、政策決定歷程 4 個指標	一、方案架構 3 個指標	一、目標策略 5 個指標	一、行政協調 3 個指標	一、量的績效 3 個指標
二、規劃作業程序 4 個指標	二、執行項目 4 個指標	二、方法策略 5 個指標	二、督導考評 5 個指標	二、質的績效 2 個指標
三、年度作業計畫 5 個指標	三、執行內容 4 個指標	三、組織策略 3 個指標	三、專業支援 4 個指標	三、成果績效 3 個指標
四、行政配合措施 5 個指標	四、經費籌措 3 個指標	四、應變策略 4 個指標	四、彈性措施 2 個指標	四、潛在績效 4 個指標

資料來源：鄭崇趁（2006b：32）

　　鄭崇趁（1999）的博士論文曾以「整合導向評估模式」評鑑「教育部輔導工作六年計畫」，2004 年再以此模式評鑑「建立學生輔導新體制──教學、訓導、輔導三合一整合實驗方案」，均獲致滿意的成果，能夠有效評鑑「中長期教育計畫」，其二十個向度的評鑑指標必須適度轉化為調查問卷題目或訪談題綱，再以問卷調查教育人員或訪談焦點團體，茲以「教育部教訓輔三合一方案整體評估」為例，研究者將「整合導向評鑑指標」融合設計成二十條訪談題綱（如表 9-9 所示），從這些訪談題綱的文字內容，可以了解二十個向度的檢核意涵。

表 9-9　教育部教訓輔三合一方案整體評估（整合導向模式的運用）之訪談大綱

1. 優良中長期行政計畫反應國家重大政策，重大政策決定之歷程，須追求合理性，您認為教訓輔三合一方案的政策決定歷程之合理性程度如何？（政策決定歷程）

2. 優良中長期行政計畫之形成，需要一套合宜的規劃作業程序，您認為教訓輔三合一方案形成的規劃作業程序是否合宜？（規劃作業程序）

3. 優良中長期行政計畫實施之後，每年策訂年度作業計畫，並以時效性、延續性、完整性、引導性、開創性為指標，您認為教訓輔三合一方案在年度作業計畫之作為如何？（年度作業計畫）

4. 優良中長期行政計畫為確保計畫工作有效執行，通常會逐年加強必要的行政配合措施，並以「管理品質化」、「參與普遍化」、「運作核心化」、「服務組織化」及「溝通網路化」為指標，您認為教訓輔三合一方案在行政配合措施之作為如何？（行政配合措施）

5. 優良中長期行政計畫的計畫目標、計畫策略及計畫項目之間具有因果關係，並能呈現有機結構的型態（三者之間能以結構圖示其因果相屬關係），您認為教訓輔三合一方案的架構是否具備有機結構？（方案架構）

6. 優良中長期行政計畫其計畫項目之設定，須符合重要性、可行性、統整性以及關鍵性指標。您認為教訓輔三合一方案之項目是否符合此一要求？（執行項目）

7. 優良中長期行政計畫其執行內容之敘寫，須清楚呈現執行單位、執行方法、達成程度，並有效引導執行人員。您認為教訓輔三合一方案的執行內容實際之作為如何？（執行內容）

8. 優良中長期行政計畫之經費籌措，須符合明確性、精密性、可行性之指標。您認為教訓輔三合一方案之經費籌措是否符合此一要求？（經費籌措）

9. 優良中長期行政計畫目標之設定，須符合前瞻性、價值性、階層性、具體性、適應性之指標。您認為教訓輔三合一方案之總目標與階段目標是否達到此一要求？（目標策略）

10. 優良中長期行政計畫的實際運作方法，須符合關聯性、創新性、更新性、重要性、整合性之策略指標。您認為教訓輔三合一方案之方法策略是否符合此一要求？（方法策略）

11. 優良中長期行政計畫，須有統整化、一致化、菁英化的組織策略，才能有效組織各單位人力，落實計畫工作。您認為教訓輔三合一方案的組織策略之作為如何？（組織策略）

表9-9　教育部教訓輔三合一方案整體評估（整合導向模式的運用）之訪談大綱（續）

12. 優良中長期行政計畫，當其執行過程遭遇困難時，需及時地、有效地策動應變措施，並考量計畫執行之發展性與適應性。您認為教訓輔三合一方案的應變策略之作為如何？（應變策略）

13. 優良中長期行政計畫之執行過程，須能帶動執行單位人員，深入了解計畫工作，認同計畫措施，並充分準備。對照教訓輔三合一方案之實施，您認為其符合程度如何？（行政協調）

14. 優良中長期行政計畫之執行過程，須有經常性、回饋性、發展性、專業性、普遍性之督導考評措施。您認為教訓輔三合一方案之實施，其符合程度如何？（督導考評）

15. 優良中長期行政計畫之執行過程，須有配合之專業支援組織，延攬國內專業領域合適之學者專家參與，並透過組織運作，配合帶動基層有效執行專業工作。對照教訓輔三合一方案之實施，您認為其符合程度如何？（專業支援）

16. 優良中長期行政計畫之執行過程，因應基層或地區需要之不同，須有必要之彈性措施，並以「尊重基層」及「整合簡化」為指標。對照教訓輔三合一方案之實施（如訓輔整合、找到學校最佳作法等），您認為其符合程度如何？（彈性措施）

17. 優良中長期行政計畫的實際執行數量與預估執行數量愈接近愈佳。對照教訓輔三合一方案，您認為實際執行數量（包括具體工作，如：認輔教師、建立學校輔導網絡、研訂輔導工作手冊、經費使用）與預估執行數量，其符合程度如何？（量的績效）

18. 優良中長期行政計畫執行完竣後，對於計畫實施對象（如教師與學生）須能產生實質的成長與改變。從試辦教訓輔三合一方案之實驗學校的成果觀之，您認為其符合程度如何？（質的績效）

19. 優良中長期行政計畫須能逐年彙整分項實施成果及總體性成果，並逐年累積逐步達成分項計畫預期成效與總目標。從教育部及試辦實驗學校累積的成果來看，您認為教訓輔三合一方案之實施，其符合程度如何？（成果績效）

20. 優良中長期行政計畫執行完竣之後，對於教育輔導體制、師生教學環境、師生觀念態度，以及整體社會文化須能產生潛在影響作用。您認為教訓輔三合一方案的實施符合此一功能之程度如何？（潛在績效）

　　本章「評鑑品質論」強調下列六大核心知識：(1)評鑑是經營學校的五大歷程之一，具有總結回饋、檢討省思，以及品質管理的時代意涵；(2)教育評鑑的本質與功能，已從「目標達成程度的檢核」與「績效成果的判斷」，發展到「品質保證機制」、「持續改善訴求」，以及「創新人與組織新價值的認可」；(3)受教者（學生）的品質評鑑，除了重視成績考查、多元評量、形成性評量，以及補救教學外，「核心能力」的檢核與「品質保證」的機制是重要發展趨勢；(4)施教者（校長、教師）的品質評鑑是屬於「人」的評鑑，本書推介「智慧資本理論」的評鑑模式與指標系統，包括「核心能力」、「認同程度」，以及「績效表現」等三者的品質指標；(5)教育組織的品質評鑑是屬於「事」的評鑑，其品質指標系統來自「經營理論」、「核心事務」，以及「品質標準」，是以校務評鑑、課程評鑑、教學評鑑，以及方案評鑑，均應發展「本位模式」或「在地模式」；(6)教育評鑑「專業化」與「標準化」是學術界的共同訴求，本書強調另加「理念化」與「品質化」，以「理念化」增益標準化及專業化深度，以「品質化」開展教育新價值及新趨勢。

❀ 參考文獻 ❀

中文部分

何福田（2011）。三適連環教育：適性、適時、適量。中國浙江：浙江出版社。

吳清山（2004）。學校創新經營的理念與策略。**教師天地**，128，30-34。

吳清山（2009）。教育 111 的理念。載於臺北市 98 學年度第一學期校長會議手冊（頁 7-16）。臺北市。

吳清基（1990）。**精緻教育的理念**。臺北市：師大書苑。

林文律（2012）。校長專業的內涵及校長專業體系之建構。載於林文律（主編），**校長專業之建構**（頁 3-34）。臺北市：心理。

林明地（2002）。**校長學：工作分析與角色研究取向**。臺北市：五南。

林新發（2009）。學校創新經營的理論基礎與實務運作。**國民教育**，49（3），1-8。

林新發（2011）。華人地區學校校長正向領導模式初探。**國民教育**，52（1），1-6。

秦夢群（2000）。**教育行政：理論部分**。臺北市：五南。

秦夢群（2007）。校長培育制度之趨勢分析：以英、美及新加坡為例。**學校行政雙月刊**，51，1-18。

秦夢群（2010）。**教育領導理論與應用**。臺北市：五南。

國立教育資料館（2009）。**國民中小學校長專業能力發展標準**。2009 年 9 月 28 日，取自國立教育資料館網站資料。

國立臺北教育大學教育政策與管理研究所（2006）。**國立臺北教育大學教育政策與管理研究所簡介**。臺北市：作者。

張明輝（2002）。**學校經營與管理研究**。臺北市：學富文化。

張明輝（2004）。從後現代觀點看學校校長的關鍵能力。**現代教育論壇**（八），25-36。

張春興（1995）。**教育心理學：三化取向的理論與實踐**。臺北市：東華。

張春興（2006）。**張氏心理學辭典**。臺北市：東華。

張新仁（2004）。中小學教師教學評鑑工具之發展編製。載於國立臺灣師範大學教育研究中心（主編），**教育評鑑回顧與展望學術研討會論文集**（頁41-55）。臺北市：國立臺灣師範大學。

教育部（1999）。**建立學生輔導新體制：教學、訓導、輔導三合一整合實驗方案申請試辦手冊**。臺北市：教育部訓育委員會。

教育部（2000）。**課程統整**。臺北市：教育部國民教育司。

教育部（2002）。**創造力白皮書**。臺北市：作者。

教育部（2010）。**第八次全國教育會議實錄**。臺北市：作者。

教育部（2011）。**中華民國教育報告書：黃金十年、百年樹人**。臺北市：作者。

陳木金（2005）。**學校領導人才培訓課程計畫之研究**。國立教育研究院籌備處專案研究計畫成果報告（NAER-93-072-01-00-02-02）。

黃光雄（1984）。課程設計的模式。載於楊亮功先生九秩華誕紀念論文編輯小組（主編），**中國教育的展望**（頁287-314）。臺北市：五南。

黃昆輝（1986）。**教育行政學**。臺北市：東華。

黃增川（2013）。**智慧資本理論在國民小學校長辦學績效評鑑指標建構之研究**（未出版之博士論文計畫口試本）。國立臺北教育大學，臺北市。

楊亮功（1972）。**中西教育思想之演進與交流**。臺北市：商務印書館。

楊德遠（2011）。**國民小學智慧資本價值轉換模式之研究**（未出版之博士論文）。國立臺北教育大學，臺北市。

溫明麗（2012）。新時代校長學的哲學論述。載於林文律（主編），**校長專業之建構**（頁35-38）。臺北市：心理。

蔡培村（2004）。**領導學**。高雄市：麗文。

鄭崇趁（1995）。**教育與輔導的軌跡**。臺北市：心理。

鄭崇趁（1998）。**教育計畫與評鑑**。臺北市：心理。

鄭崇趁（1999）。整合導向評估模式之運用：以「教育部輔導六年工作計畫」為例（未出版之博士論文）。國立政治大學，臺北市。

鄭崇趁（2006a）。**教育的著力點**。臺北市：心理。

鄭崇趁（2006b）。**國民中小學校務評鑑指標及實施方式研究**。臺北市：心理。

鄭崇趁（2008）。**校長辦學績效評鑑指標與實施方式研究總結報告**。宜蘭縣政府教育處委託專案研究，未出版。

鄭崇趁（2008）。教育若水　順性揚才。清流月刊，三月號，80-82。

鄭崇趁（2009）。一個都不少的教育理念與實踐。載於**兩岸高等教育革新與發展：教育哲學與學術研討會論文集**（頁 132-151）。臺北市：國立臺北教育大學。

鄭崇趁（2011a）。**教育經營學導論：理念、策略、實踐**。臺北市：心理。

鄭崇趁（2011b）。從智慧資本論看教師評鑑的內涵。載於**兩岸三地校長學研討會論文集**（教師評鑑）。臺北市：國立臺北教育大學。

鄭崇趁（2012a）。**教育禪語**。博士班導師時間講義（未出版）。

鄭崇趁（2012b）。**教育經營學：六說、七略、八要**。臺北市：心理。

盧增緒（1995）。論教育評鑑觀念之形成。載於中國教育學會（主編），**教育評鑑**（頁 31-59）。臺北市：師大書苑。

謝文全（2004）。**教育行政學**（第二版）。臺北市：高等教育。

謝傳崇（譯）（2011）。**校長教學領導：理論與應用**（原作者：M. Militello, S. F. Rallis & E. B. Goldring）。臺北市：心理。

羅英豪（2013）。**宜蘭縣國民中小學學校智慧資本、創新經營與學校競爭力之研究**（未出版之博士論文計畫口試本）。國立臺北教育大學，臺北市。

羅虞村（1986）。領導理論研究。臺北市：文景。

蘇錦麗等（譯）（2005）。評鑑模式：教育及人力服務的評鑑觀點（原作者：D. L. Stufflebeam, G. F. Madaus & T. Kellaghan）。臺北市：高等教育。

英文部分

Adler, M. J. (1982). *The paideia proposal: An educational manifesto*. New York, NY: Macmillan.

Anderson, S. B. (1975). *Encyclopedia of educational evaluation*. SF: Jossey-Bass.

Bassi, L. J. (1997). Harnessing the power of intellectual capital. *Training and Development, December*, 25-30.

Chen, H. T. (1990). *Theory-driven evaluations*. Beverly Hills, CA: Sage.

Dewey, J. (1916). *Democracy and education*. New York, NY: Macmillan.

Edvinsson, L., & Malone, M. S. (1997). *Intellectual capital: Realizing your company's true value by finding its hidden brainpower*. New York, NY: Harper Collins.

Erikson, E. H. (1959). *Identity and the life cycle*. New York, NY: International Universities Press.

Friedman, T. L. (2005). *The world is flat*: A brief history of the twenty-first century. New York, NY: Macmillan.

Gardner, H. (1983). *Frames of mind: The theory of multiple intelligence*. New York, NY: Basic Books.

Kim, W. C., & Mauborgne, R. (2005). *Blue ocean strategy: How to create uncontested market space and make the competition irrelevant*. Boston, MA: Harvard Business School Press.

Lynn, B. (1999). Culture and intellectual capital management: A key factor in successful ICM implementation. *International Journal of Technology Manage-*

ment, 18(5), 590-603.

Madaus, G. F., Scriven, M. S., & Stufflebeam, D. L. (1983). *Evaluation models: Viewpoints on educational and human services evaluation*. Boston, MA: Kluwer Nijhoff.

Maslow, A. H. (1954). *Motivation and personality*. New York, NY: Harper and Row.

Piaget, J. (1962). *Play, dreams, and imitation in childhood*. New York, NY: W. W. Norton.

Rawls, J. (1971). *A theory of justice*. Cambridge, MA: Harvard University Press.

Robbins, S. P, & Coulter, M. (2002). *Management*. Upper Saddle River, NJ: Person.

Roos, G., Roos, J., Dragonetti, N. C., & Edvinsson, L. (1998). *Intellectual capital: Navigating in the new business landscape*. New York, NY: New York University Press.

Scriven, M. (1967). The methodology of evaluation. In R. W. Tyler, R. M. Gagne & M. Scriven (Eds.), *Perspectives of curriculum evaluation* (pp. 39-83). Chicago, IL: Rand McNally.

Scriven, M. (1972). The methodology of evaluation. In Weiss (Ed.), *Evaluating action programs: Readings in social action and education* (pp. 123-136). Boston, MA: Allyn & Bacon.

Senge, P. M. (1990). *The fifth discipline: The art and practice of the learning organization*. New York, NY: Doubleday Currency.

Sergiovanni, T. J. (2001). *Leadership: What's in it for Schools*? New York, NY: Routledge Falmer.

Stufflebeam, D. L. (1983). The CIPP models for program evaluation. In G. F. Madus, M. S. Scriven & D. L. Stufflebeam (Eds.), *Evaluation models: Viewpoints on educational and human services evaluation* (pp. 117-141). Boston, MA: Kluwer Nijhoff.

Stufflebeam, D. L., Madaus, G. F., & Kellaghan, T. (2000). *Evaluation models: Viewpoints on educational and human services evaluation* (2nd ed.). Boston, MA: Kluwer Academic.

Tyler, R. W. (1950). *Basic principles of curriculum and instruction.* Chicago, IL: University of Chicago Press.

U.S Department of Education (2001). *No Child Left Behind Act of 2001.* Washington, DC: The Author.

Ulrich, D. (1998). Intellectual Capital = Competence × Commitment, Sloan. *Management Review, 39*(2), 15-26.

國家圖書館出版品預行編目（CIP）資料

校長學：成人旺校九論／鄭崇趁著. -- 初版. -
- 臺北市：心理, 2013.12
面；　公分. --（校長學系列；41708）
ISBN 978-986-191-577-7（平裝）

1. 校長　2. 領導　3. 學校管理

526.42   102024499

校長學系列 41708

校長學：成人旺校九論

作　　者：鄭崇趁
責任編輯：郭佳玲
總　編　輯：林敬堯
發　行　人：洪有義
出　版　者：心理出版社股份有限公司
地　　址：台北市大安區和平東路一段 180 號 7 樓
電　　話：(02) 23671490
傳　　真：(02) 23671457
郵撥帳號：19293172 心理出版社股份有限公司
網　　址：http://www.psy.com.tw
電子信箱：psychoco@ms15.hinet.net
駐美代表：Lisa Wu（Tel: 973 546-5845）
排　版　者：辰皓國際出版製作有限公司
印　刷　者：辰皓國際出版製作有限公司
初版一刷：2013 年 12 月
初版二刷：2015 年 2 月
I S B N：978-986-191-577-7
定　　價：新台幣 300 元

■有著作權·侵害必究■